ONSEILLER EN ÉCONOMIE SOCIALE FAMILIALE

W0208008

TOUT-EN-UN

DECESF

Sous la direction de
Agnès Fostel et Éliane Gueneret

ITINÉRAIRES PRO

le Social.fr

Vuibert

ISBN : 978-2-311-00375-8

Photographies de couverture :
Office Woman © Dimis, Fotolia.com ; *Father Helping Teenage Son with Homework* © Laurence Mouton, Photo Alto ; *Ederly Person with Home Help* © Phovoir ; *Two Businesswomen* © Jacob Stock Photography, Matton Images.

Préface

Les CESF font figure d'exception : le diplôme d'État de conseiller en économie sociale familiale (DE CESF) résulte d'un montage tout à fait étonnant : un diplôme unique dans son genre, avec l'intrication d'un diplôme de l'Éducation nationale dans un diplôme de travail social. Au moment où les orientations nationales pour les formations sociales 2011-2013 insistent sur les liens avec l'université et où l'UNAFORIS[1] promeut les hautes écoles professionnelles en action sociale, le DE CESF – sans que quiconque ne l'érige en modèle –, donne à penser aux formules possibles dans des constructions hybrides (diplôme d'État et licence, par exemple).

L'exception interroge aussi sur le contenu du métier : qu'est-ce que les CESF peuvent avoir de si différents des autres catégories de travailleurs sociaux ? Les conseillers eux-mêmes s'interrogent parfois sur leur avenir en raison de leur particularité sur fond de segmentation des professions sociales et de concurrence entre catégories d'intervenants. Après tout, chaque fois que l'on met en avant un trait spécifique, la question d'éventuels doublons se pose.

Gestion de la vie quotidienne ? Mais n'est-ce pas à partir du quotidien que les éducateurs spécialisés et les moniteurs-éducateurs construisent la relation éducative ? À première vue, les uns les autres sont concernés par les mêmes principes. Ne s'agit-il pas d'aider des jeunes et des moins jeunes à s'inscrire dans des réalités pratiques pour favoriser leur insertion : gérer son argent, préparer son repas, préparer ses déplacements… ? Comment peut-il y avoir de l'éducation spécialisée sans une référence forte aux situations de la vie quotidienne où se développe la relation éducative ? Et si l'on a pu parler à propos des CESF de « culture technologique » en soulignant tout particulièrement leur rigueur méthodologique dans l'aide à la gestion budgétaire, dans le domaine des techniques d'habillement ou culinaires, n'est-on pas proche du champ de la manière de faire des éducateurs techniques spécialisés dont la formation, elle aussi encadrée par l'Éducation nationale, a été réformée la même année ? Enfin, puisque les CESF participent au développement social, se soucient d'interventions sociales d'intérêt collectif et d'accès aux droits, quelles différences avec les assistants de service social auprès desquels, souvent, ils se forment en troisième année ? D'ailleurs, si un service d'action éducative en milieu ouvert ou d'action éducative à domicile peut recruter indifféremment un éducateur spécialisé ou un assistant de service social sous l'appellation générique de « travailleur social », il pourrait tout autant faire appel à un CESF (s'il en trouve…) en lieu et place d'un autre professionnel de niveau 3.

Malgré cela, si le législateur parle d'équipes pluridisciplinaires, c'est justement pour éviter l'indifférenciation totale. L'article 15 de la loi du 2 janvier 2002 rénovant l'action sociale et médico-sociale le laisse entendre : les travailleurs sociaux ne sont pas interchangeables,

1. Union nationale des associations de formation et de recherche en intervention sociale.

car les usagers ont besoin, pour bénéficier d'une aide de qualité, de réponses diversifiées, adaptées à la pluralité de leurs difficultés et de leurs potentialités. D'autre part, l'histoire des professions justifie la construction de référentiels différents, avec l'identification de cœurs de métiers autour desquels s'associent des compétences multiples.

Il n'empêche que beaucoup de CESF se sont inquiétés de l'avenir de leur profession, en particulier au moment où la réforme de leur diplôme faisait l'objet de discussions difficiles avec l'Éducation nationale. L'issue paraissait si incertaine que certains pensaient voir la profession disparaître ou, en tous cas, voir disparaître la dimension très particulière de leur diplôme et leur appartenance au travail social. Il fallait des garanties pour que l'activité des CESF ne soit pas dissoute dans un ensemble trop composite d'activités purement techniques, telles que de quelconques prestataires de service pourraient réaliser.

En fait, la question des frontières et des identités se pose pour tous les métiers du social. Dans d'autres pays, la répartition des métiers et des domaines de compétences est différente de la nôtre. Nous ne saurions donc ériger la coexistence de catégories à la fois différentes et très proches comme un dogme fondé sur des principes intemporels. L'histoire joue un rôle considérable, de même que la volonté des acteurs. Les auteurs de ce livre rappellent qu'en mai 1968, les étudiants des écoles de formation et leurs formateurs, ainsi que les professionnels et les employeurs, demandaient que soient actualisés les contenus de formation autour de trois grands axes définissant « le cœur de métier » : la référence à la vie quotidienne, la notion d'expertise avec ses « outils de diagnostic technique ou social à visée de résolution de problèmes », la méthodologie liée à la rationalisation des actions. Ces différents points, expliquent encore les auteurs, justifiaient et justifient toujours la nécessaire présence d'enseignements scientifiques « pour former à l'esprit d'analyse et donner une rigueur méthodologique et pragmatique ». On a parlé dans le passé de la « science du ménage » dont les CESF seraient les porteurs ou, du moins, les héritiers. Nous pensons plutôt aujourd'hui au droit, à la sociologie, à la comptabilité, à l'ergonomie, à des cours de santé publique et d'écologie…

Le plus surprenant est que ce sont ces mêmes professionnels à l'identité en apparence mal assurée qui se montrent le plus efficaces dans la démonstration de leur utilité sociale. La profession est mal connue ; le sigle CESF ne parle qu'aux initiés (et encore ont-il encore du mal à expliquer pourquoi il a fallu enlever le « et » entre « social » et familial ») ; néanmoins ces professionnels ne passent pas inaperçus. Pour ce qui me concerne, j'ai découvert ce qu'étaient les CESF, dans une vie antérieure, en établissement psychiatrique, puis alors que j'étais directeur adjoint d'un foyer d'hébergement pour jeunes adultes handicapés. J'ai eu ensuite l'occasion de mieux les connaître, à l'IRTS Île-de France Montrouge Neuilly-sur-Marne, alors qu'ils représentaient des promotions un peu marginales du fait de la brièveté de leur troisième année de formation spécifiquement sociale. Dans ces différentes circonstances, j'ai vu la force avec laquelle les CESF incarnent les principes d'action du travail social et administrent la preuve visible de leur crédibilité. C'est quasiment leur « marque de fabrique », puisque leur métier s'est construit avec des préoccupations morales appuyées sur l'idée d'une gestion rationnelle de l'organisation familiale.

Par ailleurs, il est certain que l'aggravation de la précarité sociale et économique a accentué la nécessité de « l'activité éducative budgétaire », même s'il est important de rappeler que les difficultés des familles tiennent moins à leurs incapacités intrinsèques qu'aux situations qu'elles subissent. Mais il n'est pas moins clair que le métier de CESF va bien au-delà d'un appui « orthopédique », pour reprendre une expression de Michel Foucault parlant d'« orthopédie sociale ». Ainsi que l'indique le décret du 1er septembre 2009, il s'inscrit d'abord dans une « démarche éducative et sociale globale ». Cela suppose un angle de perception des problèmes très large, un sens aigu de l'organisation, l'inscription dans des dynamiques collectives, en partenariat avec les autres intervenants sociaux.

En même temps, la référence insistante à la méthodologie est une des raisons pour lesquelles les CESF ont toute leur place dans le développement de la recherche en travail social. Certes, nous retrouvons la notion de « problématique de recherche » dans les textes concernant les assistants de service social, les éducateurs spécialisés, les éducateurs de jeunes enfants. Les uns les autres sont amenés à conduire des travaux de recherche sur des questions sociales identiques. Mais les questionnements peuvent être différents, car la référence au quotidien suppose une attention à des réalités mouvantes, parcellaires, souvent difficiles à identifier en raison des approches macrosociales et macroéconomiques. Il existe par conséquent un champ très ouvert pour la réflexion et l'investigation. Le souci de la méthode est d'autant plus appréciable.

Cela signifie aussi que la carrière de CESF est elle-même très ouverte. Dans la mesure où l'activité des CESF passe par une compréhension fine des réalités familiales et sociales, elle peut avoir des prolongements des plus légitimes dans des formations supérieures axées sur la recherche en travail social, qu'il s'agisse du diplôme d'État d'ingénierie sociale (DEIS) ou d'un master, voire en s'inscrivant dans une école doctorale qui, telle celle du Cnam, entend valoriser des doctorats « professionnalisants ».

Ce livre est, de ce point de vue, très utile pour connaître les diverses pistes possibles pour les nouveaux professionnels. Il représente une somme complète, bien documentée, rédigée par les spécialistes de la question. Il montre la diversité des fonctions exercées par les CESF derrière des dénominations multiples : assistant socio-éducatif, travailleur social référent, accompagnateur social, agent de développement local, coordinateur, intervenant social, formateur, délégué aux prestations, mandataire judiciaire, conseiller social... (les auteurs évaluent à une trentaine le nombre des termes utilisés pour cette profession). Il intéressera non seulement les actuels et futurs CESF, mais toutes les personnes impliquées dans l'action sociale et médico-sociale, soucieuses de mieux comprendre ce métier et, à travers lui, de mieux saisir la complexité du champ des formations sociales.

J'ajouterai que ce livre servira aussi à se préparer à l'avenir et à de nouvelles ouvertures. Puisqu'il est question d'économie sociale familiale, la connexion n'est pas loin avec une autre thématique importante : l'économie sociale et solidaire. Dans les deux cas, nous voyons comment les professions sociales, qui ont été longtemps allergiques au mot même d'économie peuvent, avec les apports des CESF, contribuer aux évolutions des politiques sociales.

Marcel JAEGER
Titulaire de la chaire de travail social et d'intervention sociale
du Conservatoire National des Arts et Métiers

Pourquoi un ouvrage sur le métier et la formation CESF ?

Dans le panorama complexe voire confus des métiers du travail social, les Conseillers en Économie Sociale Familiale ont toujours eu une place particulière, toujours en quête de visibilité et de reconnaissance. Si vous faites partie du « milieu », faites le double test auprès de votre entourage ou d'un public plus large encore : demandez-leur ce qu'ils connaissent de ce métier, ou bien essayez vous-même en moins de 10 phrases de définir le métier !
Très vite les formulations du type : « C'est un peu comme… mais la spécificité est… ». Pas simple donc d'être autonome au regard des deux grands corps professionnels souvent cités pour faire point d'appui, que sont les assistants de service social ou les éducateurs spécialisés. Les plus anciens font appel à l'histoire et commencent à raconter « l'enseignement ménager »… véritable filiation ou origine mythique !
Le pas suivant consiste à expliquer le processus de formation. Et là encore si vous faites le test, vous verrez que le parcours semble bizarre car il conjugue un BTS avec un diplôme d'État et rassemble les exigences de l'Éducation nationale et du ministère des Affaires sociales…
Et pourtant sur le terrain les Conseillers sont reconnus et appréciés. Ils font même souvent l'unanimité sur la spécificité de leurs compétences, l'opérationnalité de leur approche…

Le conseil d'administration a encouragé l'écriture de cet ouvrage qui a le mérite d'affronter ce paradoxe et de chercher à l'éclairer pour que le métier puisse se définir de façon autonome.
Il a fallu le travail d'un collectif, porté par des formateurs des centres de formation d'UNAFORIS et des responsables de France ESF, pour réussir cette entreprise ; c'est là une autre marque de fabrique des travailleurs sociaux en général et des CESF en particulier.
Clair, précis, bien organisé, en bref utilisable par le plus grand nombre, ce livre est un fidèle reflet d'un corps professionnel.

Avec les coordinatrices de cet ouvrage qui est le fruit d'une réflexion collective, je remercie vivement toutes les personnes qui ont contribué à laisser une trace écrite au service de la formation et de la profession de Conseiller en ESF.
Que soient également remerciées Chantal Potier pour la coordination technique et Karine Mascarel pour sa disponibilité dans la mise en forme finale des textes.

Pierre GAUTHIER, président d'UNAFORIS

L'association France ESF remercie les membres du groupe de travail UNAFORIS[2] et France ESF pour la rédaction de ce livre et les éditions Vuibert pour sa parution, une opportunité de promotion pour l'Économie Sociale Familiale.
C'est aux côtés de l'UNAFORIS que France ESF, au-delà de son investissement dans les travaux de réforme du diplôme d'État de Conseiller en Économie Sociale Familiale et des témoignages de professionnels en ESF, a contribué par sa participation à rendre lisibles les valeurs portées par l'Économie Sociale Familiale.
Parmi elles, la place de la personne dans ses trois dimensions : être humain, être social et sujet qui dit « Je », est centrale. C'est pour cette raison que le respect de la dignité humaine s'inscrit dans les actes professionnels liés à la quotidienneté des personnes (la vie quotidienne référencée au contexte sociétal et culturel-cultuel des personnes).
Et c'est ainsi que l'accompagnement des personnes ou des groupes qui se fonde sur une démarche pédagogique, méthodologique va rechercher les potentialités et les compétences des personnes.
Puisse cet ouvrage être au service de l'œuvre humaine pour un travail social de qualité.

Éliane MARROC, présidente de France ESF

2. UNAFORIS, constituée le 23 juin 2011, est le résultat du rapprochement de l'AFORTS et du GNI dissous fin 2011.

Les auteurs

BACQUART Nathalie : responsable de formation Conseiller en ESF à l'IFCAAD (Institut de formation alsacien au travail éducatif et social de Schiltigheim)

CHAILLOUS Nadège : responsable de formation Conseiller en ESF au lycée Jeanne d'Arc de Nantes

COMPAGNON Katy : responsable de formation Conseiller en ESF à l'IRTS Île-de-France Montrouge-Neuilly-sur-Marne

COULON Brigitte : référente GNI à la commission de la réforme du diplôme d'État de Conseiller en ESF et du BTS ESF de 2006 à 2009

DUBOUIS Anne-Claire : déléguée régionale de l'ARPESF (Association régionale des professionnels en Économie Sociale Familiale) Auvergne – Correspondante livre France ESF – Enseignante au lycée Sidoine Apollinaire de Clermont-Ferrand

FOSTEL Agnès : co-animatrice nationale du groupe CESF, AFORTS-GNI puis UNAFORIS, responsable de formation Conseiller en ESF à l'IRTS de Franche-Comté, Besançon – Déléguée régionale de l'ARPESF Franche-Comté – Membre du groupe de travail ministériel en qualité de secrétaire France ESF en 2006-2009 – Correspondante livre France ESF

FRANÇOIS Nathalie : responsable de formation Conseiller en ESF au CNAM IFORIS Conservatoire national des arts et métiers – Institut de formation et de recherche en intervention sociale d'Angers

GUENERET Éliane : co-animatrice nationale du groupe CESF, AFORTS-GNI puis UNAFORIS, responsable de formation Conseiller en ESF au lycée privé les Arcades de Dijon

JONDEAU Claire : responsable de formation Conseiller en ESF à l'IRTS de la Réunion

LE MANACH Martine : responsable de formation Conseiller en ESF à l'IRTS Bretagne, Rennes

MALLET Pascale : membre associé de France ESF – Correspondante livre France ESF – Directrice ADAC (Association Accompagner, Dynamiser, Agir, Créer le Social Autrement) à Saint-Étienne

MECHAHEB Dalila : responsable de formation Conseiller en ESF à l'IRTS Paris Île-de-France

MONIOT Nathalie : responsable de formation Conseiller en ESF au lycée Sainte-Anne de Verdun

PALOMINO Sylvie : co-animatrice nationale du groupe CESF, AFORTS-GNI puis UNAFORIS, directrice pédagogique à l'École de travail social Carrel de Lyon

ROUFFET LEVESQUE Annie : coordinatrice de la formation Conseiller en ESF au lycée Rabelais de Paris

VUAGNAT Roselyne : responsable de la filière Économie Sociale Familiale à l'institut Limayrac de Toulouse

ZEKAR Thérèse : ancienne responsable de formation Conseiller en ESF à l'IRTS Basse-Normandie, Hérouville-Saint-Clair

Sommaire

Partie 3. La formation : contenus, organisation, épreuves de certification

Introduction

Ce livre, qui présente la réforme du diplôme d'État de Conseiller en Économie Sociale Familiale, est à destination des étudiants, des travailleurs sociaux (professionnels et Conseillers en ESF, formateurs terrain), des enseignants-formateurs des établissements scolaires et des centres de formation, mais aussi des employeurs.
Ce travail peut intéresser toute personne qui se sent concernée par la formation et la profession de Conseiller en ESF.

Ce livre peut être utilisé comme un document de référence sur l'histoire de la profession et ses enjeux successifs au fil du temps, comme un guide opérationnel et un outil de réflexion qui fournissent des précisions sur les contenus de la formation apportés par les professionnels et les enseignants-formateurs.

Il permet également d'analyser les enjeux et les moyens à mettre en œuvre pour développer l'ESF dans le champ de l'intervention sociale.

Il a pour objet de donner une lisibilité accrue sur la formation, parallèlement aux autres formations sociales, et de faire entendre la spécificité fondée sur une expertise dans les domaines de la vie quotidienne, acquise en partie lors de la formation du BTS en ESF : consommation-budget, habitat-logement, insertion sociale et professionnelle, alimentation-santé.
Cette spécificité s'inscrit dans une complémentarité d'intervention avec les autres travailleurs sociaux. Elle repose sur des modalités d'intervention qui accordent une part importante à la prise en compte collective des individus et des groupes, tout en l'articulant avec l'intervention individuelle. Elle s'appuie sur la méthodologie d'investigation, de projet et le travail en partenariat et en réseau.

Le brevet de technicien supérieur (BTS) en ESF est l'un des diplômes qui permet l'accès à la formation au diplôme d'État (DE) de Conseiller en ESF. Les contenus de formation au BTS ESF et les compétences s'y rattachant sont abordés dans cet ouvrage lorsque nécessaire.
Si les deux diplômes sont dans la continuité l'un de l'autre et complémentaires, ils sont toutefois distincts. Le BTS en ESF valide un statut de technicien supérieur ; le diplôme d'État de Conseiller en ESF valide la qualification de travailleur social de niveau III.

Le contenu centré sur l'année de formation préparant au diplôme d'État de Conseiller en ESF présente l'histoire de la formation, de la profession et des associations professionnelles, les textes de référence actuels, les contenus de formation abordés par les concepts et les pratiques professionnelles qui s'y rattachent, des précisions sur les certifications.

Cet ouvrage a été élaboré par les membres du groupe de travail Conseiller en ESF d'UNAFORIS et des représentants de France ESF. Ces personnes se sont côtoyées de façon plus assidue pendant trois ans pour travailler sur la réforme du diplôme d'État de Conseiller en Économie Sociale Familiale (ESF) puis du BTS en Économie Sociale Familiale. Parmi eux, une délégation a représenté les centres de formation et les professionnels de l'ESF, au sein du groupe de travail interministériel, afin de collaborer avec les représentants du ministère de l'Éducation nationale et de la Direction générale de l'action sociale (DGAS), aujourd'hui Direction générale de la cohésion sociale (DGCS).

Ce document permet de rendre compte de la grande richesse de la réflexion réalisée de manière à alimenter le groupe ministériel de travail qui avait en charge l'écriture du nouveau référentiel. Ces réflexions se sont échelonnées durant dix années depuis la dernière réforme du diplôme du BTS en ESF en 2000 jusqu'à la première session du nouvel examen : le diplôme d'État de Conseiller en ESF en 2010.

La mise en place du diplôme, de ses nouvelles modalités de formation et de certification a soulevé de nombreuses interrogations de la part des étudiants, des professionnels de terrain et des enseignants-formateurs. À travers ce livre, nous proposons de nombreux éléments de cette approche collective.

Cet écrit est le résultat d'une rédaction collective, travail collaboratif avec des échanges, des négociations, des prises de position. Il prend tout son sens en étant au service de la formation et en donnant un éclairage appuyé à l'exercice de la profession de Conseiller en Économie Sociale Familiale.

Partie 1

La profession de Conseiller ESF

I Histoire de la profession, de la formation et des associations de professionnels

> Les fonds d'archives de France ESF et des centres de formation nous permettent de présenter l'approche historique à travers ces trois axes, à savoir la profession, la formation et les associations de professionnels.

La profession de Conseiller en Économie Sociale Familiale est le résultat de l'évolution du métier d'enseignant vers celui de travailleur social qui s'est opérée par une succession de gestions de crises que nous pouvons repérer à travers l'histoire. Nous pourrons voir comment, à travers les époques, le Conseiller en ESF a su s'adapter à l'évolution de la société, aux publics, au passage de la sphère du privé à un environnement public, à une dimension sociale, économique, sociétale.

L'Économie Sociale Familiale est née de la rencontre des domaines de la vie quotidienne et de la professionnalisation des activités habituellement dévolues aux femmes. Elle trouve ses origines dans les milieux bourgeois, humanitaire mais aussi ouvrier, féministe et humaniste.

1 Les précurseurs

Bien que l'enseignement ménager apparaisse durant le XVIe siècle et connaisse une évolution quasi linéaire depuis lors, il se précise davantage durant la deuxième moitié du XVIIe siècle. En 1686, Louis XIV ouvre à Saint-Cyr un établissement destiné à accueillir les jeunes filles nobles mais sans fortune. Cet enseignement commence dès l'âge de sept ans sous la responsabilité de la gouvernante des enfants du Roi, Madame de Maintenon[3]. Le but est de leur donner une culture générale et pratique afin qu'elles puissent tenir leur rôle de maîtresse de maison après leur mariage. Il faut assumer un déclassement social et trouver le moyen de vivre à moindre coût. En 2000, Patricia Mazuy réalise le film *Saint-Cyr* qui montre l'éducation des filles de cette époque.

---

3. Girard Françoise, « Le système éducatif à Saint-Cyr », *Revue de l'histoire de Versailles et des Yvelines*, n° 74, 1990, p. 53-86.

L'école fermera ses portes en 1793. Dès 1791, l'assistance aux pauvres est fixée dans la Constitution. Elle trouve son origine dans celle qu'avaient apportée, jusque-là, les congrégations religieuses dans leur secours aux malades et aux plus nécessiteux. [4]

Au début du XIXe siècle, Madame de Campan crée, à la demande de Napoléon Ier, l'École de la Légion d'honneur destinée aux filles d'officiers morts en campagne. Encore une nouvelle crise qui est d'apprendre à vivre et à gérer la vie quotidienne en utilisant de façon optimale les ressources de leur milieu avec un niveau de vie devenu inférieur.

La révolution industrielle de 1848 favorise l'exode rural et une concentration urbaine, mais surtout développe le travail des femmes, ce qui réduit le temps disponible pour les activités familiales et la transmission possible de l'éducation ménagère familiale entre mère et fille.
Dans le même temps, les notables des milieux agricoles s'inquiètent fortement de l'exode rural et proposent un projet éducatif qui vise à retenir les jeunes à la campagne en améliorant leur qualité de vie et en leur faisant prendre conscience de leurs responsabilités. On veille également à la promotion d'une idéologie de la famille impliquant un rôle bien défini de la femme « épouse-mère-maîtresse de maison » chez les jeunes filles de la bourgeoisie.

En 1870, cet enseignement se développe, d'abord dans le nord de la France, dans l'enseignement ménager postscolaire, en particulier grâce au financement de la Société des Mines ; puis en 1882 par Jules Ferry qui introduit l'enseignement des travaux manuels dans les programmes des écoles de filles du cours supérieur (entre 11 et 13 ans) : habillement, cuisine et activités extérieures (jardin, basse-cour).
L'enseignement des filles et des garçons était bien séparé par souci de préserver la morale mais aussi pour adapter chaque sexe à ses fonctions sociales spécifiques. Paul Leroy-Beaulieu, dès 1873[5], fait entendre que la compétence ménagère devra désormais remplacer la dot, autrefois indispensable pour qu'une fille soit « épousable ». Les féministes de l'époque, elles aussi, valorisent les tâches ménagères comme un travail à part entière.

En 1887, le ministère précise que dans l'enseignement de l'économie domestique, l'éducation morale doit prendre le pas sur l'éducation intellectuelle et manuelle :

> « [...] Inspirer aux jeunes filles l'amour de l'ordre, leur faire acquérir les qualités sérieuses de la femme de ménage et les mettre en garde contre les goûts frivoles et dangereux... »

2 L'émergence de l'enseignement ménager

À partir des années 1920, Paulette Bernège[6] présente un travail sur l'organisation ménagère. Elle tire sa réflexion du taylorisme en s'appuyant sur des contenus scientifiques

4. Remondière Rémi, Rougagnou Corinne, Refalo Patrick, *Conseiller en Économie Sociale Familiale*, ASH étudiants, mai 2005.
5. Leroy-Beaulieu Paul, *Le Travail des femmes*, 1873. Consulté sur Internet http://gallica.bnf.fr
6. Bernège Paulette, *De la méthode ménagère*, Dunod, 1934.

et en l'appliquant au travail domestique, ce qui aboutit à une organisation ménagère rationnelle, formalisée et normalisée. Elle attire l'attention des industriels qui veulent alors moderniser l'outillage ménager.

S'ajouteront au programme d'économie domestique des notions d'hygiène. De nombreuses écoles voient le jour et certaines proposent des cours du soir. Des écoles ménagères ambulantes sont créées, dès 1910, pour atteindre le milieu rural. Elles serviront de modèles à d'autres pays.
Un projet politique, économique et social de développement ménager sur les lieux de travail des femmes, principalement dans les usines, se met en place, en vue d'assurer la stabilité et la prospérité du pays. Dans les classes modestes, l'enseignement ménager a pour objectif d'aider les familles à se contenter d'un salaire modeste et de permettre la transmission des savoirs traditionnels, que les femmes ne transmettent plus parce qu'elles sont allées travailler trop jeunes en usine ou en atelier.

L'enseignement domestique a, avant tout, une portée intellectuelle et morale et donne à la jeune fille le sentiment de son devoir. Si, a priori, il se soucie de produire des maîtresses de maison organisées, il souhaite surtout que ces mères luttent contre la dépopulation et restent dévouées à la République :

« L'enseignement ménager a une double finalité, celle de l'idéologie émancipatrice reposant sur la croyance dans le progrès, grâce aux vertus de l'éducation et de l'enseignement, et celle de la domestication de la vie privée et d'inculcation d'une morale afin de conforter la famille et garantir la paix sociale. »[7]

En période de crise économique, de guerre, de pénurie de marchandises, il faut que les femmes et les familles tirent parti du peu de ressources à leur disposition. Il y a une notion de sacrifice de la femme, de la famille.

À partir des années 1920, les écoles souhaitent former de manière plus professionnelle leurs élèves. Les sciences telles que la physique, la chimie et la biologie sont introduites dans les programmes. L'enseignement ménager familial (EMF) a pour but d'appliquer les données scientifiques aux travaux domestiques. L'apparition des « sciences de l'homme » suit un courant de pensée dominant dans la société française de l'entre-deux-guerres sur le traitement des problèmes sociaux, celui du courant hygiéniste et médical.

Les ancêtres des assistantes sociales font des études médicales en premier lieu et sont les collaboratrices des médecins hospitaliers. Ce sont les visiteuses médicales. Parallèlement, les intervenantes du quotidien, telles les éducatrices familiales, vont éduquer les jeunes filles et les mères aux différentes notions d'hygiène et de santé.

Dans les actes du colloque de France ESF de 2007, « La quotidienneté, un atout pour l'ESF », ont été repris des éléments présents dans les programmes de 1931 :

« Ce caractère scientifique poursuit plusieurs buts :
– il est un excellent antidote aux explications mythiques et fantaisistes des femmes et compensent la pratique de l'expérience des anciens, combat les préjugés ;

7. Jovelin Emmanuel, Bouquet Brigitte, *Histoire des métiers du social en France,* 2005, ASH professionnels.

– il forme un esprit rigoureux, seule la science va leur permettre d'être exactes, ordonnées, équilibrées et réfléchies dans leurs actes du quotidien ;
– il permet d'acquérir de la noblesse grâce à cette empreinte scientifique. Il est propulsé au même niveau que les autres disciplines apprises à l'école. Ce sont les ouvrières de la maison. »

Les actes ménagers sont technicisés, découpés, séquencés, tout comme les enseignements techniques apportés aux garçons dans l'obtention d'une qualification. Ces actes quotidiens, grâce à leur explication technique et scientifique, veulent garantir l'acquisition de procédures.

En 1924, on assiste à l'essor des centres populaires d'éducation ménagère, mis en place dans les grandes industries, notamment textiles (Nord, Est, Sud-Est). À partir des années 1930, les écoles ménagères fleurissent dans toute la France, créées par des caisses de compensation, des municipalités, le patronat, des œuvres charitables, des associations, des écoles publiques et privées… Tout cela est à mettre en lien avec la dépression économique marquant cette période où l'EMF permet d'apprendre à « faire avec ce que l'on a ».

Les professeurs d'enseignement ménager « sortent » de plus en plus des écoles et rejoignent les travailleurs sociaux en intervenant directement auprès des adultes. On s'achemine ainsi vers l'institutionnalisation de l'enseignement ménager durant cette période d'entre-deux-guerres. Les éducatrices familiales interviennent auprès des adultes et des adolescents : stages, sessions de formation familiale ménagère ou sur les lieux de travail (ateliers, usines), ou dans les lieux d'habitation (habitations bon marché ancêtres de l'habitat social ; habitations à loyer modéré). On voit s'opérer le glissement de l'enseignement auprès de jeunes à la formation des adultes.

C'est également la création en 1933 de la Fédération des centres d'enseignement social familial ménager. Dans les lycées d'enseignement secondaire féminin, l'enseignement ménager n'étant pas jugé suffisamment « distingué » ou « noble », l'accent est davantage mis sur la santé et le budget de la famille. L'économie domestique devient une sorte de science appliquée. On applique à la diététique et à l'entretien les découvertes récentes de la chimie. Pour gérer le budget, la mère doit avoir des notions de comptabilité, de prévoyance, d'épargne.

Les programmes insistent également sur l'importance de l'organisation méthodique et rigoureuse. Cet enseignement s'adresse en particulier à des jeunes filles de classe moyenne, en pleine ascension. Il faut les aider à se situer entre les milieux modestes dont elles sont issues mais dont elles veulent se distinguer et les classes riches, qui exercent sur elles une « dangereuse » fascination. Il faut obtenir aussi qu'elles sachent résister aux « mirages » de la société de consommation émergente.

On constate que les référentiels de formation se construisent en fonction de toutes les évolutions sociales repérées, ce que l'on pourra davantage vérifier par la suite. La constante de la profession, au-delà de l'expertise du quotidien, sera de s'adapter au contexte économique et social, dans le souci grandissant des professionnels de venir en aide aux publics en difficultés.

3 De l'enseignement ménager au travail social

Durant la Seconde Guerre mondiale, le gouvernement de Vichy va favoriser toutes les formes d'enseignement qui visent à valoriser la place de la femme au sein de la famille. La loi du 18 mars 1942 rend obligatoire l'enseignement ménager pour toute jeune fille scolarisée (100 heures). Un stage pratique achève cette formation et un certificat de scolarité d'enseignement ménager familial est délivré. Cet enseignement se retrouve dans toutes les filières d'enseignement classique, moderne, technique et agricole.

Cette loi est suivie en 1943 de deux arrêtés instituant le diplôme du monitorat et de professeur d'enseignement ménager familial par la double tutelle du ministère de l'Instruction publique et du ministère de la Santé et de la Population (double tutelle qui a toujours cours avec des appellations successivement différentes).

L'intention du gouvernement de Pétain est de moraliser la vie familiale et le rôle de la femme au sein de son foyer. Dans des travaux universitaires consultés, il était noté :

> « L'enseignement ménager est pris comme moyen de lutter contre la crise qui atteint la famille, pour réhabiliter la notion de foyer qui disparaissait à cause du travail de la femme hors du foyer et d'une véritable éducation féminine. »

La femme a pris une part importante dans la production pendant la guerre et son émancipation est considérée comme un fléau. Il faut également apprendre à gérer la pénurie avec des restrictions sur le choix des aliments, la transformation des vêtements… Le maître mot est de « faire durer » et de « faire au mieux avec ce que l'on a ».

> « Nous trouvons là la rencontre de deux mouvements opposés, un mouvement socio-économique qui poussait les femmes au travail et un mouvement politique et idéologique, celui de Pétain, qui allait en sens inverse, la femme au foyer. »

Les actrices de cet enseignement y voient aussi un moyen de s'émanciper de certaines voies qui leur étaient tracées en tant que filles et femmes.

Fin 1944, différentes ordonnances instituent la Sécurité sociale, le droit de vote des femmes, la reconstitution des syndicats, la création d'un ministère de la Reconstruction et de l'Urbanisme… C'est donc un changement total de politique, car les finalités ne sont plus celles énoncées en temps de guerre sous le gouvernement de Vichy. L'ordonnance du 2 novembre 1945 réglemente alors l'ouverture et le fonctionnement des établissements privés de formation familiale ménagère.

À la Libération, le gouvernement demande l'abrogation de la loi de 1942 qui avait rendu l'enseignement ménager obligatoire, mais il continue à développer cet enseignement dans les centres d'enseignement technique en créant sa propre filière de formation de professeurs. L'évolution, au sortir de la guerre, de l'action politique française envers le repeuplement et l'éducation de la jeunesse amène l'EMF à positionner d'autres sciences comme porteuses de l'esprit scientifique qui vont se juxtaposer aux enseignements déjà inscrits dans les programmes de cette époque.

En 1946, une trentaine de caisses d'allocations familiales (CAF) introduisent l'enseignement ménager dans leur politique d'action sociale. Des centres ménagers dispensent des cours auprès de jeunes filles de 14 à 17 ans de milieux défavorisés. Le modèle de la femme au foyer conserve donc toute sa vigueur dans ces années 1945-1950 et l'enseignement ménager connaîtra un grand essor.

L'Union nationale des professeurs et monitrices d'enseignement ménager familial (UNPMEMF), association loi 1901, est créée en 1945. Son but est de rassembler, sans distinction d'appartenance idéologique, des personnes exerçant leurs fonctions tant à l'Éducation nationale que dans l'enseignement privé, dans l'enseignement agricole, dans les différents services sociaux ou dans l'industrie.

L'Union souhaite établir et entretenir des liens entre les éducatrices familiales, leur venir en aide, défendre leurs intérêts et contribuer à l'action éducative et familiale. La profession s'organise : il y a la reconnaissance officielle par le diplôme instituant les professionnelles comme des enseignantes. L'une de ses premières actions est de créer et diffuser les *Cahiers de l'enseignement ménager familial* qui sont disponibles dès 1946. Elle organise des sessions de perfectionnement qui rencontrent un grand succès, puis, à partir de 1950, des stages pédagogiques qui préparent à la deuxième partie du monitorat d'EMF.

L'arrêté du 24 octobre 1950 porte à trois ans la préparation de ce diplôme et l'organise en deux parties. Seules les titulaires de la première partie (qui ne conduit à aucun débouché) accèdent à la 3e année pédagogique et au diplôme. Les contenus de formation du monitorat sont la morale, l'éducation, l'hygiène, la puériculture, les techniques ménagères et l'économie domestique (cuisine, couture, raccommodage, entretien, lavage, repassage). La pédagogie est incluse.

Toute jeune fille du milieu urbain doit obligatoirement avoir reçu, avant l'âge de 17 ans, 300 heures de formation ménagère. L'enseignement ménager s'adresse de plus en plus aux jeunes filles en difficultés scolaires dans les écoles. Les CAF versent une allocation à toutes les familles dont les filles suivent les cours d'EMF.

Dans une période de reconstruction, la crise du logement est importante, certains biens de consommation manquent encore : la femme a un rôle de transformation et d'artisanat domestique, elle a l'obligation d'économiser et de limiter les besoins. Les professionnels amorcent un travail dans le cadre de ce que l'on peut considérer aujourd'hui comme les prémices de la politique de la ville. Dans les travaux universitaires consultés, les professionnels décrivent le travail fait avec les habitants des quartiers, avec les élus et l'appui des architectes...

Mais, très vite, d'une période de pénurie on passe à une société de consommation et d'abondance. Les besoins en matière de formation évoluent car il s'agit non seulement de savoir exécuter des tâches ménagères, mais plus encore de gérer l'entreprise familiale, s'adapter aux nouveaux appareils et produits pour gagner du temps, s'adapter et améliorer le niveau de vie des familles... La monitrice d'enseignement ménager familial est le relais entre la production industrielle et la famille. Il convient donc d'apprendre à modifier sa consommation et de « savoir bien acheter » plutôt que « fabriquer soi-même ».

La monitrice en EMF doit donc sans cesse se documenter pour mieux « conseiller ». Dans les CAF, les monitrices mènent des actions de formation et d'information auprès d'adultes.

Elles interviennent dans les centres sociaux en aidant à résoudre les problèmes de vie quotidienne et favorisant la promotion sociale de la femme. L'action sociale a pour objet de contribuer au progrès et au bien-être social des différents membres du groupe familial en favorisant leur adaptation au milieu social.

Des monitrices sont également présentes dans les Mutualités sociales agricoles (MSA), ou dans le secteur de l'entreprise, telle la SNCF, dont une des missions est de prendre en charge les problèmes familiaux. Pour les jeunes ouvrières et les apprenties, des cours sont dispensés sur les lieux de travail.

En 1955, onze sections régionales sont créées pour faire face au développement rapide de l'association des professionnelles. Des manifestations plus importantes s'organisent. Ainsi, en 1957, l'Union organise à Strasbourg son premier congrès national sur le thème « Situation actuelle de l'enseignement ménager familial – perspectives d'avenir ». Cette manifestation connaît un tel succès qu'il est demandé de la renouveler tous les deux ans.

Dans les actes des colloques professionnels ou les documents officiels, on note aussi :

> « Cet enseignement, qui ne tenait compte que de l'organisation des conditions matérielles de l'intérieur de la maison pour l'unité de la famille, devient préoccupé par les conditions psychologiques de la famille et les liens entre ses différents membres. »

Pierre Laroque – haut fonctionnaire, fondateur de la Sécurité sociale – dans son discours d'ouverture du colloque en 1957, précise que, depuis quelques années, un renouveau de l'idée de famille a atteint toutes les couches de l'opinion et ancre ce renouveau dans de nouvelles connaissances scientifiques émanant des sciences humaines. Selon lui, la sociologie a apporté une connaissance plus exacte des données scientifiques de la vie sociale, l'homme n'est jamais isolé, il appartient à un groupe familial et professionnel. Il estime que l'enseignement de l'EMF est celui qui prépare le mieux à la création des conditions du développement de la famille, de la protection de la famille contre les menaces qui pèsent sur elle.

Un deuxième congrès de l'Association est organisé en 1959 à Lyon autour du thème « Information et formation », à la rencontre de deux demandes : celle des professeurs et monitrices d'EMF sollicitant des informations technologiques et celle des représentants de l'industrie et de la presse spécialisée à la recherche de relais entre eux et les consommateurs.

Dans la revue de l'Union professionnelle, des pages publicitaires sont proposées par des entreprises comme : Johnson, Singer, Les charbonnages de France, Nestlé, Astra, les entreprises textiles…
Des concours sont organisés : concours Johnson, de la charlotte, de la fée du logis…
L'Union professionnelle veut se faire reconnaître comme interlocuteur vis-à-vis de l'industrie, de l'alimentation et de l'équipement ménager […]. Les firmes industrielles […] découvrent l'impact que peuvent avoir les monitrices d'enseignement ménager familial sur la consommation des familles […]. Des conseillères ménagères travaillent dans l'industrie, EDF/GDF, Charbonnages de France, Houillères, ayant pour rôle d'informer les

usagers et les clients sur les moyens d'utiliser l'énergie ou les appareillages mis à leur disposition. C'est la période de la vulgarisation du progrès technique.

C'est à ce moment que se développent des postes de monitrices d'EMF ou de conseillers ménagers dans des entreprises privées (Unilever, Siemens...), les associations (associations de consommateurs, le Centre de recherche sur le budget familial parrainé par les Caisses d'épargne, et qui se nomme aujourd'hui « Finances et pédagogie ») ou les entreprises publiques (EDF/GDF) et ce, jusque dans les années 1990-2000, en qualité de conseillers spécialisés dans la consommation.

Cela explique la transformation progressive des contenus traditionnels de l'enseignement ménager en contenus plus techniques et scientifiques. De l'épargne au développement du crédit, d'une économie de pénurie à une économie d'abondance, un déplacement s'opère quant à la compétence requise chez la femme.

En avril 1960 est créé le brevet de technicien (BT) de conseillère ménagère qui évoluera en mai 1963 en un brevet de technicien supérieur (BTS) de conseillère ménagère. Le texte officiel stipule :

> « Ce nouveau diplôme dispense une formation à caractère social, économique, et technique en vue d'assurer des services d'information dans le cadre familial ou collectif. »

Dans les programmes, on note une insistance sur les sciences appliquées, la technologie, l'organisation rationnelle du travail ménager, les techniques d'enquête pour études de milieux. Cela montre bien le climat de la société française : c'est la grande période de la société de consommation où la science et la technique sont les moteurs du progrès. Nous passons des techniques ménagères aux sciences exactes et à leurs applications.

Le troisième congrès organisé en 1961 à Limoges aura pour thème « Les problèmes posés par l'enfant dans la société contemporaine ».

Mais c'est en 1962 que l'on constate l'introduction des sciences humaines dans la formation. L'enseignement des sciences sociales et humaines est prévu par le législateur dans le même état d'esprit que pour l'introduction des enseignements scientifiques en 1930. On peut se rendre compte que les motifs sont semblables :

> « La transmission des traditions n'est plus suffisante pour s'adapter à notre société ; car la vie familiale met en œuvre des techniques reposant sur des sciences de plus en plus poussées, de plus en plus complexes, psychologiques, médicales, de diététique, de pédiatrie ; tout cela s'apprend, doit s'apprendre et ne peut être enseigné que par les hommes ou des femmes qui ont reçu les bases scientifiques de cette formation. »

En 1966, le congrès de Lille a pour objectif de faire découvrir, aux pouvoirs publics et aux utilisateurs de l'enseignement ménager, le rôle important que celui-ci peut avoir dans une société transformée par les évolutions techniques et dans la recherche d'un art de vivre.

Dans la vie sociale, la vie quotidienne se transforme considérablement : grands ensembles, développement de l'équipement ménager, du crédit à la consommation, nouvelles formes de distribution avec les premiers supermarchés… d'où la nécessité d'une intervention éducative auprès des adultes. Il s'agit, encore et avant tout, grâce à l'apprentissage de nouvelles techniques, de nouveaux savoir-faire, d'aider les familles à s'adapter aux transformations de leur cadre de vie.

C'est l'époque du conseil, de la reconnaissance de la fonction sociale qu'exercent les monitrices d'enseignement ménager familial auprès des adultes. Elles assurent des permanences dans des appartements témoins pour proposer des conseils en matière d'aménagement, d'achat, d'environnement, d'insertion dans le quartier : elles prennent en compte l'ensemble des besoins (consommation, éducation, budget, cadre de vie). Les professionnels sont présents dans les centres sociaux, réalisent un travail de proximité qui se retrouve aujourd'hui dans l'intervention sociale d'intérêt collectif, le travail avec les groupes, le travail en réseau et le développement social local.

L'obligation de prolongation de scolarité jusqu'à seize ans pour tous, fixée par ordonnance dès 1959, devient effective et oblige les CAF comme les centres ménagers privés à reconvertir les centres ménagers qui accueillaient les jeunes filles et à se tourner alors vers un public adulte.
Les écoles ménagères ne peuvent bénéficier de contrats avec l'État, elles doivent se reconvertir en écoles techniques. Au collège, les élèves auront une initiation aux travaux manuels qui se transformeront en éducation manuelle et technique (EMT) : couture, cuisine, bricolage… Ces enseignements seront supprimés à la fin des années 1980 et remplacés par l'enseignement de la technologie et l'arrivée de l'informatique.

Les monitrices vont ainsi passer de l'enseignement auprès des jeunes à des actions de formation et de conseil auprès d'adultes. C'est donc l'ouverture du secteur social pour un certain nombre de professionnelles, ce qui va occasionner des tensions au sein de la profession. Crise au sein de l'Union professionnelle, les monitrices, qui enseignent aux adolescentes, se tournent, par exemple, vers les centres d'apprentissage du commerce, de l'industrie et le secteur de l'enfance inadaptée. Ces missions perdurent par des postes de Conseiller en ESF dans les chambres de métiers de l'artisanat, dans le secteur du handicap, tant en France qu'à l'étranger, pour une continuité de la fonction éducative.
En revanche, les conseillères ménagères cherchent à se démarquer des enseignantes ; elles prennent comme modèle de référence les travailleurs sociaux, tant du point de vue de la formation continue que du langage utilisé, soit vers une fonction sociale.

4 L'Économie Sociale Familiale

Lors de ce passage à une société de consommation fondée sur l'abondance et la consommation, l'enseignement ménager tombe en discrédit du fait de l'origine socio-culturelle des monitrices qui tentent d'inculquer une morale « rétrograde et répressive » à une classe populaire, ce qui ne correspond plus aux désirs d'émancipation et de confort des femmes. Le public féminin n'a plus les mêmes besoins, les mêmes demandes, son comportement change. Les Conseillers abandonnent la pédagogie directive des monitrices.

L'évolution du rôle de la femme est un élément de fragilisation de la profession de monitrice d'EMF et un élément fondateur des conseillères en ESF. Les préoccupations se transforment en expertise de l'organisation et de la gestion ménagère. En effet, la femme doit de plus en plus gérer une double activité : activité professionnelle et activité du foyer. L'aide de l'électroménager va lui permettre, par exemple, de gérer de manière plus efficace le temps.
La profession va se scinder en deux : le rôle de la monitrice d'EMF diffère de celui de la conseillère ménagère qui va, elle, tenir des permanences dans les centres sociaux et conseiller les femmes dans le choix de l'organisation de leur quotidien.

Avec la concentration urbaine et la construction des grands ensembles apparaissent des phénomènes peu observés jusqu'alors : des problèmes relationnels liés à la solitude, au déracinement et à une nouvelle forme de délinquance. À côté des traditionnelles missions de formation et d'éducation, viennent ainsi se positionner celles d'information et de conseil dans les domaines de la vie quotidienne.

La monitrice transmettait à la femme ou à la jeune fille des savoirs adaptés à la fonction productrice de la famille et dictait des conduites visant à la formation et à l'éducation du prolétariat : le rapport était professoral.
À cette époque, la conseillère s'adresse en priorité aux familles modestes mais également aux femmes de la classe moyenne. Elle s'est mise à informer, à conseiller, à animer (et non à enseigner). Elle prend en compte l'ensemble des problèmes quotidiens de la famille en s'adressant à son public dans un rapport équitable qui demande sa participation, soit une approche globale, utilisant et valorisant les compétences des personnes.

Avant même la parution des textes instituant la profession de Conseiller en ESF en 1973, un directeur de la CNAF donnait de la profession la définition suivante :

> « La Conseillère en Économie Familiale et Sociale est l'un des travailleurs sociaux dont la visée essentielle serait l'animation de la vie sociale, cherchant à favoriser les rapports humains, les échanges, à accroître la solidarité au niveau de la vie quotidienne. »

En mai 1968, les étudiantes des écoles de formation et leurs formateurs ainsi que les professionnelles et les employeurs demandent que soient actualisés les contenus de formation.

Trois points se dessinent dans le cœur de métier :
– la permanence de la référence aux domaines de la vie quotidienne ;
– la notion d'expertise avec ses outils de diagnostic technique ou social à visée de résolution de problèmes ;
– la méthodologie, et une certaine compétence de rationalisation des actions et de maîtrise des coûts budgétaires.

Tous ces points justifient, à eux seuls, la nécessaire présence des enseignements scientifiques pour former à l'esprit d'analyse et donner une rigueur méthodologique et pragmatique.

L'Union des professionnelles alerte la double tutelle ministérielle sur l'avenir de la profession et demande la révision des textes, la modification des titres professionnels de monitrice d'enseignement ménager et de conseillère ménagère, réclame un nouveau cadre législatif pour la profession, avec un cursus de formation en trois ans. Ces professionnelles désirent être situées au même niveau que les autres professions socio-éducatives ; leur demande, qui sera renouvelée à plusieurs reprises, n'a pas abouti.

Le terme d'Économie Sociale Familiale commence à circuler, prenant en compte l'interaction famille-société, la dimension économique que doit résoudre la famille. Cette nouvelle appellation met en valeur le fait que la profession ne se limite plus à l'enseignement mais couvre aussi toutes les actions réalisées directement auprès des adultes. En réalité, c'est d'abord le concept d'Économie Familiale et Sociale qui est avancé, mais il ne sera pas retenu.

La transition entre l'Enseignement ménager familial et l'Économie Sociale Familiale s'amorce de façon officielle ; c'est l'intégration au champ du « social » avec des souhaits mais aussi des regrets et des incertitudes. Les valeurs traditionnelles ont été « balayées » avec les mouvements des années 1968, des remises en cause importantes ont ébranlé la mission normative et de « contrôle social ». Durant cette période transitoire, le groupe de réflexion de l'Association nationale s'est également appuyé sur ce qui se pratiquait aux États-Unis : les *home-economics*, il a participé pendant de longues années à des travaux au sein de la Fédération internationale de l'économie familiale (FIEF) et de la section française de la FIEF. Viviana Zelizer aborde la question des usages sociaux de l'argent aux États-Unis dans son ouvrage[8].

Cela aboutit à la publication d'un arrêté en juin 1969, suivi d'une circulaire en mai 1970, créant le BTS en Économie Sociale et Familiale, qui se substitue à la première partie du monitorat d'EMF. Dans les programmes, les aspects scientifiques et techniques sont développés mais plus encore les sciences humaines. On s'interroge sur la civilisation technique et se dessine une aspiration à un art de vivre. Toutefois, la science des achats garde son importance, mais il y a une prise de conscience des droits du consommateur-acheteur.

Suite à la création du BTS en Économie Sociale et Familiale l'association change de nom pour devenir l'Union nationale des professionnelles en ESF (UNPESF). Elle s'organise par régions, met en place un service de perfectionnement ainsi que des commissions d'étude chargées d'approfondir des questions relatives aux divers secteurs d'emploi. Le terme « Union » est perçu comme idéologiquement trop marqué et dépassé : apparaissent alors au sein de l'association les trois lettres (ESF) qui caractérisent désormais la profession et qui vont se retrouver dans toutes les dénominations de l'association jusqu'à aujourd'hui. Les buts de l'association évoluent : il s'agit d'organiser, de regrouper, d'informer, de représenter et de promouvoir la profession. Elle est alors l'institution qui détient le maximum d'informations sur l'ensemble de la profession, elle est consultée par les services publics et différents organismes.

Le virage marquant cette période de naissance et de constitution de l'ESF, comme composante du travail social, peut être situé lors de la mise en place et de l'organisation du champ de l'action sociale des Ve et VIe plans de développement économique et social dans les années 1970. Les politiques à destination de l'enfance inadaptée, la prévention

8. Zelizer Viviana, *La Signification sociale de l'argent*, Éditions du Seuil, 2005.

spécialisée, l'animation sociale se mettent en place avec des termes comme : action sociale globale, planification sociale, action promotionnelle.

La CNAF confie une étude à François Marquart[9], de mai 1970 à juillet 1972, qui clarifiera la situation de la profession et donnera des bases de réflexion pour opérer le tournant qui s'impose dans la manière de gérer la crise de l'enseignement ménager qui cherche une manière d'évoluer, du fait de la modernisation du système scolaire, des formations et des qualifications, de l'évolution de la société.

Le phénomène d'urbanisation et d'immigration entraîne de nouveaux afflux de population. Les nouveaux modes de distribution, le développement des crédits et les nouveaux moyens de paiement (carte bancaire) dans les années 1970 ouvrent sur une société de consommation. La notion d'économie prend une place de plus en plus importante dans la vie de tous les jours et il faut préparer les futurs consommateurs.

Les monitrices commencent à être sollicitées par les autres travailleurs sociaux pour aider les familles qui rencontrent des difficultés financières. Apparaît, dès les années 1960, la notion d'action éducative budgétaire (AEB) auprès de familles lors de visites à domicile.

Le public n'est pas nécessairement constitué de personnes en difficulté sociale, ce qui n'est pas habituel pour les travailleurs sociaux. La pratique professionnelle change : pour les classes moyennes, les sessions de groupe ont des contenus diversifiés comme le bricolage, la confection d'objets de décoration, les vêtements à la mode. Les activités domestiques restent de mise : cuisine, couture… Le travail domestique n'est plus considéré comme une fin en soi mais comme un support à la création de liens sociaux, un mode d'intervention au service du travail social.

Formation technique et formation à l'éducation familiale sont reliées.

> « C'est une méthode vivante, concrète, raisonnée, active, et adaptée qui s'applique à l'enseignement de l'alimentation, de la cuisine, de l'économie domestique, du repassage, de la coupe, de la couture, du raccommodage, de l'hygiène et de la puériculture. »[10]

Les femmes qui ne travaillent pas à l'extérieur peuvent en effet se sentir frustrées de se voir confinées dans l'univers du foyer, elles prennent part au mouvement en fréquentant les centres sociaux.

Les conseillères s'orientent vers une animation socio-culturelle dans les centres sociaux. Elles développent des actions collectives en transposant leur savoir-faire en pédagogie (qui se retrouve dans l'intervention collective d'animation et de formation – ICAF en BTS ESF) et le savoir-être qu'elles utilisaient dans l'enseignement vers de l'animation de groupe. Le maître mot est la prévention dans le domaine de l'action sociale, c'est aussi un moment de rencontre entre le socio-éducatif et le culturel. L'approche devient pluriprofessionnelle, globale. Cette intervention se fait en animation de groupe. Les professionnels sont connus

9. Marquart François, *L'Action sociale et l'Économie sociale familiale*, Caisse nationale d'allocations familiales, 1974.
10. Le Doare Nelly, *Conseillère en économie sociale familiale : un métier éducatif ? Propositions pour une formation des conseillères à leur mission éducative*, L'Harmattan, 2004.

pour utiliser des supports comme la cuisine et la couture, soit l'animation de groupe, mais aussi dans le cadre du développement social des quartiers, la mise en place des réseaux d'échanges et de savoirs comme nous pouvons aujourd'hui les retrouver dans l'intervention sociale d'intérêt collectif (ISIC).

D'autres professionnelles pratiquent une part d'enseignement en formant les travailleuses familiales (aujourd'hui les techniciens de l'intervention sociale et familiale – TISF) et les aides ménagères (aujourd'hui les auxiliaires de vie sociale – AVS), ou encore travaillent dans le domaine sanitaire, comme conseillères hospitalières qui assurent notamment la logistique et la gestion des hôpitaux et des collectivités.

Le Conseiller évolue dans cette orientation générale du VIe plan de promouvoir les individus et les groupes de manière à préserver, maintenir ou rétablir l'usage de l'autonomie dans la vie sociale et professionnelle.

> « Ce sont les équipements collectifs et la politique sociale qui vont être chargés de rétablir la qualité du milieu de vie dégradé par le développement économique et technique non maîtrisé. »

Le 27 novembre 1971, l'Association nationale des professionnels en ESF (ANPESF) prend la suite de l'UNPESF. Les « professionnelles » deviennent des « professionnels », l'arrivée de l'ESF ayant permis une masculinisation de la profession. Elle participe activement à la promotion de la profession et à la prise en compte des changements opérés, elle est un partenaire privilégié du ministère dans la réflexion sur la réforme de la formation.

Tout cela permet la publication de l'arrêté du 9 mai 1973 créant le diplôme de Conseiller en Économie Sociale et Familiale. L'article premier définit le Conseiller en ESF comme « un travailleur social qui concourt à l'information et à la formation des individus et des groupes pour les aider à résoudre les problèmes de la vie quotidienne. Son activité spécifique s'insère dans le cadre de l'action sociale en collaboration avec les autres travailleurs sociaux ».
Trois secteurs d'intervention sont identifiés : l'action sociale générale (le plus répandu alors), l'action sociale spécialisée et le secteur sanitaire.

La formation se rapproche du modèle des autres formations de travail social, au niveau des contenus de formation (alternance théorie et pratique), des épreuves du diplôme et des volumes de formation. Elle permet ainsi un apport significatif en sciences humaines (psychologie, sociologie) et en économie en mettant en perspective leur utilisation dans l'intervention du Conseiller en ESF.

En 1978, une nouvelle réforme du BTS en ESF et du diplôme de Conseiller en ESF est engagée sous la double conduite de l'Inspection générale de l'Éducation nationale et de la DGAS avec l'aide de formateurs et de professionnels, dans le but d'alléger et d'actualiser les programmes, de développer un enseignement plus professionnel et d'apporter plus de cohérence dans la progression des acquisitions.

L'appellation « Économie Familiale et Sociale (EF et S) » se transformera rapidement en « Économie Sociale et Familiale (ES et F) ».

Aujourd'hui, l'Économie Sociale Familiale (ESF), sans le « et », est devenue un concept reconnu en tant que tel et est citée dans le texte de loi du 5 mars 2007 relatif à la protection de l'enfance.

La formation sera désormais plus axée sur l'acquisition de méthodes de travail, et non sur l'accumulation de connaissances ; elle doit donner la capacité d'aborder les situations concrètes de la vie quotidienne, de les analyser et de proposer des projets d'action. Un travail pluridisciplinaire se met en place pour saisir la vie quotidienne à travers tous ses aspects : sociologique, économique, psychologique, technique, écologique, dans les différents domaines : habitat et environnement, logement et équipement, alimentation, habillement, santé, vie sociale.

Cette réforme voit le jour dans un contexte social marqué par le chômage, l'inflation, et donc la difficulté de vie des familles avec la perte du pouvoir d'achat. Il faut que le travailleur social fasse la preuve de son efficacité dans la prise en charge des problèmes multiples de la société. À ce moment-là, le Conseiller en ESF est dans la culture de la réponse aux problèmes.

En 1986, un nouvel aménagement du BTS en ESF permet de rendre les enseignements plus professionnels, plus proches des profils de poste de plus en plus diversifiés. Le ministère note le manque de professionnalisation de ce diplôme et instaure une nouvelle épreuve : l'épreuve professionnelle de synthèse qui consiste à élaborer une étude puis un projet d'action, nécessitant pour cela une bonne maîtrise de la méthodologie de projet.

En 1988, un changement majeur intervient pour l'association qui se transforme en Fédération nationale des associations de professionnels en ESF (FNAPESF), regroupant non plus des professionnels, mais des associations régionales pour répondre à un souhait de mettre en exergue leur existence et de permettre un fonctionnement de mutualisation. Les axes principaux de sa mission, au-delà de la représentation des professionnels sur le plan national, sont de définir une politique et une stratégie de communication, de mettre en place des outils opérationnels de communication. Son action s'oriente vers la coordination des différentes associations adhérentes, l'organisation de congrès et colloques sur la profession et l'ouverture d'un service de formation.

La profession se construit dans le champ du travail social ; les changements qui ont traversé et traversent la profession des Conseillers en ESF concernent les postes de travail de plus en plus diversifiés, ainsi que leurs publics et leurs activités. La permanence de la profession se situe dans sa spécificité qui englobe les domaines de la vie quotidienne. Ces professionnels développent des stratégies de construction identitaire dans le sens où ils s'attachent à réfléchir tant sur l'évolution et l'adaptation de leurs pratiques dans le contexte socio-économique que sur la promotion de la profession. Cette identité collective laisse cependant un espace de liberté nécessaire à chaque professionnel.

En 1991, François Aballéa conduit une recherche nationale sur la profession au travers des écoles et des ministères. Son travail permet l'édition d'un livre qui fait référence dans la profession[11]. Cette recherche devait être un préalable à la future réforme de la filière du BTS en ESF et du diplôme de Conseiller en ESF.

---

11. Aballéa François, Benjamin Isabelle, Ménard François, *Métier de conseiller en économie sociale et familiale*, Syros, janvier 1999.

« Le Conseiller en ESF en tant que travailleur social, dans une société marquée par des changements multiples et rapides, a pour objectif de favoriser auprès des individus et des groupes la prise de conscience et la maîtrise de ces changements, afin qu'ils puissent trouver des solutions individuelles ou collectives à leurs problèmes. »[12]

Depuis la décentralisation, les collectivités territoriales emploient de nombreux Conseillers en ESF. Ils obtiennent le statut de cadre B au sein de la fonction publique territoriale en 1992, puis au sein de la fonction publique hospitalière en 1993.

En 1995, des difficultés financières obligent la FNAPESF à interrompre ses activités de formation. Lors de cette dissolution, dix-huit associations adhérentes[13] et deux membres associés[14] se regroupent au sein de la section ESF de la Confédération française des professions sociales (CFPS) pour continuer les actions engagées et maintenir un réseau national. Cela explique la présence du fonds d'archives et de documentation au sein de la CFPS lors de son classement (archives qui sont actuellement au CNAHES et au CEDIAS).

La naissance de l'association France ESF en février 1997 est organisée par le réseau d'associations régionales des professionnels en ESF (ARPESF). Les missions prioritaires sont, outre de continuer de coordonner et fédérer les associations de professionnels en ESF, de représenter la profession auprès des pouvoirs publics et des différents partenaires, d'affirmer une position commune en matière de formation, d'identité et de reconnaissance professionnelle et de développer la communication entre les adhérents, avec les partenaires.
Chaque association régionale nomme alors un délégué qui la représente au sein du conseil d'administration de France ESF[15] qui se réunit trois à cinq fois par an. Le bureau est constitué de personnes issues des différentes régions, élues au conseil d'administration.

En 1998, une nouvelle réforme de la formation est prévue. Le référentiel présente d'abord la définition de la profession. Puis il dresse le référentiel des activités professionnelles en faisant l'état des lieux des fonctions, activités et tâches. Il définit ensuite les capacités et compétences à développer. Enfin, il précise les savoirs à associer pour atteindre ces compétences. On notera l'effort soutenu de former en fonction des besoins professionnels, et même la volonté de les anticiper.

Dans la formation au BTS en ESF, la gestion hôtelière, la gestion administrative et financière sont introduites car de nombreux professionnels gèrent des petites collectivités telles que des foyers-logements, des économats..., en qualité de maîtresse de maison, d'économe, d'intendant, de conseiller hospitalier... en France comme dans d'autres pays (Canada, Suisse...).

12. Extrait du compte rendu de la commission préparatoire à la réforme de 1978.
13. Alsace, Aquitaine, Auvergne, Centre, Provence-Alpes-Côte d'Azur-Corse, Franche-Comté, Haute-Normandie, Île-de-France, Languedoc-Roussillon, Lorraine, Limousin, Midi-Pyrénées, Nord-Pas-de-Calais, Pays de la Loire, Picardie, Poitou-Charente, Rhône-Alpes, Martinique.
14. ESF services et Association ADAC.
15. www.france-esf.fr

La méthodologie en travail social est renforcée. Les données sociales le sont également avec la mise en place du cadre politique et juridique de la vie quotidienne. Plus de social est ainsi introduit durant les deux premières années de formation. L'ensemble de la profession et de la formation accueille favorablement cette réforme plus proche des réalités de terrain.
La réforme du BTS en ESF est mise en œuvre en septembre 2000.

Le référentiel du diplôme de Conseiller en ESF est élaboré avec autant de rigueur mais restera à l'état de document de travail. En effet, le ministère souhaite que ce diplôme soit accessible aux autres professions sociales, alors que, jusque-là, seuls les titulaires du BTS en ESF pouvaient y accéder.
Par ailleurs, dans le cadre de la loi de modernisation sociale et de la mise en place de la validation des acquis de l'expérience (VAE), l'accès à ce diplôme est impossible puisque le cœur de métier est totalement intégré au BTS. C'est une contradiction avec la loi qui exige que tout diplôme soit accessible par la VAE. Il faudra donc envisager un nouveau travail pour être en conformité.

Ce premier document de travail sera cependant très utile aux centres de formation puisque le diplôme de Conseiller en ESF n'a pas été réformé depuis sa création en 1973, contrairement au BTS en ESF (1978, 1988, 2000).
Cette réflexion confirme l'ancrage de la profession dans le travail social, en accord avec l'évolution de la profession et des politiques sociales.

La compétence du Conseiller en ESF est définie comme suit :

> « Le Conseiller en ESF est un travailleur social qui dispose d'une double expertise, celle de la vie quotidienne et celle de l'intervention sociale. Il participe avec les autres travailleurs sociaux au diagnostic social des populations, il aide à la résolution de problèmes de la vie quotidienne, contribue à la construction de projets de développement social local, collabore à des actions d'ingénierie sociale et technique. Il assure des actions de conseil, d'information auprès des usagers et des personnels dans les domaines de l'alimentation et de la santé, de l'équipement et de l'habitat, de l'habillement, du budget et de la consommation, du travail et des loisirs. Il gère les personnels et les services sous sa responsabilité. »
> Son activité vise à soutenir ou à suppléer les fonctions sociales dévolues à l'individu et au groupe familial et à maintenir ou à développer le lien social, dans le respect de l'éthique professionnelle.

Neuf fonctions sont définies :
- diagnostic social (individuel ou collectif),
- accompagnement social,
- mise à disposition d'offres de services (individuellement ou collectivement),
- médiation-négociation (avec usagers, collaborateurs, partenaires, divers organismes),
- ingénierie sociale et technique (élaboration et réalisation de projets),
- animation-formation (à visée éducative, socio-éducative et d'insertion),
- expertise et conseils techniques,

- gestion hôtelière,
- gestion administrative et financière.

Toutefois en 2002, en attendant une réforme effective, une circulaire donne des éléments de formation en 3e année, en complément des apports du BTS en ESF. Dès lors, la formation insistera sur la capacité à analyser les problèmes rencontrés par les personnes dans un accompagnement allant vers la compréhension des difficultés jusqu'à leur possible résolution.

II La profession et la formation aujourd'hui

En 2006, un nouveau groupe de travail est mis en place pour finaliser la réforme du diplôme d'État de Conseiller en ESF. Ce groupe est constitué de représentants de l'Éducation nationale, de la Direction générale de l'action sociale, des syndicats, des employeurs, de l'AFORTS, de France ESF et du GNI.

Les nouveaux textes officiels sont parus en septembre 2009.

Les attentes étaient de :

- conduire un travail de réflexion sur le cœur de métier de Conseiller en ESF, les référentiels de compétences, de formation et de certification ;
- permettre aux titulaires du BTS en ESF, du diplôme universitaire de technologie (DUT) carrières sociales et de diplômes de travail social de niveau III de préparer le diplôme d'État de Conseiller en ESF.

Dans la mouvance, le BTS en ESF sera également réformé. De nombreux professionnels de l'ESF (à travers l'intervention de France ESF) et des formateurs déploreront la suppression de l'enseignement des techniques de l'habillement et du cadre de vie, ainsi que des techniques d'alimentation qui pouvaient, dans de nombreuses situations professionnelles, être de précieux outils au service des familles en difficulté ou des supports d'intervention dans des activités génératrices de lien social.
La mise en place des travaux pratiques à visée éducative permettra toutefois d'appréhender des situations concrètes de travail et d'introduire des notions pratiques dans l'ensemble des domaines. Cet enseignement va varier d'un centre de formation à un autre en fonction des options pédagogiques prises par les équipes de formation.

Les connaissances liées à l'habitat, au développement durable ou encore à la gestion sont renforcées. Les disciplines scientifiques (en particulier physique et chimie) seront davantage étudiées et liées aux besoins concrets de la profession. L'inscription dans l'éco-citoyenneté a toujours été présente dans l'EMF puis dans l'ESF, elle est pleinement réaffirmée aujourd'hui.

Les méthodologies d'investigation et de projet gardent toute leur place à travers l'intervention collective d'animation et de formation (ICAF) lors du BTS en ESF ; étape indispensable pour ensuite mettre en œuvre l'intervention sociale d'intérêt collectif lors de la formation de Conseiller en ESF.

Les employeurs apprécient la rigueur et l'efficacité de ces professionnels du social. Ils connaissent pour beaucoup désormais l'intérêt de la formation complète en trois ans et les compétences qui y sont rattachées.
La double volonté du référentiel est de permettre d'accéder à l'emploi dès l'obtention du BTS ou de poursuivre une formation dans un autre domaine que celui de l'ESF.

L'arrêté définissant et fixant les modalités du BTS en ESF et ses annexes est paru le 31 juillet 2009. Le texte de l'arrêté du BTS en ESF peut être téléchargé en intégralité sur le site des ministères de l'Éducation nationale, du Travail, de l'Emploi et de la Santé, de France ESF et d'UNAFORIS.

De nombreux stages, durant les deux années de formation au BTS en ESF et l'année de formation au diplôme d'État de Conseiller en ESF, ont permis de faire connaître la profession et ont participé ainsi à la création de postes dans des secteurs très variés : accompagnement des personnes en insertion sociale ou professionnelle, formation, maintien à domicile, accès aux droits, animation en centre social, gestion de la vie quotidienne en structure d'hébergement, gestion des impayés de loyer ou d'énergie… détaillés dans la partie suivante.

Dans le cadre de l'harmonisation des formations en travail social dans l'Union européenne ce travailleur social est unique ; il n'existe pas en tant que tel dans les pays partenaires. Mais sa reconnaissance par les employeurs et son rôle précisé par des lois récentes dans de nombreux dispositifs d'aide à la personne tels que : mesure d'accompagnement social personnalisé (MASP), mesure d'accompagnement en Économie Sociale Familiale (MAESF), accompagnement social lié au logement (ASLL), accompagnement en lien avec le surendettement… du fait de son expertise de la vie quotidienne et de sa spécificité en accompagnement éducatif budgétaire (AEB) démontrent son utilité et son efficacité auprès des publics concernés.
Sa maîtrise de la méthodologie de projet le place comme un acteur privilégié dans les interventions sociales d'intérêt de la personne (ISAP) et d'intérêt collectif (ISIC) au côté de ses partenaires, notamment en prenant appui sur des outils concrets de la vie quotidienne (alimentation, habillement, logement, équipement…).

Comme cela a été évoqué à travers cette approche historique, le Conseiller en ESF prend appui sur ces outils concrets pour intervenir auprès des publics qui nécessitent un accompagnement dans les domaines de la vie quotidienne et de la quotidienneté ; par exemple : personnes en situation de handicap, de dépendance, en perte d'autonomie…

Une attention toute particulière est portée sur une spécificité « forte » du Conseiller en ESF, celle de l'AEB.

Comment définir cette notion ?

C'est un moyen d'action pédagogique rendant le(s) bénéficiaire(s) acteur(s) et actif(s).

La finalité est de permettre à la famille de retrouver une autonomie dans la gestion budgétaire (démarche administrative, tenue de comptes), en développant des capacités et en suscitant un changement de compétences propres à chacun.
C'est un accompagnement budgétaire inscrit dans la durée avec un rythme régulier de rencontres pour atteindre les objectifs de travail déterminés avec la famille (avec une adhésion nécessaire) et le travailleur social référent. Il débute par un diagnostic élaboré par le Conseiller en ESF avec la famille. L'AEB reste un support pour un accompagnement global, qui s'inscrit dans une dynamique familiale autour de la question de l'argent. Ce support, qu'est l'AEB, s'inscrit dans la quotidienneté.
Arnaud de La Hougue, sociologue, a travaillé avec des professionnels en ESF pendant de longues années (et ce, sur l'ensemble du territoire) sur cette spécificité.

Il a écrit un ouvrage de référence, *À propos du surendettement – Hommes et argent*, publié chez L'Harmattan en 2002.

Comment traduire AEB ?
- Aide éducative budgétaire ?
- Action éducative budgétaire ?
- Accompagnement éducatif budgétaire ?

La signification du sigle a évolué au cours du temps. En 1975, par exemple, il était question d'aide éducative budgétaire, puis il fut question d'action avec une idée de mise en dynamique des personnes.
Actuellement, le Conseiller en ESF met en œuvre un accompagnement éducatif budgétaire. L'évolution sémantique des terminologies suit l'évolution sociétale : on passe d'une intervention, qui peut être de courte durée en apportant des solutions, à un processus mettant en tension des potentialités, des comportements et des réalités budgétaires pouvant s'inscrire dans une durée plus importante.

Diverses interprétations coexistent en fonction des situations rencontrées, des délais impartis, des institutions, des situations d'urgence comme celles des poursuites judiciaires, de protection de l'enfance…
- S'agit-il d'un conseil budgétaire ponctuel ? D'une évaluation globale plus approfondie ?
- Est-ce un travail d'accompagnement sur le long terme ?
- Est-il contractualisé et sous quelle forme : orale ou/et écrite entre le bénéficiaire et le Conseiller en ESF ?
- Quels sont les acteurs de cette contractualisation ?

Dans le cadre d'une mesure d'accompagnement à l'ESF dans le domaine de la protection de l'enfance, l'AEB est le support spécifique que le Conseiller en ESF va utiliser en complémentarité à la relation d'aide et à l'action éducative, comme l'assistant de service social et l'éducateur spécialisé.

La profession s'est modelée au fil de l'histoire par une succession d'adaptations au contexte économique et social, et selon un glissement d'un public scolaire vers un public de ménages. Les référentiels de formation se construisent désormais à partir des profils professionnels existants ou naissants (aide à domicile, développement durable…).
Dans un contexte économique et social difficile, les compétences du Conseiller en ESF dans la gestion du quotidien le font apprécier tant du public que des partenaires. Car les besoins de première nécessité tels que se nourrir, se vêtir, se loger, gérer son budget, accéder à la formation ou à l'emploi… demandent des savoirs, des savoir-faire et des savoir-être qui, s'ils ne sont pas transmis, propulsent la personne dans le mal-être voire dans l'exclusion.
Les Conseillers en ESF développent des actions en tenant compte des valeurs et des potentialités de l'usager dans son environnement, à travers l'écologie de la vie quotidienne et la quotidienneté ; cette spécificité est davantage reconnue aujourd'hui grâce à la prise de conscience de la nécessité du développement durable.

Même s'il apparaît que les tâches sont encore majoritairement exercées par les femmes, un partage avec les hommes s'amorce progressivement. Depuis une vingtaine d'années, des hommes entrent en formation et, s'ils restent encore minoritaires, leur nombre tend à progresser, participant ainsi à une évolution lente, souhaitable vers la parité.

1 Les textes officiels : le décret, les arrêtés, contexte et référentiel d'activités

Le décret n° 2009-1084 du 1er septembre 2009 relatif au diplôme d'État de Conseiller en ESF (modifiant le Code de l'action sociale et des familles) et l'arrêté du 1er septembre 2009 et ses annexes définissent le nouveau référentiel de formation avec :

- la définition de la profession et du contexte d'intervention ;
- les modalités d'accès à la formation ;
- le référentiel d'activités professionnelles ;
- le référentiel de compétences ;
- le référentiel de formation ;
- le règlement de l'examen et les épreuves de certification ;
- les diplômes ouvrant droit à la formation pour le diplôme d'État de Conseiller en ESF ;
- les dispenses relatives aux domaines de compétences du diplôme d'État de Conseiller en ESF.

L'ensemble des textes officiels du diplôme d'État de Conseiller en ESF est en annexe 1. Les principaux éléments sont repris.

a. La définition de la profession et le contexte d'intervention

« Le Conseiller en Économie Sociale Familiale (CESF) est un travailleur social qualifié dont le cœur de métier est fondé sur une expertise dans les domaines de la vie quotidienne : consommation, habitat, insertion sociale et professionnelle, alimentation-santé.

Ses compétences scientifiques[16] et techniques spécifiques lui confèrent une légitimité professionnelle pour intervenir dans le cadre de l'écologie[17] de la vie quotidienne[18].

L'action du CESF s'inscrit dans un contexte économique et social marqué par la précarité, les difficultés budgétaires, les problèmes d'accès au logement, le surendettement, le chômage, les problématiques de vieillissement de la population, de dépendance, du handicap, de protection de l'enfance…

---

16. Il s'agit ici des savoirs scientifiques techniques articulés sur des savoir-faire et des savoirs pratiques.
17. Science qui étudie les relations entre les êtres vivants et leur environnement.
18. La vie quotidienne correspond à tous les actes accomplis de façon régulière et journalière. La quotidienneté donne sens à ces actes en tenant compte du contexte, des normes et des valeurs culturelles d'une société. **Écologie de la vie quotidienne :** il s'agit ici par extrapolation d'améliorer les rapports que les individus entretiennent avec les sphères du corps (santé, alimentation, vieillissement…), de l'espace habité (environnement, cadre de vie, logement, quartier…) et celle des échanges économiques (travail, consommation, activités d'autoproduction…). Extrait de « La conseillère en économie sociale familiale », François Marquart, *Informations sociales* n° 3/75 et « L'action sociale et l'Économie Sociale Familiale », coll. Études CAF, éditions CNAF, 1974.

Son intervention privilégie une finalité éducative[19] et vise la valorisation et/ou l'appropriation de compétences par les personnes, les familles, les groupes, compétences qui vont leur permettre d'accéder à leurs droits, de prévenir et/ou de gérer les difficultés de leur vie quotidienne.
Sa spécificité de travailleur social le conduit à intervenir dans un cadre éthique et dans une dynamique de co-construction avec les bénéficiaires des projets qui les concernent.
Son intervention privilégie la participation active et permanente des usagers/habitants, l'expression de leurs besoins, l'émergence de leurs potentialités, afin qu'ils puissent progressivement accéder à leur autonomie et à la maîtrise de leur environnement domestique.
Le CESF intervient de façon individuelle ou de façon collective lorsqu'il anime des groupes d'usagers ou quand il collabore avec des équipes pluridisciplinaires et pluri-institutionnelles.
Dans le cadre d'un double registre d'intervention, préventif et curatif, le CESF assure des actions de conseils, d'informations, d'animation, de formation dans les quatre domaines majeurs qui le concernent, ainsi que des actions d'accompagnement budgétaire.
Son intervention s'inscrit de façon complémentaire et spécifique dans un large réseau de partenaires et dans des dynamiques de développement social local lorsqu'il participe à l'élaboration de diagnostics partagés et de projets sociaux de territoires, à partir du champ qui les concerne.
Il est force de proposition auprès des décideurs et contribue à faire évoluer les offres de services des institutions dans son champ d'intervention.
Il exerce dans différentes structures publiques ou privées, au sein des collectivités territoriales, organismes sociaux, associations, bailleurs sociaux privés ou publics, structures d'hébergement, mutuelles, hôpitaux, services tutélaires… »

b. Le référentiel d'activités professionnelles

La profession de Conseiller en Économie Sociale Familiale s'articule autour de quatre grandes fonctions se déclinant en activités professionnelles diverses et complémentaires à l'intervention sociale auprès d'individus et de groupes.
Les quatre grandes fonctions décrites dans le référentiel d'activités professionnelles sont :

- l'expertise et le conseil scientifique et technique ;
- l'accompagnement social individuel et/ou collectif dans une dimension socio-économique et éducative dans les domaines de la vie quotidienne ;
- le développement social territorial ;
- la communication professionnelle, l'animation et la formation.

19. L'action éducative est une action contribuant au développement de la personne, quels que soient son âge et le contexte dans lequel se déroule cette action. Elle fait participer les personnes à la conception et à la mise en œuvre des moyens définis afin qu'elles deviennent acteurs de leur éducation.
L'action éducative budgétaire, une des techniques spécifiques aux CESF, est une action établie et poursuivie auprès de familles en difficultés financières, en prenant en compte le fonctionnement du groupe familial, dans le dessein de permettre à celui-ci une meilleure maîtrise des phénomènes de production et de consommation. Extrait de *Nouveau dictionnaire critique d'action sociale*, p. 28-29 ; sous la direction de Jean-Yves Barreyre et Brigitte Bouquet, Bayard Éditions, 2006.

2 Les lieux d'intervention et d'exercice de la profession

Dans quels domaines, dans quels lieux, pour quels publics, les Conseillers en ESF exercent-ils ?

a. L'enquête de France ESF

Pour répondre à cette question, nous nous basons sur les principaux résultats de l'enquête « Les professionnels de l'Économie Sociale Familiale en France aujourd'hui » réalisée par France ESF en 2006, présentés lors du colloque de France ESF à Paris en 2007 sur le thème : l'ESF dans l'intervention sociale, un atout dans la quotidienneté.

L'enquête a permis d'analyser des données prises en compte dans le cadre de la réforme du diplôme et d'apporter des éléments de réponse aux employeurs et aux étudiants.

La méthode

Un questionnaire permettait de recenser :

- qui sont les Conseillers en ESF aujourd'hui ;
- leur estimation numérique (selon les enquêtes, 7 000 à 10 000 professionnels exercent le métier) ;
- les secteurs professionnels les mieux représentés, ceux qui pourraient disparaître ou s'amoindrir au profit de ceux qui deviennent porteurs ;
- les départements ou régions où la profession est sous-représentée ou surreprésentée.

Les questionnaires ont été diffusés, d'octobre 2006 à janvier 2007, aux professionnels par l'intermédiaire des ARPESF, du réseau des professionnels, des centres de formation du site Internet de France ESF.

1 104 questionnaires de professionnels de l'ESF en activité et titulaires du BTS en ESF et/ou du diplôme d'État de Conseiller en ESF ont été recueillis puis exploités, soit 15,77 % des professionnels.
Tous les adhérents des ARPESF n'ont pas répondu ; seuls 16 % des 1 104 professionnels ayant renseigné l'enquête adhèrent à une ARPESF.

Les résultats

Le profil type du professionnel de l'ESF est une femme titulaire du diplôme d'État de Conseiller en ESF, âgée entre 25 et 34 ans, salariée en contrat à durée indéterminée à temps plein et percevant une rémunération nette mensuelle de 1 500 euros.
Elle travaille au sein d'une collectivité territoriale (ou d'une association assurant une mission de service public) et mène majoritairement des actions individuelles auprès du tout public dans le domaine de la consommation et du budget, de l'alimentation et de la santé, de l'insertion sociale et professionnelle, de l'insertion par le logement.

Au-delà de ce profil type, nous avons croisé les résultats de l'enquête France ESF de 2007 avec des éléments de nombreuses enquêtes comme celles de la Direction de la recherche, des études, de l'évaluation et des statistiques (DREES), des centres de formation AFORTS, des statistiques de l'Éducation nationale, de la Direction générale de la cohésion sociale, du Conseil supérieur du travail social (CSTS), de l'Inspection générale des affaires sociales (IGAS)… ; de nombreux éléments se confirment.

Les personnes ayant répondu à l'enquête sont des femmes pour 98 % – la profession est majoritairement féminine.
Elles sont titulaires du diplôme d'État de Conseiller en ESF pour 97 %. Les professionnels titulaires du BTS en ESF ne sont pas reconnus comme des travailleurs sociaux de niveau III et ne peuvent exercer en qualité de Conseillers en ESF.
Elles sont âgées de 25 à 34 ans pour 48 % d'entre elles. Le nombre de personnes formées a augmenté considérablement de 1995 à 2005 (plus de 60 % de diplômés supplémentaires en dix ans).
Elles sont salariées en CDI (80 %), à temps plein (63 %) et à temps partiel choisi (17 %). 20 % sont en CDD et 20 % en temps partiel imposé.

Les professionnels perçoivent une rémunération nette mensuelle de 1 500 euros pour les 25-34 ans, la rémunération est de l'ordre de 2 000 euros mensuels en équivalent temps plein après quinze ans d'ancienneté et de 2 500 euros mensuels en fin de carrière, au regard des conventions collectives et des grilles de salaires de la fonction publique.

42 % des professionnels travaillent au sein d'une collectivité territoriale comme le conseil général, le centre communal d'action sociale (CCAS), les offices HLM et la fonction publique territoriale hospitalière. La fonction publique territoriale est le secteur d'activité que les professionnels ont beaucoup investi depuis 1992 du fait de la reconnaissance du diplôme pour accéder au poste d'assistant socio-éducatif.

Selon les départements, les associations peuvent être en charge des actions de service public par délégation de missions du conseil général : l'accompagnement social lié au logement, l'accompagnement du RSA (RMI en 2007 au moment de l'enquête)… et emploient 23 % des Conseillers en ESF.

Le travail dans le secteur privé associatif concerne 35 % d'entre eux ; ce sont :

- des associations comme celles de l'aide à domicile, en lien avec la mise en place de l'allocation personnalisée d'autonomie (APA) ;
- des associations travaillant pour les personnes en situation de handicap (Association des paralysés de France, Association départementale des amis et parents d'enfants inadaptés…) qui gèrent des établissements spécialisés ;
- des associations tutélaires ;
- des associations d'insertion sociale et professionnelle ;
- des organismes de sécurité sociale (MSA, CAF, CARSAT…) ;
- des employeurs comme la SNCF ;
- des missions locales ;
- des centres sociaux associatifs ;
- etc.

Dans le volet historique, la place des CAF était prépondérante pour le développement de la profession ; l'employeur CAF devient aujourd'hui minoritaire.

Les Conseillers en ESF mettent en place majoritairement des actions individuelles pour les trois quarts d'entre eux, des actions de type collectif pour la moitié d'entre eux (sachant que beaucoup cumulent travail individuel et travail collectif). Ce phénomène s'est donc inversé dans l'évolution de la profession.

Les professionnels exercent auprès de tous types de publics (50 % sont spécialisés et travaillent par exemple avec les personnes âgées, les personnes en situation de handicap, les jeunes, les personnes en insertion professionnelle...).

Les domaines d'intervention sont une approche par la consommation et le budget (37 %), l'insertion sociale (36 %) et professionnelle (15 %), l'insertion par le logement (34 %), l'alimentation et la santé (24 %) ; les domaines d'intervention pouvant être multiples et complémentaires.
Des professionnels en ESF sont également responsables hiérarchiques (16 %) vis-à-vis d'autres travailleurs sociaux ou de personnels techniques (par exemple en hôpital).

Des remarques...

De nombreux professionnels ne sont pas identifiés comme « Conseiller en ESF » dans les structures, mais ce sont leurs compétences qui sont sollicitées. Cela permet d'expliquer les difficultés pour évaluer avec exactitude le nombre de Conseillers en ESF exerçant le métier ; ainsi le nombre de professionnels est largement supérieur à celui qui est estimé dans les statistiques.
Les Conseillers en ESF exercent sous des dénominations multiples : Conseiller en ESF, assistant socio-éducatif, travailleur social référent (famille, logement, RSA...), accompagnateur social, agent de développement local, animateur, coordinateur, intervenant social, formateur, délégué aux prestations, mandataire judiciaire, conseiller social, maîtresse de maison...
Ainsi il a été recensé plus de trente appellations différentes, ce qui explique cette difficulté à quantifier les professionnels et met en exergue le problème d'identification de la profession.

Une des raisons de ce développement est sans doute liée au choix de stages innovants ou à des interventions professionnelles qui ont fait connaître la profession et ont abouti à des créations de postes.

À partir de ce recueil d'informations, nous proposons une classification des postes par secteur d'activités. Nous illustrerons les missions à travers des exemples en mettant en exergue les interventions sociales d'aide à la personne et d'intérêt collectif, les partenariats.

Les enseignants et les formateurs des centres de formation ont participé à ce recueil grâce à leurs contacts avec les professionnels lors de la recherche des sites qualifiants, des visites de stage, des rencontres avec les employeurs lors de la signature de conventions de sites qualifiants. Le réseau de France ESF a fait parvenir une enquête spécifique, en mai 2011, aux professionnels (*cf.* annexe 2).

Tableau récapitulatif : Les lieux d'intervention et d'exercice de la profession

SECTEURS D'INTERVENTION	STRUCTURES	PUBLICS	MISSIONS ET FONCTIONS	INTERVENTIONS DU CESF
LOGEMENT HÉBERGEMENT	Centres d'hébergement et de réinsertion sociale (CHRS) Centres d'accueil de demandeurs d'asile (CADA) Centres d'hébergement d'urgence Accueils de jour Structures d'habitat social (bailleurs privés et publics) Foyers de jeunes travailleurs Maisons relais Centres d'amélioration de l'habitat Centres d'habitat et de développement local Agences immobilières à vocation sociale…	Personnes : – sans hébergement – en situation d'impayés de loyer – en errance – demandeurs d'asile – en situation de handicap…	Accueil Orientation Hébergement Accès aux droits Accès ou maintien dans le logement Emploi Gestion vie quotidienne Santé Insertion sociale	Mise en place d'un accompagnement social global individualisé dans le cadre du FSL et de l'ASLL, de la gestion de la vie quotidienne Aide à la reconstruction personnelle sociale et professionnelle des personnes Mise en place d'animations et ateliers ESF Mobilisation de partenariats
HABITAT SOCIAL	Organismes HLM Agences immobilières à vocation sociale…	Locataires	Prévention et traitement des impayés de loyer Amélioration du cadre de vie des habitants Insertion sociale	Suivi individuel des locataires : diagnostic social, recherche de solutions Accompagnement dans les demandes d'aménagement des logements Information sur les impayés d'énergie

SECTEURS D'INTERVENTION	STRUCTURES	PUBLICS	MISSIONS ET FONCTIONS	INTERVENTIONS DU CESF
HABITAT SOCIAL				Gestion des parties communes Information des locataires sur les opérations qui concernent leur immeuble Diagnostic social de leurs besoins Recherche de logement auprès des partenaires dédiés sur le secteur géographique Accompagnement dans les démarches de relogement, avec suivi de six mois pour intégration dans le nouveau logement Utilisation des dispositifs inhérents au logement pour trouver des solutions
PROTECTION DE L'ENFANCE ET SOUTIEN À LA PARENTALITÉ	Services du conseil général en lien avec la mise en place des MAESF Centres maternels Foyers de l'enfance Relais assistantes maternelles (RAM) Maison d'enfants à caractère social (MECS) CAF	Enfance et famille : Mères avec des enfants de moins de trois ans dans les centres maternels Habitants du quartier du centre médico-social, de la structure de proximité (maison de quartier, MJC…)	Accueil et protection de l'enfant Maintien et renforcement du lien familial Construction, consolidation d'un projet de vie Lutte contre l'isolement en vue d'une insertion sociale Aide matérielle et éducative	Action éducative en vue de favoriser une vie meilleure et un mieux-être dans sa fonction parentale Mise en place de MAESF Accompagnement budgétaire avec les familles Soutien famille dans son rôle parental

SECTEURS D'INTERVENTION	STRUCTURES	PUBLICS	MISSIONS ET FONCTIONS	INTERVENTIONS DU CESF
PROTECTION DE L'ENFANCE ET SOUTIEN À LA PARENTALITÉ				Consolidation du lien parental par un soutien et une écoute Animation des ateliers en lien avec l'ESF Organisation de la vie quotidienne
ACCOMPAGNEMENT BUDGÉTAIRE TUTELLES AUX PRESTATIONS	Conseil général UDAF Associations tutélaires	Personnes sous tutelle comme les majeurs protégés Personnes suivies dans le cadre de mesures judiciaires	Représentation officielle des personnes auprès des pouvoirs publics Protection de la personne vulnérable : MASP, MAJ, MJAGBF Sauvegarde de justice, tutelle, curatelle	Gestion des différentes prestations dans l'intérêt des personnes Accompagnement éducatif budgétaire Accompagnement des personnes dans les domaines de la vie quotidienne Soutien de la personne et de son entourage en recherche d'autonomie
EMPLOI FORMATION	Entreprises d'insertion Associations intermédiaires Chantiers d'insertion Missions locales Pôle emploi Chambres des métiers et de l'artisanat…	Publics : – éloignés de l'emploi – bénéficiaires des minima sociaux – et/ou en insertion professionnelle	Bilan de compétences Connaissance de soi Formations adaptées Insertion sociale et socioprofessionnelle Développement des tissus sociaux Soutien	Organisation et/ou animation de stages de formation ou de redynamisation Accompagnement dans la recherche d'emploi Suivi personnalisé Gestion des plannings des équipes

SECTEURS D'INTERVENTION	STRUCTURES	PUBLICS	MISSIONS ET FONCTIONS	INTERVENTIONS DU CESF
ENTREPRISE	SNCF Caisses de retraite Service social d'entreprise privée ou publique Entreprise d'insertion…	Salariés et leurs familles Retraités	Accueil Orientation Accès aux droits Gestion de la vie quotidienne Santé au travail	Accès aux droits communs Concilier la vie personnelle et la vie professionnelle du personnel Interventions sociales de type ISIC et ISAP telles que : conseils accompagnement social, accompagnement dans l'élaboration de projet, résolution de difficultés forum d'informations, réalisation d'outils pédagogiques… Instruction de demandes d'aides financières Prévention des risques psycho-sociaux Coordination des cellules médico-sociales
INSERTION SOCIALE ANIMATION	Centres médico-sociaux du conseil général Centres socioculturels Centres sociaux Maisons de quartier MJC Épiceries sociales Associations caritatives CCAS	Habitants du quartier et de ses environs	Offre d'équipement de quartier à vocation sociale Accueil des enfants, jeunes et adultes pour promouvoir les loisirs et les vacances Accompagnement des familles Dynamisation du tissu social Soutien des jeunes adultes	Développement de projets d'intérêt collectif et actions en direction des habitants du quartier Proposition, encadrement et animation des activités de l'ESF Accueil, écoute et information des familles par des conseils personnalisés

SECTEURS D'INTERVENTION	STRUCTURES	PUBLICS	MISSIONS ET FONCTIONS	INTERVENTIONS DU CESF
INSERTION SOCIALE ANIMATION	CAF MSA		Amélioration du cadre de vie des familles Maintien des relations au sein d'un quartier Aide aux échanges et à la solidarité Valorisation du quartier Maintien de l'autonomie Développer l'épanouissement de chacun	Mise en place de projets vacances ou sorties avec les familles Soutien et prévention des familles dans leur parentalité Promotion et maintien des droits Information sur les différents dispositifs Suivi et accompagnement des personnes bénéficiaires des différentes aides (RSA, APA, FSL…) Écoute, soutien, information dans les domaines de la vie quotidienne Développement social local Création de liens, lutte contre l'isolement
SANTÉ	Centres de soin de suite et de réadaptation Centres de post-cure Services spécialisés d'accompagnement et de prise en charge (SOS femmes solidarité, service d'accueil de femmes en difficultés)	Personnes malades dans l'accompagnement de l'hospitalisation et de leur entourage, du sevrage Femmes et enfants victimes de violence…	Accès aux droits Maintien de l'abstinence spécifique aux conduites addictives Accueil des femmes victimes de violences et de leurs enfants	Accompagner les personnes dans leurs actes de la vie quotidienne Soutenir la personne dans la réalisation de son projet Favoriser l'autonomie et la confiance en soi

SECTEURS D'INTERVENTION	STRUCTURES	PUBLICS	MISSIONS ET FONCTIONS	INTERVENTIONS DU CESF
SANTÉ	Permanence d'accès aux soins (PASS) dans les hôpitaux et le service social hospitalier Comité départemental d'éducation pour la santé (CODES)…		Aide à la reconstruction personnelle, sociale et professionnelle	Proposer et animer des ateliers en lien avec le quotidien, la santé Valoriser la personne dans ses savoir-faire Mobiliser les potentialités de chacun Assurer une écoute et un soutien dans cet accompagnement Soutenir et encourager le lien avec la famille
HANDICAP	SAVS (service d'accompagnement à la vie sociale) ESAT IMPRO et IME GEM Foyers d'hébergement Foyers de vie Foyers et maisons d'accueil spécialisé…	Enfants Adolescents Adultes ayant un handicap mental, psychique, physique et/ou sensoriel associé ou non à des troubles de la personnalité	Autonomie des personnes porteuses de handicap Épanouissement de chacun dans ses capacités Insertion sociale et professionnelle des travailleurs en situation de handicap	Mise en place du projet individualisé Soutien à l'autonomie Accompagnement des personnes dans leur insertion sociale et professionnelle Information et conseil des publics/salariés dans les différents domaines de la vie quotidienne Animation d'ateliers dans les domaines de l'ESF Organisation de sorties ou activités culturelles

SECTEURS D'INTERVENTION	STRUCTURES	PUBLICS	MISSIONS ET FONCTIONS	INTERVENTIONS DU CESF
HANDICAP				Coordination des différents intervenants Gestion des conflits par la médiation, la négociation Création de liens sociaux et de rencontres extérieures
PERSONNES ÂGÉES	MDPH du conseil général (APA et pôle gérontologique) CLIC MSA Centres d'hébergement pour personnes âgées (EHPAD…) Services d'aide à domicile Services d'accueil de jour…	Personnes âgées Aidants familiaux Aidants professionnels	Évaluation Orientation Hébergement Maintien à domicile Lutte contre l'isolement et la solitude Amélioration de la qualité de vie	Évaluation des besoins Recherche de solutions Suivi des personnes en lien avec les familles Accès aux droits : APA, aide sociale Relation d'aide, mise en confiance Aide à la gestion de la vie quotidienne : repas, entretien du logement, habitat…

b. Exemples de lieux d'intervention et d'exercice de la profession

Conseiller en ESF en organisme HLM

Public

Locataires.

Interventions sociales

– ISIC :

Mise en place d'actions ponctuelles visant à l'amélioration du cadre de vie des habitants dans leur résidence (animation dans un quartier) ; de la relation parents/enfants avec les éducateurs spécialisés.

– ISAP :

- – Suivi individuel des locataires ayant des impayés de loyer (diagnostic de la situation, recherche de solutions amiables…)
- – Suivi des dossiers et accompagnement des demandes d'aménagement des logements à destination des personnes âgées ou des personnes à mobilité réduite.
- – Attribution des logements et accompagnement dans l'appropriation du logement et de son environnement.

Partenariat

– Travailleurs sociaux de la CAF, de la Sauvegarde de l'enfance et de l'adolescence pour la mise en place de soutien à la parentalité (ISIC).

– Travailleurs sociaux du conseil général, des associations gérant le Fonds de solidarité pour le logement (FSL) et les mesures d'accompagnement social lié au logement (ASLL), de l'UDAF pour la gestion des tutelles, des employeurs comme la poste, l'armée…, les associations locales et les hôpitaux (ISAP).

Conseiller en ESF en résidence sociale et foyer de jeunes travailleurs

Public

Résidents orientés par des travailleurs sociaux ou des conseillers en insertion des missions locales.

Interventions sociales

– ISAP :

Accompagner au niveau des démarches professionnelles et/ou administratives, de la santé (alimentation, suivi chez des médecins généralistes ou spécialisés), dans la gestion du budget… ; soutien dans leur parcours résidentiel, travail sur l'autonomie et la valorisation des compétences.

– ISIC :

- – Encadrer des temps collectifs comme préparer des repas, organiser des soirées ; mettre en place des animations et des projets en partenariat, comme des journées sur l'estime de soi, des ateliers culinaires.
- – Coordonner sur place le quotidien de la résidence, la gestion des espaces collectifs et des stocks (hygiène, lingerie, alimentation, technique).
- – Garantir le respect du règlement et des règles d'hygiène concernant les différents espaces de vie de la structure.

Partenariat

– Ensemble des partenaires sociaux de l'agglomération et du département.
– Organismes de formation.
– Maison départementale des personnes handicapées.
– Offices HLM…

Conseiller en ESF à Habitat et Humanisme

Public

Tous types de ménages ayant des faibles ressources et rencontrant des difficultés de logement.

Interventions

– ISAP : accompagnement global des locataires.
– ISIC : participation à un atelier nutritionnel dans le cadre du Programme national nutrition santé (PNNS).

Partenariat

Collectivités territoriales et structures sociales.

Conseiller en ESF à Habitat et développement local

Public

– Bénéficiaires de mesures d'accompagnement social lié au logement et de mesure de relogement dans le cadre du renouvellement urbain (jeunes sans expérience locative, personnes expulsées…).
– Familles qui souhaitent un logement plus grand mais qui sont freinées dans leurs démarches par un endettement locatif.
– Personnes âgées ou handicapées ayant besoin d'être relogées dans un logement correspondant à leurs besoins spécifiques…

Interventions

– ISAP : accompagnement social impliquant une adhésion ; intervention limitée dans le temps sur prescription d'un travailleur social (conseil général, CCAS…).
– Rôle de médiateur entre les habitants et les bailleurs lors du relogement dans le cadre de la démolition d'immeubles.

Partenariat

– Travailleurs sociaux des bailleurs HLM, bailleurs privés.
– Structures d'hébergement temporaire de la CAF, du service du conseil général gérant le FSL, de l'UDAF… et des services techniques des bailleurs HLM et de la collectivité territoriale (agglomération, communauté de communes…).

Conseiller en ESF en service de tutelle

Public

Bénéficiaires d'une mesure.

Interventions

– ISAP : accompagnement global des bénéficiaires.
– ISIC : participation aux ateliers ESF dans le cadre d'une maison relais.

Partenariat
- Juge des tutelles.
- Médecin psychiatre exerçant en profession libérale.
- Tous les travailleurs médico-sociaux du conseil général, du centre hospitalier spécialisé, des structures locales prenant en charge le handicap psychique.
- Associations locales (épicerie sociale et banque alimentaire, Secours catholique, Secours populaire…).

Conseiller en ESF en association d'insertion

Public
Bénéficiaires des mesures et travailleurs en insertion.

Interventions
- ISAP : accompagnement global et personnalisé des travailleurs en insertion.
- ISIC : mise en place ou participation à des ateliers santé, des ateliers nutritionnels.

Partenariat
- Secteur emploi : Pôle emploi et mission locale, employeurs actuels ou potentiels (entreprises et collectivités publiques).
- Secteur de la santé : permanence d'accès aux soins, centre de post-cure, centre hospitalier spécialisé.
- Travailleurs sociaux référents RSA, du conseil général, des bailleurs sociaux, des associations locales.

Conseiller en ESF en maison de quartier gérée par un CCAS

Public
Tous les habitants du quartier.

Interventions
- ISAP : accompagnement social global des habitants, accueil et orientation vers les structures adaptées.
- ISIC : animation des temps de distribution alimentaire et d'ateliers culinaires, ateliers sur le thème de l'estime de soi, la valorisation des personnes par des activités « Culture du cœur », théâtre, exposition des réalisations des femmes du quartier aux musées municipaux…

Partenariat
- Éducateurs de rue, animateurs du centre de loisirs.
- Travailleurs médico-sociaux du conseil général et des associations (en charge des mesures d'accompagnement, du RSA…), de la Protection maternelle infantile, de l'Aide sociale à l'enfance…).

Conseiller en ESF en centre médico-social du conseil général

Public
Ressortissants du quartier du centre médico-social.

Interventions

– ISAP : accompagnement social global dans le cadre de la mise en place d'une mesure d'action éducative budgétaire, d'accompagnement social lié au logement, d'accompagnement à l'ESF, d'accompagnement social personnalisé, d'accompagnement RSA…
– ISIC : animation d'ateliers ESF sur l'éco-citoyenneté, l'appropriation du logement, l'insertion sociale, l'acquisition du permis de conduire pour des femmes seules… afin de permettre un maillage sur le terrain.

Partenariat

– Personnel du CMS : assistant de service social, éducateur spécialisé, personnel de la Protection maternelle infantile et de l'Aide sociale à l'enfance.
– Éducateurs de rue, animateurs du centre de loisirs.
– Travailleurs médico-sociaux des autres services du conseil général (MDPH, APA…), des collectivités territoriales présentes sur le territoire, des CCAS, bailleurs sociaux, collectivités hospitalières…
– Référents des associations locales :
Banque de France, commissions d'aide : le Conseiller en ESF peut représenter son institution en position d'expert dans le domaine de l'expertise budgétaire dans les commissions de surendettement et les commissions d'attribution d'aides diverses, les commissions de coordination des actions de prévention des expulsions (CAPEX) et les services intégrés de l'accueil et de l'orientation (SIAO)…

Conseiller en ESF en centre maternel

Public

Jeunes femmes accueillies avec leurs enfants.

Interventions

– ISAP : accompagnement social global.
– ISIC : animation d'ateliers ESF sur la gestion de la vie quotidienne, le soin à l'enfant, l'insertion sociale et professionnelle, la vie en collectivité…

Partenariat

– Personnel du centre départemental de l'enfance : assistant de service social, éducateur spécialisé, éducateur de jeunes enfants.
– Personnel de la PMI et de l'ASE.
– Travailleurs médico-sociaux des services du conseil général (PMI, ASE, CMS…), des collectivités territoriales présentes sur le territoire, des CCAS, bailleurs sociaux, collectivités hospitalières…

Conseiller en ESF en IME sur la section préprofessionnelle – IM-Pro

Public

Jeunes adultes déficients mentaux (13 à 20 ans et plus).

Interventions

– ISAP
  – Accompagnement à travers la mise en œuvre d'activités techniques et/ou de formation, à caractère professionnel, dans le respect du projet d'établissement et des projets personnalisés.

– Professionnel référent de deux jeunes, soit le trait d'union entre le jeune, sa famille et l'établissement (rédaction du projet personnalisé).

– ISIC

– Animation d'un atelier d'enseignement ménager (entretien du inge, entretien des locaux, cuisine).

– Participation à la mise en œuvre d'informations dans le cadre de l'hygiène corporelle, la sexualité, l'hygiène alimentaire, les addictions...

– Co-animation (avec infirmière et psychologue) de séances d'information/prévention.

Partenariat

Structures pour adultes dans lesquelles les jeunes effectuent des stages pour les orientations post-IME.

Conseiller en ESF dans une association pour personnes en situation de handicap psychique

Public

Bénéficiaires d'un accompagnement social de l'association suite à une orientation MDPH.

Interventions

– ISAP : accompagnement médico-social global visant à une qualité de vie la meilleure possible, adaptation de l'habitat, gestion du stress en lien avec l'alimentation du fait de la maladie…

– ISIC : animation de repas, d'activités manuelles, d'activités extérieures pour les personnes (musées, cinéma…), d'actions en partenariat avec EDF et la maison de l'environnement…

Partenariat

– Personnel du groupement d'entraide mutuelle et de la maison relais : assistant de service social, éducateur spécialisé, technicien de l'intervention sociale et familiale, infirmier psychiatrique, médecin psychiatre.

– Services de l'assurance maladie, agence régionale de santé (ARS), travailleurs médico-sociaux du conseil général (MDPH, centre médico-social…), des collectivités territoriales présentes sur le territoire, CCAS, bailleurs sociaux, collectivités hospitalières, centre médico-psychologique, centre d'accueil thérapeutique à temps partiel, accueil de jour…

– Médecins psychiatres en profession libérale.

– Référents des associations locales (ex. : structures d'aide à domicile).

– Famille de la personne accompagnée.

Conseiller en ESF en PASS et en service social hospitalier

Public

– Personnes malades, entourage, famille, professionnels.

– Personnel hospitalier.

Interventions

– ISAP : accueil du public, conseil, accès aux droits et à l'information, orientation, évaluation des besoins, recherche de solutions et accompagnement social global.

– ISIC : mise en place d'animations ou d'actions de formation pour le personnel, actions de prévention (alimentation et santé) avec les soignants à destination des malades.

Partenariat

Divers intervenants qui gravitent autour de la situation donnée : médecins, infirmiers, assistant de service social, professionnels hospitaliers techniques et administratifs...

Conseiller en ESF au conseil général

Référent gérontologique dans le cadre du maintien à domicile des personnes âgées.

Public

Personnes âgées, entourage, famille, professionnels.

Interventions

– ISAP : accueil du public, conseil, accès aux droits et à l'information, orientation vers une structure adaptée (maintien à domicile ou hébergement), évaluation des besoins, recherche de solutions et accompagnement social global.
– ISIC : mise en place de groupes de parole pour les aidants familiaux, promotion d'actions de prévention (ex. : lutte contre les chutes) avec les aidants professionnels.

Partenariat

Divers intervenants qui gravitent autour de la situation donnée : médecins, infirmiers, assistant de service social, professionnels de l'aide à domicile...

Conseiller en ESF en domotique[20]

Public

– Personnes de moins de 60 ans ayant un handicap reconnu.
– Personnes de plus de 60 ans.

Interventions

ISAP : actions de formation à l'informatique ; formation à l'utilisation d'un ordinateur à écran tactile mis à disposition.

Partenariat

– Associations d'aide à domicile.
– Professionnels de la santé intervenant au domicile des personnes âgées.
– Conseil général, mutuelles.

Conseiller en ESF à la SNCF : délégué opérationnel (« manager » adjoint)

Public

Cheminots actifs et leurs familles ; cheminots pensionnés et leurs familles.

Dispositifs

Dispositifs internes à la SNCF et externes dans tous les domaines des droits communs (RSA, protection de l'enfance, protection des adultes...).

20. Développement des technologies de la communication à destination des personnes âgées dans le cadre d'une expérimentation d'un conseil général.

■ Interventions
– ISAP : arrivée d'un enfant ; situations budgétaires particulières (apprentissage, surendettement...) ; organisation familiale suite à une mobilité professionnelle.
– ISIC : rupture de l'isolement des personnes âgées, développement d'une vie de quartier...

■ Partenariat
– Partenariat interne :
  – Services médicaux.
  – Établissements ferroviaires, immobilier des chemins de fer...
– Partenariat externe :
  – Conseils généraux.
  – Pact Arim/adaptation du cadre de vie, habitat et développement.
  – Partenaires en lien avec des actions diverses comme ISIC.
  – Institutions locales.

Conseiller en ESF en entreprise

Un Conseiller en ESF peut travailler en entreprise ; il sera présenté à travers l'expérience de l'association ADAC, membre associé de France ESF, qui travaille sur des projets en prestation de service.
« ESF Conseils » et « ESF Services » ont également développé des partenariats avec le secteur privé.

Conseiller ESF ADAC

■ Public
– Personnel de l'entreprise et les familles.
– Retraités, jeunes professionnels ou fonctionnaires et leurs familles.
■ Interventions
– ISAP : accompagnement social individuel ; accompagnement éducatif budgétaire ; observatoire social ; instruction de demandes d'aide pour le service du personnel.
– ISIC : forum d'informations ; prévention et traitement du surendettement ; réalisation d'outils pédagogiques ; prévention des risques psycho-sociaux ; éco-citoyenneté ; accession à la propriété ; banque et assurance.

■ Partenariat
– Partenariat interne :
  – DRH (cellule formation, cellule des paies...).
  – Responsables des établissements.
  – Représentants du personnel (CHSCT, comité d'entreprise, délégué du personnel...).
  – Médecine du travail.
  – Service social d'entreprise.
– Partenariat externe :
  – Conseils généraux.
  – Pact-Arim/adaptation du cadre de vie, Habitat et développement, bailleurs.
  – Services médicaux.
  – Banques, créanciers.
  – Mandataires judiciaires.

– En lien avec des actions diverses, en lien étroit avec le cœur de métier du Conseiller en ESF (associations).

Il existe encore de nombreuses expériences dans le domaine de l'encadrement, de la formation, de l'éco-citoyenneté, de l'information concernant les fluides (eau, énergies), du travail du Conseiller en ESF en milieu hospitalier, et d'autres… qui n'ont pas été développées ici tant les innovations et l'investissement dans de nouveaux secteurs sont importants.

Pour exercer la profession de Conseiller en Économie Sociale Familiale, il convient d'acquérir connaissances et compétences, autant de savoirs, savoir-faire et savoir-être nécessaires à cette diversité de métiers.

La partie 2 va permettre de répondre à la question : comment y accéder ?

Partie 2

L'accès à la profession par la formation, l'expérience ou les passerelles entre les formations du travail social de niveau III

I Les diplômés pouvant accéder à la formation

Des pré-requis sont nécessaires pour entrer en année de formation au diplôme d'État de Conseiller en ESF.

Sans préjudice des dispositions relatives à la validation des acquis de l'expérience, peuvent s'inscrire en formation au diplôme d'État de Conseiller en Économie Sociale Familiale les détenteurs des diplômes suivants :

- brevet de technicien supérieur en « Économie Sociale Familiale » (BTS ESF) ;
- diplôme universitaire de technologie « carrières sociales » (DUT CS) ;
- diplôme d'État d'assistant de service social (DE ASS) ;
- diplôme d'État d'éducateur spécialisé (DE ES) ;
- diplôme d'État d'éducateur technique spécialisé (DE ETS) ;
- diplôme d'État d'éducateur de jeunes enfants (DE EJE).

Seuls les candidats détenteurs du BTS en ESF ne suivront que les 1100 heures de formation prévues en année préparatoire au diplôme d'État de Conseiller en ESF. Pour les autres, il est nécessaire qu'ils valident les domaines de compétences du BTS leur manquant.

II Modalités d'accès à la formation

La formation peut se dérouler :

- en formation initiale ;
- dans le cadre d'un contrat d'apprentissage ;
- dans le cadre d'un contrat de professionnalisation ;
- dans le cadre d'un financement employeur (par l'intermédiaire d'un congé individuel de formation (CIF), du plan formation de l'employeur, d'un financement dans le cadre d'un accord de branche des organismes paritaires de collecte de fonds de formation (OPCA) ;
- en formation à distance *via* le Centre national d'enseignement à distance (CNED).

Chaque établissement de formation propose une ou plusieurs de ces modalités.

III Épreuves d'admission

Chaque centre de formation met en place ses propres modalités d'admission sous couvert de la validation de leur dossier d'agrément par les Directions régionales de la jeunesse, des sports et de la cohésion sociale (DRJSCS) et/ou le conseil régional. Les candidats doivent prendre contact avec les centres qui ont retenu leur attention.

IV Lieux de formation

Les renseignements sur les modalités, les lieux de formation peuvent être obtenus par le biais des ministères de l'Éducation nationale, du Travail, de l'Emploi et de la Santé, de l'Agriculture, des rectorats d'académie, des DRJSCS, des conseils régionaux et également sur les sites des établissements de formation d'UNAFORIS, de France ESF, de l'ONISEP, des centres d'information et d'orientation (CIO)…

Il est recensé plus de quatre-vingts centres de formation pour le diplôme d'État de Conseiller en ESF et plus de cent vingt pour le BTS en ESF.

V Modalités d'accès par l'expérience

Le diplôme d'État de Conseiller en ESF peut être obtenu par la validation des acquis de l'expérience.
La VAE prend appui sur les expériences professionnelles du candidat, mais aussi sur les expériences bénévoles (dans un cadre associatif) et personnelles, en rapport direct avec le référentiel d'activités du diplôme d'État de Conseiller en ESF.

Le postulant doit se renseigner auprès du rectorat et remplir le livret 1 : livret de recevabilité. Après accord des services du rectorat, il reçoit une notification et le livret 2 : livret d'évaluation des acquis.

Le postulant peut se préparer seul à l'épreuve de validation. Un accompagnement peut être assuré par les centres de formation ou les services du rectorat pour mener à bien le projet ; il convient de s'informer de leur existence.

Le postulant est convoqué devant un jury qui valide tout ou partie des compétences du diplôme. Le jury peut ne valider aucune compétence.

Le postulant a la possibilité de valider les compétences manquantes pendant cinq années, soit en suivant une formation complémentaire et les épreuves correspondantes, soit en acquérant une expérience complémentaire (professionnelle ou associative) et en se présentant à une nouvelle évaluation par le jury.

VI Modalités d'accès par les passerelles entre les formations du travail social de niveau III

Les titulaires d'un diplôme ouvrant droit à la formation au diplôme d'État de Conseiller en Économie Sociale Familiale bénéficient des dispenses de validation des domaines de compétences indiquées par les cases grisées du tableau ci-dessous.

		Diplômes ouvrant droit à dispense						
		BTS ESF	**DUT carrières sociales toutes options**	**DUT carrières sociales options AS et ASSC[20]**	**DEASS**	**DEES**	**DEETS**	**DEEJE**
Domaines de compétences du DE Conseiller en ESF	DC1A							
	DC1B							
	DC1C							
	DC2AB							
	DC2C							
	DC3							
	DC4A							
	DCAB							

Pour être titulaire du diplôme d'État de Conseiller en ESF, il conviendra d'avoir validé les huit domaines de compétences, soit quatre domaines de compétences correspondant à des modules de BTS Économie Sociale Familiale et quatre domaines de compétences préparés lors de la formation au diplôme d'État de Conseiller en ESF.

Pour les titulaires du BTS en ESF, les quatre domaines de compétences à valider dans le cadre du diplôme d'État de Conseiller en ESF le sont de la façon suivante :

21. AS : assistance sociale.
ASSC : animation sociale et socio-culturelle.

- L'écriture et la présentation orale :
  - d'un « mémoire d'initiation à la recherche dans le champ professionnel du CESF » (DC1C) ;
  - d'un « dossier de pratiques professionnelles » (DC2AB).

- La réalisation de deux épreuves écrites :
  - « Élaboration d'une communication professionnelle à l'attention d'un public ciblé » (DC3) ;
  - « Implication dans les dynamiques partenariales, institutionnelles et inter-institutionnelles » (DC4B).

Pour les titulaires d'autres diplômes, il conviendra de valider entre trois et cinq domaines de compétences. Se reporter au tableau ci-dessus pour repérer les compétences à valider.

La partie 3 propose, lors de la formation au diplôme d'État de Conseiller en ESF, le déroulement de la préparation aux quatre domaines de compétences DC1C, DC2AB, DC3 et DC4B.

Partie 3

La formation : contenus, organisation, épreuves de certification

I Les quatre domaines de compétences et de formation

La déclinaison de la formation est abordée dans chacun des quatre domaines de compétences en lien avec la mise en œuvre des compétences en situation professionnelle. Cette approche par compétences a lieu à travers le référentiel d'activités, de compétences, de formation et de certification en donnant notamment des conseils aux étudiants pour la préparation aux épreuves.

La formation déclinée en quatre domaines de compétences (DC) représente :

- 140 heures pour le DC1 : Conseil et expertise à visée socio-éducative dans les domaines de la vie quotidienne ;
- 250 heures pour le DC2 : Intervention sociale ;
- 40 heures pour le DC3 : Communication professionnelle, animation et formation ;
- 90 heures pour le DC4 : Implication dans les dynamiques partenariales institutionnelles et interinstitutionnelles ;
- 20 heures pour la LVE : langue vivante étrangère.

Soit un total de 540 heures de formation en centre de formation, auxquelles s'ajoutent 560 heures de stage.
Dans le cadre des accords de Bologne, les formations aux professions sociales sont déclinées par semestre permettant de valider des crédits européens (ECTS) qui quantifient également l'investissement personnel estimé à 580 heures (*cf.* annexe 1).

II DC 1 : Conseil et expertise à visée socio-éducative dans les domaines de la vie quotidienne

1 Les compétences visées

C1.1 Assurer une veille technique, scientifique et juridique pour l'analyse d'un phénomène social lié à la vie quotidienne :

- recensement de sources d'informations variées ;
- exploitation des informations pertinentes ;
- mise en forme ou diffusion des informations sélectionnées.

C1.2 Adapter sa pratique, son expertise en tenant compte de l'évolution des savoirs, des techniques et de l'expérience :

- analyse et prise de recul sur sa pratique, auto-évaluation ;
- capacité à transférer son expérience.

C1.3 Assurer auprès des personnes, des groupes, des institutions, des actions de conseil et/ou d'information pour aider aux prises de décision :

- recherche, collecte et exploitation d'une documentation professionnelle technique dans les domaines de la consommation, l'habitat, l'insertion, l'alimentation-santé… ;
- formalisation et diffusion des informations recueillies ;
- actualisation des informations ;
- sélection pertinente des informations ou adaptation du contenu de l'information au public.

2 Le référentiel de formation

Le contenu de formation du programme du DC1 est travaillé sur les trois années :

- lors des deux années de formation au BTS en ESF avec l'acquisition des compétences DC1A et DC1B ;
- lors de l'année de formation au diplôme d'État de Conseiller en Économie Sociale Familiale avec l'acquisition de la compétence DC1C.

La compétence DC1C est proposée au travers de quatre domaines :

- **Connaissance des domaines majeurs de l'ESF** (60 heures)

Développement de l'expertise sous l'angle d'une approche psycho-sociale et interculturelle dans les domaines de l'ESF.

- **Consommation-budget, prévention du surendettement** (10 heures)

- **Insertion sociale et professionnelle** (20 heures)

Insertion, réinsertion, exclusion.
Réglementation et dispositifs.

- **Méthodologie de recherche** (50 heures)

Exploration du champ.
Élaboration de problématiques
Formulation d'hypothèses
Construction d'outils d'enquête
Mise en œuvre et analyse des résultats
Validation de l'hypothèse
Évaluation de la démarche, des outils et des résultats

3 Le référentiel de certification

Le mémoire d'initiation à la recherche dans le champ professionnel du Conseiller en Économie Sociale Familiale

Le mémoire permet d'évaluer la capacité du candidat à assurer une veille technique, scientifique et juridique le conduisant à faire évoluer sa pratique et son expertise professionnelles. Il est référé au DC1 du référentiel : « Conseil et expertise à visée socio-éducative dans les domaines de la vie quotidienne » et ce domaine de compétences constitue une partie du « cœur de métier ».

Le mémoire doit montrer la capacité de l'étudiant à intégrer une démarche de recherche et à mobiliser des connaissances en sciences sociales et humaines en lien avec son champ professionnel ; à opérer des choix théoriques ; à mobiliser les moyens d'investigation pertinents (observations, entretiens, analyse d'ouvrages…) ; à exploiter et analyser les données sélectionnées pour élaborer une problématique de recherche ; à se projeter dans la démarche de validation de(s) hypothèse(s). Il est le support à la validation des compétenes du DC1

Ce **mémoire d'initiation à la recherche dans le champ professionnel** expose l'analyse d'un phénomène social lié à la vie quotidienne de populations utilisatrices des services sociaux, phénomène inscrit dans le champ des compétences du Conseiller en ESF, de même qu'il peut traiter des problématiques sociales ou de l'impact de ces problématiques sociales sur la vie quotidienne des personnes.

Il est souhaité qu'il s'attache à la compréhension de phénomènes sociaux, plutôt qu'à leur traitement.

Quatre objectifs principaux orientent la certification de cette épreuve :
- capacité à expliciter une question sociale ;

- capacité à mener une démarche de recherche **dans sa phase exploratoire** ;
- capacité à engager un travail de distanciation ;
- capacité à argumenter ses choix (thématiques, théoriques, méthodologiques).

Cette initiation au travail de recherche permet aux étudiants de se doter d'une méthodologie de réflexion organisée en vue d'éclairer leurs futures pratiques professionnelles.
Cette démarche amène à comprendre les phénomènes sociaux à la lumière des sciences sociales et à opérer une distanciation.
Le travail du mémoire participe de la construction de l'identité professionnelle par cette expertise qu'il requiert.

L'objet de recherche pour un mémoire de Conseiller en ESF devra donc être en lien avec la **quotidienneté** d'un public usager des services sociaux.

Conseiller dans les domaines de la vie quotidienne nécessite d'être en veille scientifique, juridique et technique dans les domaines de la vie quotidienne, de savoir les traiter et utiliser des données pour l'intervention sociale au bénéfice des populations visées.

Cette expertise est associée à un travail de réflexion sur ce que peut induire pour les usagers une difficulté dans les domaines de la vie quotidienne (par exemple, situation de surendettement et symbolique pour les usagers…) ; elle nécessite également d'acquérir une posture professionnelle liée à la méthodologie de recherche. L'« expertise » renvoie à la fois au positionnement distancié de « l'expert » – permis par la mise en œuvre d'une méthodologie – et à la qualité des connaissances mobilisées.

Cette posture commune aux différents travailleurs sociaux est d'autant plus délicate à obtenir pour des Conseillers en ESF, qui sont d'abord des techniciens dans les domaines de la vie quotidienne. En effet, par leur formation scientifique ils ont acquis une certaine rigueur, mais doivent toutefois opérer une rupture avec l'approche scientifique et technique. Il ne s'agit donc plus de rechercher des solutions concrètes au problème, mais de tenter de le comprendre et d'en appréhender la complexité. Et cela doit s'opérer en moins d'une année.

Il y a d'abord, à travers cette démarche de recherche, une tentative de recherche de compréhension des problématiques sociales afin d'adapter au mieux le conseil aux usagers.
Cette posture vient renforcer les capacités à utiliser des outils de collecte de données tant pratiques que théoriques : entretien, observation… et à traiter l'information : analyse de données, synthèse…

a. Le déroulement de l'épreuve

L'épreuve se déroule en centre d'examen.
Elle s'appuie sur une production écrite de 30 à 35 pages (hors annexes, police Times New Roman 12, interligne 1,5) notée sur 20 points.
La soutenance orale, notée sur 40, se compose d'une présentation (15 minutes) et d'un entretien avec le jury (30 minutes).
La moyenne des deux notes doit être au moins égale à 10/20 pour valider cette épreuve.

Le jury est composé d'un professeur formateur et d'un professionnel non impliqués dans la formation du candidat.

L'écrit devra montrer la capacité à :
- intégrer une démarche de recherche ;
- mobiliser des connaissances en sciences sociales et humaines, en lien avec son champ professionnel ;
- opérer des choix théoriques ;
- mobiliser les moyens d'investigation pertinents : observations, entretiens, analyse documentaire... ;
- exploiter et analyser les données sélectionnées pour élaborer une **problématique de recherche** et se projeter dans la démarche de validation de l'hypothèse (des hypothèses).

Lors de la soutenance orale, le candidat devra démontrer sa capacité à :
- argumenter son travail ;
- communiquer ;
- dégager les enseignements propres à enrichir sa future pratique professionnelle.

b. Précisions sur la nature du travail attendu

Il est principalement demandé à l'étudiant de repérer un problème et de le constituer en objet de recherche. L'étudiant s'attachera à collecter des éléments de compréhension en s'appuyant sur des apports théoriques et des observations issues du champ professionnel (aspect clinique).

On demande à l'étudiant de mener un travail de recherche **dans sa phase exploratoire**.

Un travail de recherche consiste à :
- problématiser un questionnement de départ (c'est-à-dire passer du problème à une question) ;
- mettre en œuvre une méthodologie (stratégie) pour effectuer l'analyse (l'exploration) d'un objet de recherche et pouvoir l'expliciter.

Cette démarche méthodique fait s'alterner des temps différents : temps sur le terrain, temps de lectures, temps de recueil de données, temps d'exploitation des données recueillies, confrontation entre lectures et données issues du terrain. Cette démarche met en œuvre la capacité à confronter théorie et pratique pour évoluer vers une meilleure compréhension du phénomène étudié, rejetant toute évidence et s'attaquant à la nécessaire complexité inhérente à tout phénomène social.

On demande à l'étudiant de se positionner dans une **approche compréhensive** où il devra argumenter sa démonstration. Il ne s'agit pas dans cette approche de rechercher des solutions concrètes à un problème.

Le type de recherche sollicité fait référence à la méthode hypothético-déductive qui se compose traditionnellement de deux grandes phases :
- la phase de pré-recherche ou phase exploratoire aboutissant à la formulation d'une problématique et d'hypothèse(s) explicative(s) (ou hypothèse de compréhension du problème) ;

- la phase de vérification de l'hypothèse mettant en œuvre un protocole de démonstration pour vérifier la pertinence de l'hypothèse.

Le mémoire de Conseiller en ESF (comme celui d'assistant de service social) se limite à la phase exploratoire.
La mise en œuvre de la phase de vérification n'est donc pas attendue. Pour autant, l'étudiant devra expliquer comment il faudrait procéder pour vérifier l'hypothèse avancée : quel(s) outil(s) de collecte des données ? Quelle élaboration pour permettre la vérification de l'hypothèse ? Auprès de qui ?... C'est une explicitation de la phase d'investigation.

C. De la question de départ à la problématique : les étapes de la phase exploratoire

Ces étapes ne sont pas forcément linéaires ; elles s'inscrivent dans une dynamique évolutive, dans un processus de va-et-vient.

Quelques exemples de question de départ

La culture des gens du voyage peut-elle avoir un impact sur leur santé ?
En quoi le fait de vieillir peut-il amener une personne âgée à avoir recours à l'alcool de façon excessive ?
Comment la prise en charge des personnes atteintes de la maladie d'Alzheimer compromet-elle la santé des aidants familiaux ?
En quoi le fait d'être bénéficiaire des services sociaux a-t-il un impact sur l'estime de soi ?
La rénovation urbaine dans les quartiers sensibles peut-elle avoir des incidences sur la santé des habitants qui y vivent ?
En quoi les séparations conjugales modifient-elles l'exercice de la parentalité pour les familles monoparentales ?
En quoi la culture des Tziganes nomades est-elle à l'origine de leur exclusion ?

Phase préparatoire pour formuler une question de départ pertinente

Un mémoire de recherche doit s'ancrer sur un problème repéré.

Il s'agit de choisir un thème de recherche, de développer un premier questionnement face au problème soulevé, de recueillir des premiers éléments de connaissances (quelques lectures, entretiens, analyse d'expériences, observations…) afin de déboucher sur une question de départ pertinente. Le questionnement peut être ancré dans un constat de départ à partir de situations observées, vécues, lues…

Le risque majeur au niveau de cette étape est de formuler une question de départ sous forme de solutions à apporter ; la question de départ doit toujours se poser dans la perspective de comprendre une réalité sociale.

Phase de collecte et d'exploitation de données et inscription de la recherche dans un champ théorique de référence

À ce stade il est important d'insister sur la nécessité non seulement de recueillir des données mais également de les exploiter. Le recueil et l'exploitation constituent le fruit de la réflexion et la substance du mémoire.

Cette phase de recueil de données, d'exploitation et d'analyse va permettre de déterminer le cadre de référence de l'objet de recherche : choix des concepts clés, choix des champs disciplinaires. Un travail de recherche doit se fonder sur un éclairage théorique à partir de notions et de concepts.
Un concept peut se définir comme une notion abstraite de la réalité ; par exemple l'insertion, l'autonomie...
L'enquête de terrain ne doit pas se limiter aux seules personnes ressources (professionnels, spécialistes...) ; elle doit comporter, dans la mesure du possible, une investigation auprès du public. Elle nécessite l'utilisation des techniques appropriées : observations, entretiens exploratoires, récits de vie, analyse documentaire...
Il ne s'agit pas ici de proposer une compilation d'informations, mais d'organiser connaissances acquises et réflexions autour de la question de départ. C'est cette analyse qui constituera la substance du mémoire.
Le phénomène étudié devra être « décortiqué » et appréhendé dans toutes ses composantes pour en avoir une vision globale.

La question du « terrain » de recherche

Des confusions peuvent exister autour de ce terme. Dans l'esprit de certains, ce mot est utilisé comme synonyme de « lieu de stage ». C'est une utilisation réductrice du terme. « Le terrain » est tout ce qui renvoie au vécu, à la pratique. Ainsi, dans une enquête, « le terrain » sera la réalité auprès de laquelle le chercheur aura conduit son exploration. Il peut y en avoir un, plusieurs, tout dépend de la question de départ et de l'objet de l'enquête.

Les opinions divergent sur les liens entre « le stage » et « le terrain d'enquête » du mémoire.
Il peut être nécessaire de rappeler ici les caractéristiques de la posture de « chercheur ». L'activité de distanciation (rupture épistémologique, objectivation, recul) essentielle dans la conduite d'un travail de recherche s'accommode mal du statut de « stagiaire ». Celui-ci n'est pas « neutre », il n'est pas « extérieur » à ce qu'il étudie.
Qu'en est-il alors de la relation enquêteur (le stagiaire) et enquêtés (les professionnels) dans un tel contexte ?
Comment gérer la relation stagiaire-enquêteur et usagers ?
Quel crédit accorder aux informations recueillies ?
Alors, si le lieu de stage peut être très utile pour entrer en contact avec la population visée par la recherche et permettre ainsi une approche non exclusivement théorique, il convient de se rappeler ce à quoi renvoie la posture d'« enquêteur ».

Phase de problématisation résultant de la confrontation de données théoriques et de celles issues du terrain

À partir du recueil de données théoriques et de terrain, qui ont fait émerger de nouveaux constats, un travail de sélection, d'analyse se met en place en fonction de l'angle d'attaque de la recherche.

La question de départ est « revisitée » à la suite de cette exploration pour déboucher sur un raisonnement interrogatif : la **problématique**.

Elle constitue un ensemble de trois éléments :
- la question que l'on se pose ou « question de recherche ». À partir de ce que l'on a compris, on propose une orientation dans une question de recherche complexifiée ;
- l'hypothèse de travail ;
- le modèle théorique auquel on se réfère.

Raymond Quivy et Luc Van Campenhoudt proposent la définition suivante :

> « L'étape de la problématique est constituée de trois phases :
> - celle qui va consister à décrire et repérer les différentes approches du problème, on peut dire que c'est l'état de la question, qui sera utile pour établir des liens ou différencier des systèmes théoriques ;
> - celle du choix de la problématique qui se fera en tenant compte des étapes précédentes : la question de départ et la phase exploratoire ;
> - enfin celle de l'explicitation, de la problématique choisie par des référents conceptuels. »

La problématique ne consiste pas à retranscrire des concepts mais à se les approprier en les mettant en lien avec la question de départ et les autres apports de l'exploration.

Il s'agit de reformuler la question de départ sous forme d'une problématique et d'y rattacher une (des) **hypothèse(s) explicative(s) ou/et compréhensive(s)**.

L'hypothèse de compréhension propose une réponse anticipée à la question soulevée dans la problématique.

Phase de vérification

Il s'agit ici de se projeter dans la démarche de validation de l'hypothèse (qui sera soit confirmée, soit infirmée, soit validée partiellement). À ce stade, une stratégie permettant de mettre l'hypothèse à l'épreuve des faits doit être proposée.

Le modèle d'analyse consiste à se doter d'une méthode rigoureuse de vérification pour rendre compte du réel. En effet, le(s) concept(s) formulé(s) dans l'hypothèse n'est (ne sont) pas toujours perceptible(s) dans la réalité (ex. : « la dépendance »). Il s'agira alors de le(s) traduire en dimensions (dépendance affective, maternelle, etc.) et indicateurs observables, c'est-à-dire en critères objectivement repérables et mesurables dans la réalité.

Tout au long de son travail, l'étudiant devra pouvoir expliciter et justifier les choix opérés.

d. L'intérêt du mémoire dans la formation et dans une perspective professionnelle

Cette initiation au travail de recherche permet aux étudiants de se doter d'une méthodologie de réflexion organisée en vue d'éclairer leurs futures pratiques professionnelles.

Au travers de ses ouvrages, Cristina De Robertis[22] souligne en quoi la méthodologie de l'intervention et celle de la recherche sont semblables, il s'agit bien de développer des hypothèses de compréhension comme dans la méthodologie de l'intervention sociale.

Cette démarche amène donc à comprendre les phénomènes sociaux à la lumière des sciences sociales et à opérer une distanciation.
Elle vient renforcer les capacités à utiliser des outils de collecte de données : entretien, observation… et à traiter l'information : analyse de données, synthèse…
« L'expertise » renvoie à la fois a u positionnement distancié de « l'expert » – permis par la mise en œuvre d'une méthodologie – et à la qualité des connaissances mobilisées.

Le travail du mémoire participe de la construction de l'identité professionnelle par cette expertise qu'il requiert. Le domaine de compétences 1 du référentiel de Conseiller en ESF est celui qui confère à ces professionnels leur expertise dans les domaines de la vie quotidienne ; il constitue « le cœur de métier ». L'objet de recherche pour un mémoire de Conseiller en ESF devra donc être en lien avec la **quotidienneté** d'un public usager des services sociaux.

L'objet de recherche ne devra pas porter sur :
- l'efficacité d'un dispositif, d'un accompagnement ;
- l'évaluation d'une démarche professionnelle (ex. : l'accompagnement des familles est-il adapté… ?) ;
- un projet d'intervention (par exemple : comment doit-on accompagner les familles… ?) ou des modalités d'intervention (travail en équipe, partenariat).

Tous ces aspects ne peuvent constituer le cœur du questionnement, mais ils peuvent être abordés, notamment en conclusion.

Le travail effectué constitue l'étudiant en tant qu'« **expert** » de la thématique abordée et du public étudié.
Ce travail participe de l'élaboration de la future professionnalité et du positionnement projeté par l'étudiant.

Assistants de service social, éducateurs spécialisés, éducateurs de jeunes enfants conduisent tous des travaux de recherche sur des questions sociales identiques.
Pour autant, développent-ils un questionnement identique sur un même objet d'étude ?

Pour les Conseillers en ESF, « spécialistes de la vie quotidienne », le questionnement devrait se centrer sur la quotidienneté d'un public donné en s'inscrivant dans ses domaines spécifiques d'intervention (habitat/santé/alimentation/éducation/insertion) et de compétences.

22. Cristina De Robertis, assistante de service social et formatrice, auteur d'ouvrages et d'articles sur l'éthique et la méthodologie en travail social, l'intervention collective en travail social.

FICHE 1

Quelques repères pour réaliser un compte rendu écrit de la recherche

Chaque recherche est originale, on se gardera d'être trop directif quant à la manière de rendre compte de ce cheminement.

Un compte rendu de recherche doit respecter les règles de communication écrite professionnelles et les caractéristiques propres à ce type d'écrit ; il doit être structuré en différentes parties et comporter :

- un sommaire,
- une introduction,
- une conclusion,
- une bibliographie respectant les normes de présentation,
- les annexes utiles,
- un glossaire si nécessaire.

L'introduction peut être un résumé des 30 pages et elle annonce le plan suivi. L'étudiant peut résumer sa stratégie de recherche soit dans cette introduction, soit dans une partie « méthodologie » juste après.

Si ce travail de recherche participe de la construction de l'identité professionnelle, il permet également de faire l'apprentissage d'un positionnement intellectuel rigoureux : pas de « on » pense que…, pas d'affirmation « gratuite », les sources doivent être clairement citées, et l'on doit identifier à tout moment qui s'exprime et de quelle place.

C'est la démarche de réflexion du chercheur qui constitue la colonne vertébrale de l'écrit. Dans cette démarche, les moyens de collecter les données (guide d'entretien, questionnaire…) ne sont que des outils qui permettent d'avoir accès aux connaissances à mobiliser ; ils sont au service de la réflexion.

Les données ainsi collectées prendront sens parce que le chercheur aura effectué ce qu'on appelle un « traitement des données recueillies » à partir de sa question de départ.

Le plan choisi pour exposer cette démarche traduit le cheminement de la réflexion. Dans la conclusion, l'étudiant pourra mettre en exergue comment ce travail (cette analyse) lui a permis de se positionner.

FICHE 2

Conseils pour la présentation orale

Pour cet exercice, il s'agit de communiquer pour intéresser !

Aussi une présentation qui se contenterait de suivre l'écrit ne remplira pas cet objectif : l'oral obéit à une autre logique que celle de l'écrit.

Après avoir rappelé l'origine, les motivations pour le choix du thème, la question de départ, il conviendra de bien expliquer comment ont été mises en lien les données du terrain d'enquête et les connaissances théoriques pour éclairer cette question, apporter des éléments de réponse qui conduisent à la problématique et à l'hypothèse.

Les jurys attendent des candidats qu'ils apportent des prolongements à la réflexion présente dans l'écrit. Ainsi le candidat devra montrer qu'il a continué à se poser des questions, qu'il a réfléchi de manière plus large à son futur positionnement professionnel.

Déroulement de la soutenance

La soutenance va permettre de préciser le degré d'appropriation de connaissances du candidat en lien avec le sujet traité et la méthodologie mise en œuvre.

Elle permet de vérifier son implication, son souci d'actualisation, ses capacités de recul et son aptitude à la communication.

L'exposé oral du mémoire, une proposition...

La présentation est faite en 15 minutes maximum ; le jury doit comprendre à la fois la démarche méthodologique et l'angle d'attaque de la réflexion (le pourquoi de telle ou telle approche plutôt qu'une autre) et le contenu doit être significatif.

Introduction

- l'origine du mémoire
- les motivations
- la question de départ

Thème du mémoire

- les représentations
- les questions qui se sont posées

Public concerné

- les justifications du choix
- les facilités et/ou limites pour cerner le public

Pré-enquête

- un rappel bref des buts, objectifs, outil, échantillon
- les données déterminantes de la pré-enquête
- l'orientation du travail à l'issue de la pré-enquête

Approche documentaire

- les notions à maîtriser pour mieux comprendre le sujet
- les données déterminantes de cette approche documentaire
- les axes qui auraient pu être traités

Approche théorique

- les éléments de compréhension pour mieux appréhender théoriquement le sujet
- la justification du choix des axes théoriques
- les données déterminantes de cette approche théorique
- les autres théories ou disciplines pouvant être mobilisées

Bilan de la phase préparatoire

- la problématique
- l'hypothèse

Perspectives professionnelles, ouverture sur le positionnement professionnel, continuité de la réflexion, ancrage dans la vie quotidienne.

Intérêt pour ce travail, difficultés et/ou limites, changements opérés...

Processus méthodologique au travers de deux exemples

Exemple 1 :

Thème : Les conseils de vie sociale (CVS) en CHRS.

Question de départ : Quel est, pour un représentant des usagers en CVS, l'impact de ce statut ?

Problématique : En quoi la participation au CVS favorise-t-elle l'autonomie des usagers ?

Hypothèse : L'*empowerment*, développé en CVS, participe au développement de l'autonomie des usagers.

Exemple 2 :

Thème : Travailleurs migrants et la vieillesse.

Question de départ : Comment la vieillesse est-elle appréhendée au quotidien chez les anciens travailleurs migrants maghrébins hébergés en foyer ?

Problématique : En quoi l'accompagnement des anciens travailleurs migrants avançant en âge nécessite-t-il une prise en considération globale de leur trajectoire et de leur projet de vie liée à l'histoire de l'immigration et notamment au mythe du retour ainsi qu'une évolution des pratiques sociales ?

Hypothèse : Les anciens travailleurs migrants hébergés en foyer sont exposés à l'isolement et à la perte d'autonomie dans un environnement spécifique de par son histoire et son aménagement.

III DC 2 : Intervention sociale

1 L'intervention sociale : des pratiques plurielles, support du Conseiller en ESF

Selon Cristina De Robertis, l'intervention sociale est une appellation qui recouvre à la fois une démarche et un champ professionnel. Le propre de l'intervention, comme le précise son étymologie, est de « venir entre », c'est-à-dire d'être à « l'articulation entre les sujets et le social dans toutes les zones de fragilité et d'incertitude qui marquent ce rapport ». L'intervention sociale en tant que processus est complexe et bien implantée dans le concret dont l'objet concerne la relation individuelle ou collective et, partant, le lien social, qu'il s'agit de maintenir, d'entretenir ou de restaurer.

Jean-Noël Chopart[23] a défini l'intervention sociale comme :

> « [...] toutes les activités rémunérées par des financements socialisés, s'exerçant dans un cadre organisé, qu'il soit public ou privé, et visant des personnes ou des publics en difficulté d'intégration sociale ou professionnelle dans une perspective d'aide, d'assistance ou de contrôle, de médiation ou d'actions d'animation ou de coordination ».

Cette notion renvoie à des concepts importants et à une méthodologie d'intervention identifiée, le conseil constituant la singularité du Conseiller en ESF.

La formation s'appuie sur la maîtrise des notions essentielles fondatrices du travail social, telles que : le lien social, l'accompagnement social, la relation d'aide..., mais aussi sur les pratiques professionnelles validées par une méthodologie d'intervention reconnue.

Des liens incontournables doivent être établis avec l'ensemble des secteurs relevant du domaine social, tels que : l'habitat communautaire, le développement social local et régional, le service d'aide à la personne.

Il s'agit de créer une synergie entre les pratiques professionnelles du Conseiller en ESF, les notions clés du travail social et la connaissance approfondie des différents publics de l'action sociale et des méthodologies d'intervention pouvant leur être proposées.

23. Jean-Noël Chopart : sociologue, administrateur à la mission interministérielle Recherche-Expérimentation, MIRE, ministère des Affaires sociales et de la Santé.

2 L'acquisition des compétences liées à l'intervention sociale

La démarche d'acquisition des compétences liées à l'intervention sociale se décline par l'appropriation du référentiel d'activités professionnelles.

Le référentiel des activités professionnelles

Fonctions	Activités	Tâches
ACCOMPAGNEMENT SOCIAL INDIVIDUEL ET/OU COLLECTIF DANS UNE DIMENSION SOCIO-ÉCONOMIQUE ET ÉDUCATIVE DANS LES DOMAINES DE LA VIE QUOTIDIENNE	Accueil des individus et des groupes	Organiser les conditions matérielles d'accueil Recevoir la personne ou aller à la rencontre de la personne Écouter Repérer les besoins, attentes, demandes Informer les personnes Orienter vers les services compétents
	Élaboration du diagnostic social	Analyser les informations recueillies Analyser la demande exprimée Formuler un diagnostic Identifier les ressources et les potentialités de l'usager, du groupe, du territoire
	Conception et construction du projet individuel et collectif, avec la (ou les) personne(s)	Identifier et formuler les priorités d'action Se concerter avec les partenaires Définir un projet et les moyens associés Contractualiser un projet avec la ou les personne(s)
	Mise en œuvre d'un projet individuel avec la personne ou d'un projet collectif avec le groupe	Planifier les tâches Rechercher des moyens Réaliser les actions définies Assurer le suivi de l'action ou des actions
	Évaluation du projet	Réaliser un bilan des actions avec les personnes accompagnées et les partenaires concernés Mesurer les écarts entre objectifs attendus et résultats obtenus Proposer des réajustements Formuler si nécessaire des objectifs complémentaires
DÉVELOPPEMENT SOCIAL TERRITORIAL	Participation et/ou réalisation d'étude de besoins au niveau d'un territoire	Analyser les demandes Repérer les offres de service existantes Comparer les demandes par rapport à l'existant Identifier les ressources du territoire : potentialités et freins

Fonctions	Activités	Tâches
DÉVELOPPEMENT SOCIAL TERRITORIAL	Participation et/ ou élaboration de diagnostics partagés d'un territoire	Recueillir et croiser les données émanant de sources différentes Repérer les différents partenaires et leurs missions Analyser et formaliser ces données Assurer la transmission écrite et/ou orale des analyses et formuler des hypothèses de travail
	Participation à la conduite de projets sociaux territoriaux	Mobiliser les habitants et les partenaires Identifier et évaluer les moyens techniques, humains, financiers Élaborer conjointement avec les partenaires le projet Mettre en œuvre et planifier les phases de déroulement du projet Proposer le montage financier du projet Évaluer et proposer s'il y a lieu des réajustements aux actions

Le référentiel des activités professionnelles précise les trois grands types de fonctions d'accompagnement social individuel et/ou collectif :

- dans une dimension socio-économique et éducative ;
- dans les domaines de la vie quotidienne ;
- dans le cadre du développement social territorial.

Ces fonctions sont maîtrisées par le Conseiller en Économie Sociale Familiale et leurs déclinaisons en activités sont des « marqueurs » de l'intervention sociale du Conseiller en ESF.

La mise en pratique des activités dans l'accompagnement social des publics se traduit par l'ensemble des tâches réalisées quotidiennement, tâches qui permettent l'identification du professionnel comme travailleur social.

Pour donner à ces tâches et activités leur reconnaissance dans le processus d'accompagnement des publics, il est indispensable d'en maîtriser les aspects méthodologiques qui sont validés par les référentiels de compétences, de formation et de certification constituant les cadres réglementaires.

3 Le référentiel de compétences

Les compétences liées à l'intervention sociale sont acquises pour partie lors de la préparation au BTS en ESF – ou d'un autre diplôme en travail social accordant la dispense, et pour partie lors de la préparation au diplôme d'État de Conseiller en ESF.

Ainsi, le DC2 « Intervention sociale » est validé en deux temps :

- **1er temps :** lors de l'épreuve de certification de l'unité U4 en BTS en ESF

Validation de la compétence DC2C intitulée ICAF : intervention collective d'animation et formation dans les domaines de la vie quotidienne. Le « C » peut aussi être traduit par « Conseil ».

Le référentiel du BTS en ESF – arrêté du 31/7/2009, *JO* du 18/9/2009 – donne toutes les informations à ce propos.

2e temps : lors de l'épreuve de certification du diplôme d'État de Conseiller en ESF Validation des compétences DC2AB intitulées : ISIC et ISAP.

a. Domaine de compétences ISIC (intervention sociale d'intérêt collectif)

Le tableau ci-après décline le domaine ISIC en un ensemble de compétences marquant l'inscription du travail social au plus près des groupes et des territoires.
Chacune des compétences est qualifiée par un ensemble d'indicateurs.

Domaine de compétences	Compétences	Indicateurs de compétences
	Construire des interventions avec les groupes notamment dans un registre de prévention	
Intervention sociale ISIC : intervention sociale d'intérêt collectif dans les domaines de la vie quotidienne	**DC2AB** C2.A.1 Impulser, participer et/ou concevoir et conduire des actions collectives de conseils, d'information auprès des groupes dans les domaines de la vie quotidienne	Mise en œuvre de la méthodologie de projet : – recueil exhaustif des données nécessaires à la compréhension de la situation – identification et valorisation des potentialités des personnes – identification et mobilisation des partenariats nécessaires – production d'un plan d'actions hiérarchisées – évaluation des résultats – mise en œuvre des actions correctrices
	C2.A.2 Mettre en place une relation d'aide, un accompagnement au plan collectif C2.A.3 Élaborer, accompagner et mettre en œuvre un plan d'aide négocié avec le groupe	Mise en œuvre de la méthodologie d'intervention sociale auprès des groupes : – maîtrise des techniques d'animation de groupe – maîtrise des techniques de gestion de conflits – compréhension de la notion de dynamique de groupe
	Contribuer à l'émergence de réseaux de proximité (ex. : réseau d'échanges et de savoirs)	
	C2.A.4 Conduire des actions visant à mutualiser les ressources des membres du groupe concerné par des problématiques communes	– Repérage d'une problématique commune à un groupe – Identification et valorisation des potentialités des personnes – Aide à la structuration et à l'autonomisation du groupe

Domaine de compétences	Compétences	Indicateurs de compétences
	Participer au développement des projets sociaux de territoire	
	C2.A.5 Identifier et analyser les dynamiques territoriales C2.A.6 Inscrire des actions dans les dynamiques territoriales existantes et/ou participer à l'émergence de ces dynamiques	– Production d'une analyse de territoire – Élaboration d'un diagnostic de besoins – Utilisation pertinente de la méthodologie de projet – Identification et mobilisation des ressources de l'environnement – Mobilisation des partenariats nécessaires

b. Domaine de compétences ISAP (intervention sociale d'aide à la personne)

Le tableau ci-après décline le domaine ISAP en un ensemble de compétences marquant l'inscription du travail social au plus près des personnes et des familles. Chacune des compétences est qualifiée par un ensemble d'indicateurs.

Domaine de compétences	Compétences	Indicateurs de compétences
	Construire avec la personne un projet individualisé dans le cadre d'un double registre (préventif et curatif)	
Intervention sociale	**DC2AB**	
ISAP : intervention sociale d'aide à la personne dans les domaines de la vie quotidienne	Diagnostiquer une situation	– Recueil, sélection et analyse des données nécessaires à la compréhension de la situation – Identification et valorisation des potentialités des personnes – Analyse d'une situation complexe dans toutes les dimensions
	Élaborer, accompagner, mettre en œuvre et évaluer un plan d'aide négocié	– Utilisation des techniques relationnelles adaptées – Mobilisation des ressources et dispositifs locaux – Élaboration des priorités d'action
	Évaluer les résultats de l'intervention	– Identification des effets produits et mesure des écarts – Définition et mise en œuvre d'actions correctrices – Partage de l'analyse de la situation avec la personne

4 Le référentiel de formation

La méthodologie d'intervention est ainsi appréhendée durant la formation :
- dans sa partie technique lors des deux années de formation au BTS en ESF (*cf.* le référentiel du BTS en ESF) ;
- lors de la formation d'un autre diplôme en travail social accordant la dispense ;
- dans sa dimension sociale lors de l'année de formation au diplôme d'État de Conseiller en ESF.

a. Le programme de formation au travers de quatre domaines de formation

Premier domaine (50 heures)
- Histoire du travail social dont histoire de l'Économie Sociale Familiale
- Philosophie de l'action dans le domaine social
- Éthique, déontologie, responsabilité, secret professionnel, secret partagé
- Les principes de l'intervention sociale :
  - Relation d'aide et de conseil
  - La mission, le mandat
- Le droit des usagers de l'action sociale

Deuxième domaine (60 heures)
- Sensibilisation aux concepts de psychologie et de psychanalyse
- Approfondissement de la connaissance des publics de l'action sociale
- Les normes, déviances, conduites addictives
- Souffrance psychosociale et pathologies associées (troubles du comportement)

Troisième domaine (70 heures)
- ISIC : les concepts et les méthodologies :
  - Travail social avec les groupes
  - Travail en réseaux
  - Développement social local (DSL)

Quatrième domaine (70 heures)
- ISAP : les concepts et les méthodologies :
  - Les techniques d'entretien
  - La relation d'aide individualisée
  - L'accompagnement social
  - La contractualisation

b. Mise en lien entre les domaines de compétences et les domaines de formation

Ce tableau propose un exemple de mise en relation entre l'acquisition des compétences et les contenus de formation.

Il a pour objet de montrer le lien essentiel entre la place et la pertinence des contenus proposés par le référentiel et l'exigence attendue au niveau des compétences ISIC et ISAP.

L'adoption d'une posture éthique est un indicateur appliqué à l'ensemble des tâches du DC2 : intervention sociale.

Domaine de compétences	Compétences	Indicateurs de compétences	Domaine de formation
ISIC	**Construire des interventions avec les groupes notamment dans un registre de prévention**		
Intervention sociale ISIC : intervention sociale d'intérêt collectif dans les domaines de la vie quotidienne	**DC2AB** Impulser, participer et/ou concevoir et conduire des actions collectives de conseils, d'information auprès des groupes dans les domaines de la vie quotidienne	 Mise en œuvre de la méthodologie de projet : – recueil exhaustif des données nécessaires à la compréhension de la situation – identification et valorisation des potentialités des personnes – identification et mobilisation des partenariats nécessaires – production d'un plan d'actions hiérarchisées – évaluation des résultats – mise en œuvre des actions correctrices	ISIC : Les concepts et la méthodologie
	Mettre en place une relation d'aide, un accompagnement au plan collectif Élaborer, accompagner et mettre en œuvre un plan d'aide négocié avec le groupe	Mise en œuvre de la méthodologie d'intervention sociale auprès des groupes : – maîtrise des techniques d'animation de groupe – maîtrise des techniques de gestion de conflits – compréhension de la notion de dynamique de groupe	
ISAP	**Construire avec la personne un projet individualisé dans le cadre d'un double registre (préventif et curatif)**		
Intervention sociale ISAP : intervention sociale d'aide à la personne dans les domaines de la vie quotidienne	**DC2AB** Diagnostiquer une situation	 – Recueil, sélection et analyse des données nécessaires à la compréhension de la situation – Identification et valorisation des potentialités des personnes – Analyse d'une situation complexe dans toutes les dimensions	ISAP : Les concepts et la méthodologie

Domaine de compétences	Compétences	Indicateurs de compétences	Domaine de formation
Intervention sociale ISAP : intervention sociale d'aide à la personne dans les domaines de la vie quotidienne	Élaborer, accompagner, mettre en œuvre et évaluer un plan d'aide négocié	– Utilisation des techniques relationnelles adaptées – Mobilisation des ressources et dispositifs locaux – Élaboration des priorités d'action	
	Évaluer les résultats de l'intervention	– Identification des effets produits et mesure des écarts – Définition et mise en œuvre d'actions correctrices – Partage de l'analyse de la situation avec la personne	
Intervention sociale	Identifier les métiers du travail social dans l'histoire et notamment l'ESF	Repérer les spécificités des travailleurs sociaux	Histoire du travail social dont histoire de l'ESF
	Identifier les valeurs et les fondements du travail social et les inscrire dans la pratique		Philosophie de l'action dans le domaine social
	Identifier et mettre en œuvre les modes d'intervention	Les modalités d'intervention spécifique prenant en compte des problématiques individuelles	Les principes de l'intervention sociale
	Mobiliser les connaissances en matière de droit des usagers	Connaissances approfondies des dispositifs de l'action sociale	Le droit des usagers de l'action sociale
	Appréhender le public de l'action sociale au travers d'une grille de lecture sociologique, psychologique et psychiatrique		Sensibilisation aux concepts de psychologie et de psychanalyse Approfondissement de la connaissance des publics de l'action sociale Souffrance psychosociale et pathologies associées (troubles du comportement)

En travail social, deux modes d'intervention peuvent être appréhendés :
- l'intervention sociale d'intérêt collectif (ISIC) ;
- l'intervention sociale d'aide à la personne (ISAP).

c. Le sens de la méthodologie de l'intervention ISIC/ISAP

La méthodologie de l'intervention est le garant de l'ISIC et de l'ISAP.

L'intervention sociale d'intérêt collectif

Le rapport du Conseil supérieur du travail social (CSTS), en 1988, donne la définition suivante[24]:

> « L'intervention sociale d'intérêt collectif envisage les conditions d'existence d'une population, sur un territoire déterminé ; elle se donne pour objectif la prise en compte d'intérêts collectifs, entendus comme des facteurs susceptibles de faciliter la communication sociale des divers groupes, et par là d'aider à la maîtrise de la vie quotidienne, dans ses diverses dimensions. Elle [...] correspond à une pratique appelée l'approche institutionnelle et collective de l'action sociale. »

Dans le livre *Développer et réussir l'intervention sociale d'intérêt collectif*[25], il est précisé :

> « Ainsi l'intervention sociale d'intérêt collectif prend en compte la finalité de l'action, la promotion, le renforcement ou la restauration d'objectifs d'intérêt général et de bénéfices collectifs d'une population donnée sur le territoire où s'exercent les activités de cette population. Le bénéfice recherché est d'ordre collectif même si l'intérêt collectif n'est pas exclu. »

Il s'agit d'une approche complémentaire de l'aide à la personne, mais elle est tout aussi importante pour lutter contre l'exclusion sociale et favoriser l'accès à la citoyenneté des personnes en situation de vulnérabilité.

Les deux concepts importants à identifier sont : la vie quotidienne sur un territoire et l'intérêt collectif. Cette approche ouvre un large champ car l'ISIC ne constitue pas une unité, mais recouvre une pluralité d'approches.

Ces deux modes d'intervention que sont l'ISAP et l'ISIC sont tout aussi importants l'un que l'autre. Ils relèvent de processus méthodologiques identifiés permettant la qualité des interventions.
Ils conduisent les personnes et les groupes à une acquisition d'autonomie et d'appartenance sociale.
Le trait commun aux différentes approches est la **citoyenneté**.

24. Conseil supérieur du travail social, *Intervention sociale d'intérêt collectif*, La Documentation française, 1988.
25. Dubasque Didier, Bouquet Brigitte, *Développer et réussir l'intervention sociale d'intérêt collectif*. Presses de l'EHESP, 2009.

Celle-ci peut être définie comme la participation au choix des contraintes collectives qui génèrent la liberté individuelle. « Apprendre la citoyenneté, c'est prendre conscience du besoin de l'autre pour devenir soi », selon Albert Jacquard [26].

Les enseignements peuvent prendre une triple dimension : cours magistraux dispensés par les formateurs des centres de formation ; interventions de spécialistes de la connaissance des publics, de professionnels de l'action sociale, d'experts des secteurs d'activité ; partage des pratiques et de leur analyse par les professionnels de terrain (analyse de la pratique professionnelle).

La confrontation permanente de la multiplicité des apports et de leur diversité permet une appropriation ouverte à la confrontation des propos issus de la théorie, de l'expertise réflexive et de l'expertise de terrain. Cette alternance entre le centre de formation et le site qualifiant permet une articulation théorie-pratique, ainsi la théorie et la pratique se travaillent conjointement dans les deux lieux.
Par ailleurs l'étudiant peut ainsi visualiser un partenariat institutionnel.

L'expression des différentes sensibilités et analyses des problématiques offre une large ouverture dans l'approche de la profession de Conseiller en ESF.

L'intervention sociale d'aide à la personne

Le rapport du Conseil supérieur du travail social, en 1998, donne la définition suivante[27]:

> « L'intervention sociale d'aide à la personne est une démarche volontaire et interactive, menée par un travailleur social qui met en œuvre des méthodes participatives avec la personne qui demande ou accepte son aide, dans un objectif d'améliorer sa situation, ses rapports à l'environnement, voire les transformer. Cette intervention est mandatée par une institution définie, par son champ légitime de compétence, le public concerné. »

Cette approche nous guide dans nos choix pédagogiques.

En effet, l'ISAP est centrée sur la personne, sur sa (ou ses) difficulté(s) et ses potentiels ; il s'agit de mettre en place, avec la personne aidée, un travail qui réponde à des objectifs précis et dont la durée dépend de chaque situation. Elle s'appuie sur le jeu relationnel entre l'aidant et l'aidé afin de favoriser le changement propice à un mieux-être de la personne.
L'accompagnement social est la clé de voûte de cette intervention : son intérêt repose en grande partie sur la connaissance approfondie des publics et sur l'évolution diagnostique de la situation.

Étymologiquement, le terme accompagnement signifie « partager le pain ». Nous sommes bien sur le versant du quotidien, c'est lui qui va devenir le chemin qui mène à la rencontre. Pour les Conseillers en ESF, le quotidien reste empreint de cette rencontre pour travailler

26. Jacquard Albert, *Nouvelle petite philosophie*, Stock, 2005.
27. Conseil supérieur du travail social, *L'intervention sociale d'aide à la personne : rapport du conseil supérieur du travail social*, Rennes, ENSP, 1998, p.173.

son accompagnement. Ainsi les objectifs du quotidien sont les vecteurs des situations observables.

Les axes d'approche méthodologique sont orientés sur les notions de conseils autour de la vie quotidienne et de relation d'aide avec un engagement réciproque de l'aidé et de l'aidant, d'accompagnement social, de contractualisation de l'intervention, de recherche et de mise en œuvre de partenariat et de réseau.

5 Le référentiel de certification

Domaine de compétences : DC2AB Dossier de pratiques professionnelles concernant l'ISIC et l'ISAP

Épreuve : forme orale ; durée 50 à 55 minutes.

a. L'épreuve DC2AB : « Le dossier de pratiques professionnelles »

Cette épreuve valide le domaine de compétences « Intervention sociale » dans la double dimension ISIC et ISAP.
Pour cette épreuve, la commission d'examen est composée d'un professeur formateur et d'un professionnel non impliqués dans la formation du candidat.

Le dossier de pratiques professionnelles est évalué lors de l'épreuve du DC2AB par :

- **Une production écrite comportant un rapport de stage et une note d'analyse**

Consignes de bureautique : police Times New Roman, taille12, interligne 1,5.
Le rapport de stage a comme objectifs :
– présenter et analyser une intervention sociale d'intérêt collectif (ISIC) ou une intervention d'aide à la personne (ISAP) contextualisée ;
– le candidat peut être à l'initiative de l'intervention ou participer à une étape d'une intervention déjà engagée ;
– intégrer le stage dans un bilan de son parcours d'acquisition de compétences.

Ce rapport comporte vingt pages au maximum (hors annexes).

La note d'analyse se rapporte au mode d'intervention (ISIC ou ISAP) non traité dans le rapport de stage et ancré dans une réalité de terrain.

Cette note comporte un maximum de quatre pages (deux pages d'annexes peuvent être jointes).

- **Une soutenance orale** qui concerne le dossier de pratiques professionnelles et se réalise en deux temps :

– 10 à 15 minutes de présentation (rapport de stage et note d'analyse) par le candidat ;
– 40 minutes d'entretien avec le jury sur les deux travaux du candidat.

- **Une appréciation de stage** formulée par le référent ou le formateur sur site qualifiant, en référence aux objectifs définis pour le stage (*cf.* fiche 8). Elle est un élément essentiel dans la décision de validation du domaine de compétences DC2.

Le dossier de pratiques professionnelles doit permettre au candidat d'exprimer les capacités suivantes :

- établir une relation professionnelle avec les personnes accompagnées en tenant compte de leurs besoins et de leurs potentialités ;
- construire un projet avec la personne ou le groupe et mettre en place un accompagnement social adapté ;
- travailler en collaboration et en complémentarité avec une équipe pluridisciplinaire, au sein d'un réseau d'acteurs ;
- respecter les règles déontologiques et éthiques ;
- respecter les lois en vigueur ;
- dans le cadre le l'ISIC, poser un diagnostic, élaborer et conduire des interventions collectives, animer un groupe, identifier les ressources d'un groupe et/ou s'intégrer dans la démarche de développement social local et/ou dans la démarche de formation ;
- dans le cadre de l'ISAP, poser un diagnostic, élaborer, conduire et évaluer un accompagnement social.

La notation des différents éléments constitutifs de l'épreuve :

- la production écrite est notée sur 20 points et la soutenance orale est notée sur 40 points ;
- la moyenne de ces deux notes doit être au moins égale à 10/20 pour valider cette épreuve ;
- pour déterminer la notation de l'ensemble du DC2AB, le jury s'appuiera sur l'appréciation du site qualifiant relative au stage.

b. Les productions écrites du dossier de pratiques professionnelles

Le rapport de stage

C'est un écrit professionnel et son auteur peut :

- rapporter ce qui a été vu, entendu, pratiqué ;
- analyser les données recueillies et les pratiques ;
- émettre des propositions et les argumenter ;
- témoigner des attitudes professionnelles propres à l'intervention, et ce dans un cadre déontologique.

Il convient de situer le stage dans le cadre de la formation. Il permet de faire la synthèse des nouvelles compétences acquises. Il est important de mettre en valeur les bénéfices du stage dans cette acquisition.

Ainsi, le rapport de stage est un écrit vivant, personnalisé. L'auteur est acteur de son récit et s'y engage. Cette position d'acteur sera également tenue lors de la présentation orale et de la soutenance.

Le rapport de stage dans le dossier de pratiques professionnelles du futur Conseiller en ESF a pour fonction de :

- rendre compte et analyser une pratique professionnelle (de Conseiller en ESF) dans le contexte précis d'une institution sociale mettant en œuvre des orientations de l'action sociale (ISIC/ISAP) ;
- repérer les compétences développées et /ou à développer dans le contexte du stage ;

- donner le sens défini par la méthodologie d'intervention sociale à la pratique professionnelle mise en œuvre, et ce dans un cadre déontologique ;
- servir de support à l'épreuve orale. Cet écrit s'adresse à un lecteur correcteur qu'il faudra intéresser.

Sa construction générale

La structure du rapport de stage n'est pas chronologique du vécu de stage.

Chaque « auteur » construit son propre plan, sa propre progression en fonction d'un fil conducteur qu'il détermine. Toutefois, certaines normes et exigences s'imposent, mais elles peuvent varier d'un centre d'examen à un autre.

Une introduction mentionnant :

- les motivations et attentes/objectifs en matière d'acquisition de compétences de l'étudiant ;
- la spécificité du lieu de stage (caractéristiques du public, problématique sociale, politique sociale) ;
- une ou plusieurs questions qui apparaissent au cours du stage.

Dès l'introduction, il est pertinent de sensibiliser le lecteur à un questionnement professionnel.

Plusieurs parties :

- le contexte institutionnel et son environnement (donner un cadre à son intervention en exposant la politique sociale d'intervention) ;
- l'analyse d'une intervention sociale (ISIC ou ISAP) dans laquelle l'étudiant est impliqué.

Ces éléments permettront de situer, dans un contexte défini, une intervention sociale, de la justifier pour enfin analyser sa propre pratique professionnelle.

- **Conseil :** il faut essayer de ne pas tracer un portrait chronologique de la mission, ni une vision détaillée des faits et gestes quotidiens dans l'institution.
- **Préconisation :** il convient d'aller à l'essentiel. Les faits majeurs, les publics bénéficiaires, les objectifs, les méthodes et moyens employés, les résultats obtenus, les difficultés rencontrées, les solutions ou remédiations apportées ou à apporter, les partenaires sollicités, les enjeux de l'intervention développée.

Ces différentes parties doivent être articulées les unes aux autres par un fil conducteur lié à un questionnement mentionné dans l'introduction.

Ce dossier doit permettre au stagiaire de se positionner et de montrer en quoi le stage est un élément clé de sa formation pour :

- dépasser le stade des motivations pour cheminer vers la découverte, la pratique et l'acquisition des compétences dans leurs approches théorique, pratique et analytique de la profession ;
- repérer les attitudes professionnelles qui ont été développées en lien avec le respect de la vie privée des personnes ;
- analyser l'évolution des personnes vers les objectifs qu'elles ont définis ;

- développer des hypothèses de compréhension tout au long du processus d'apprentissage.

Ces hypothèses de compréhension sont le support à l'émergence de propositions de solutions.

Des phrases de transition assurent la cohérence.

Une conclusion avec :
- la reprise des principaux points abordés ;
- des éléments d'évaluation de l'intervention ;
- une ouverture choisie ;
- un nouveau questionnement.

La conclusion doit être un bilan de stage, elle peut reprendre les différents aspects de la formation en centre et sur site qualifiant tout en répondant à son questionnement sur les bénéfices acquis dans sa future pratique professionnelle, c'est en quelque sorte un bilan de parcours de formation. Toutefois, ce bilan de parcours peut aussi se faire tout au long de l'écrit.

Éventuellement :
- une bibliographie – si utilisée – pour analyser, argumenter le travail de rédaction ;
- un index ;
- des annexes utiles, pertinentes. Ce sont des pièces qui existent sur le site de stage ou créées lors du stage qui permettent de soutenir certaines parties du développement. Il conviendra de bien anonymer les documents dans un souci éthique et déontologique.

Le rapport de stage doit être un authentique bilan personnel qui rend compte de manière adéquate des perceptions, des réflexions et des évaluations.

Il ne s'agit pas de théoriser sur le stage, mais de faire part d'événements, de situations et d'expériences, donc d'interventions sociales effectivement vécues… et d'y réfléchir !

Dans un rapport de stage, la théorie et la pratique ne sont pas séparées, mais se rencontrent et se complètent, de manière à faire une intégration, une appropriation globale des apprentissages tant théoriques que pratiques.

Cette démarche rend le futur professionnel capable de gérer, dans leur diversité, les situations liées au cœur de métier du Conseiller en ESF.

La note d'analyse

Elle a pour fonction de :
- proposer et analyser une intervention sociale dans une dimension individuelle ou collective ;
- servir de support à la soutenance orale.

La note d'analyse n'est pas :
- un article faisant l'état des analyses et des réflexions sur un aspect du travail ou sur un public de l'action sociale, ou sur un dispositif ou sur une politique d'action sociale… sans mise en lien avec sa propre pratique ;
- une simple présentation d'une action menée par le stagiaire.

L'analyse demandée ici prend appui sur une ou plusieurs interventions conduites ou observées.

La note d'analyse dans le dossier de pratiques professionnelles du futur Conseiller en ESF prend appui sur des situations observées ou vécues en stage ou ailleurs, à partir desquelles l'étudiant devra développer un questionnement portant sur la méthodologie d'intervention mise en œuvre dans cette situation. Il s'agit donc de s'interroger sur un aspect d'une méthodologie d'intervention en partant d'une réalité de terrain.
Pour ensuite apporter des éléments de compréhension, l'étudiant devra se référer aux savoirs existants. Il nourrit sa réflexion de lectures appropriées sur les concepts clés en lien avec l'aspect traité. Cette analyse doit lui permettre de se former à un aspect de la méthodologie d'intervention concernée.

La note d'analyse est constituée de la présentation précise et justifiée du contexte, de l'intervention choisie et de son déroulement.
Il peut être attendu dans l'analyse – réflexion et prise de recul – de tout ou partie de cette intervention sociale, qu'elle soit conduite ou uniquement proposée, de la méthodologie mise en œuvre, des effets produits, du positionnement du stagiaire dans l'intervention.

Elle prend appui sur le site du stage ou sur une expérience liée à une implication professionnelle sur un autre site.

La note d'analyse implique un travail d'**approche conceptuelle** de la part de l'étudiant **confronté à une réalité de terrain. En d'autres termes, le stagiaire doit savoir faire du lien avec les concepts du travail social**.

Elle fait partie intégrante du dossier de pratiques professionnelles. Sa rédaction doit répondre aux mêmes exigences de présentation que le rapport.
Elle sera développée sur quatre pages au maximum, et comprendra au maximum deux pages d'annexes.

On peut présenter dans la note d'analyse (liste non exhaustive) :

- **L'analyse d'une phase ou étape liée à un mode d'intervention :**
Centrer la réflexion sur la méthodologie ISAP/ISIC relative à l'étude du besoin, au diagnostic, au choix des priorités d'intervention, à la mise en œuvre de l'accompagnement, à l'évaluation de l'intervention, à sa valorisation.

- **L'analyse d'une composante essentielle d'un mode d'intervention :**
Élaborer un questionnement intégrant des éléments qui caractérisent les modes d'intervention. On peut citer : les limites dans la relation d'aide, la mobilisation et l'implication de la personne ou des groupes, la responsabilisation de la personne aidée…

- **L'analyse de techniques mises en œuvre dans le mode d'intervention :**
Démontrer la pertinence quant au choix d'outils, leur importance dans l'accompagnement…

- **L'analyse centrée sur les personnes et les groupes :**
La relation avec le sujet étant primordiale, il peut être pertinent de cibler un moment clé de la relation et de la rencontre, l'accompagnement en lui-même ; les apports de

l'intervention, l'évolution des comportements face à la situation, le sens de l'intervention et les bénéfices pour les personnes et les groupes…

Les notions d'éthique et de déontologie sont indispensables et doivent apparaître de façon transversale tout au long de la rédaction du document écrit.

Sa construction générale

Le plan de la note d'analyse peut être présenté de la façon suivante :
Une présentation du contexte de l'intervention, des éléments qui ont conduit au questionnement, l'annonce du questionnement, le développement de l'analyse (éléments pouvant être présentés dans les deux pages autorisées en annexe).

La note doit être construite et progressive :
– Une présentation des éléments qui ont conduit au questionnement.
La première étape consiste à présenter la justification du choix de l'objet d'analyse. L'étudiant peut reprendre les faits ou événements qui ont suscité le questionnement et les restituer dans leur contexte institutionnel, temporel et circonstanciel.
Cette présentation peut s'articuler avec l'annexe de la note d'analyse.

– Le questionnement mis en place.
Une fois ces éléments présentés, un questionnement est introduit par une formule du genre : « ces éléments m'ont conduit à… ».

– Le développement des axes de l'analyse.
À partir du questionnement posé, il est possible de développer l'analyse en intégrant les différents axes de l'objet d'analyse : la dimension institutionnelle, la dimension professionnelle, la dimension propre à l'usager, la dimension propre au stagiaire. Ces axes ne doivent pas apparaître de façon successive, attention au catalogue ou au listing ! Il est pertinent et valorisant de les mêler, les associer, les regrouper dans un développement construit et organisé.
On peut aussi dégager des parties distinctes décomposant les différents aspects du questionnement. (Un plan chronologique du déroulement des faits pourra par exemple être présenté dans les deux pages d'annexes, mais il n'existe pas de modèle imposé.)

Cette note d'analyse ne peut être le support privilégié à la formulation de principes généraux liés au travail social. Il est attendu un questionnement sur une étape ou sur la globalité d'un mode d'intervention à partir d'une expérience de terrain, avec une réflexion sur la proposition de solutions adaptées à la situation analysée.

Les dimensions éthique et déontologique de l'intervention sociale, la place de la personne ou du groupe doivent rester au cœur de la pratique.

La principale difficulté de cette note d'analyse se situe dans le nombre réduit de pages pour présenter l'intégralité du travail.

Rapport de stage et note d'analyse : tableau comparatif et récapitulatif

	Rapport de stage	Note d'analyse
Contenu	Présentation et analyse d'une intervention (ISIC ou ISAP) conduite par le candidat	Présentation de l'objet de l'analyse d'une intervention non traitée dans le rapport de stage Choix à justifier au regard des objectifs et des compétences à atteindre
Composition	Présentation **développée** du contexte de l'intervention	Présentation **succincte** du contexte de l'intervention
	Présentation **développée et détaillée** de l'intervention	Présentation des **points clés** de l'objet d'analyse de l'intervention
	Analyse **approfondie** de l'intervention dans toutes ses composantes	Analyse d'**une étape** de l'objet d'analyse du mode d'intervention
	Présentation du parcours d'acquisition de compétences du candidat au cours de sa formation	Un questionnement, une prise de recul professionnel sur un point précis mis en lumière
Nombre de pages	Dossier : 20 pages au maximum Annexes : « n » pages pertinentes	Dossier : 4 pages au maximum Annexes : 2 pages au maximum
Prend appui sur	Le stage	Le(s) stage(s) ou une expérience professionnelle hors stage
Évaluation de l'écrit	Oui	Oui

c. Des fiches méthodologiques pour aller vers une maîtrise facilitée

Cette épreuve permet au jury de valider l'appropriation par le candidat de compétences et de capacités spécifiques à la profession de Conseiller en ESF ; il est essentiel que la maîtrise de ce cœur de métier réponde de manière forte aux exigences attendues par le milieu professionnel.

La validation de l'épreuve DC2AB engage directement la pratique professionnelle auprès de la personne accompagnée. On en mesure le fort impact dans la décision du jury.

Cette maîtrise professionnelle est repérée à trois niveaux de qualité : la production écrite, la soutenance et l'entretien avec le jury.

La rigueur de la syntaxe, l'utilisation pertinente et précise du vocabulaire spécifique du champ social, les qualités liées à l'analyse, les capacités de communication avec le jury, de prise de recul et de critique sur sa pratique… sont autant d'éléments qui seront pris en compte lors de l'épreuve et traduits en autant de compétences validées ou non.

Six fiches ont pour ambition de fournir des conseils, des préconisations, des axes de travail, des pistes de réflexion pour une écriture facilitée des travaux attendus.

Le projet de stage

L'établissement du projet de stage doit se faire avant et/ou dès l'entrée sur le lieu de stage. Il se décline au travers des savoirs, savoir-faire et savoir-être du stagiaire.

Il s'agit de réaliser un état des lieux, un bilan de compétences afin de déterminer les compétences restant à acquérir, avec des objectifs personnalisés en fonction des parcours de chacun ; c'est en quelque sorte un parcours individualisé.

Il se concrétise par la formulation des objectifs de stage :
- des objectifs qui embrassent la totalité du parcours de formation ;
- des objectifs ciblés selon les différentes étapes de la formation.

L'acquisition de ces objectifs permet de construire, dans un parcours d'acquisition des compétences, le document intitulé « appréciation de stage ».

Il comporte différents niveaux d'investigation, comme :
- l'institution ;
- le public ;
- l'équipe, le partenariat ;
- le travail du professionnel référent ;
- la place de stagiaire…

Il peut se présenter sous la forme d'un tableau qui fait apparaître :
- **Des objectifs généraux/spécifiques**, en lien avec l'acquisition des compétences qui permettront de connaître les attentes, les intérêts, de mesurer le degré de curiosité et la nature des motivations pour ce site de stage ; les objectifs du stagiaire seront à travailler avec ceux de la structure.
- **Des moyens** mis en œuvre pour s'investir sur le lieu de stage, lesquels dépendront non seulement de la dynamique du stagiaire mais aussi de celle de la structure d'accueil.
  Ils permettent de savoir comment atteindre les objectifs posés. Plus ces objectifs sont précis, plus on se donne de chances de les atteindre, ou en tout cas de rechercher les moyens les plus appropriés à cet effet.
- **Des échéances** qui seront précisées au fil du déroulement du stage compte tenu du fait qu'elles dépendent aussi de la structure et de ses caractéristiques. Elles sont importantes à préciser pour mesurer les effets attendus au regard de l'investissement sur ce lieu de stage.
- **Des critères d'évaluation** de l'investissement. Ils permettront de préciser avec objectivité le degré d'atteinte des objectifs.

Ces éléments de projet de stage pourront être discutés avec le référent professionnel pour valider le document « **Appréciation de stage** ». Ils devraient permettre de faciliter l'écriture du document et l'évaluation qui devra en être faite par le site qualifiant.

Les objectifs généraux mis en exergue dans le document « Appréciation de stage » sont au nombre de quatre :

- Acquérir, par la confrontation entre la théorie et la pratique, les méthodologies et les techniques professionnelles : appuyer sa réflexion sur la signification des termes « méthodologies » et « techniques » dans le contexte du lieu de stage.
- Analyser les caractéristiques d'un public et comprendre les problématiques sociales : savoir recueillir des données, repérer les leviers supports d'intervention, dégager des indicateurs et les organiser en fonction des missions à mener.
- Construire une posture professionnelle prenant en compte l'éthique professionnelle. On peut repérer la posture professionnelle en fonction : de la (des) personne(s) aidée(s), de l'équipe professionnelle, du responsable hiérarchique, de la structure, des partenaires, de soi-même. Cette posture va s'appuyer sur des croyances, des lois, des valeurs, des règlements…
- Situer la place et cerner les enjeux de l'institution dans son environnement territorial. Il est question d'avoir une bonne maîtrise des politiques sociales territoriales et nationales dans lesquelles s'inscrivent les missions de la structure d'accueil ; les publics de cette structure et les champs d'intervention ; les acteurs sociaux et leurs rôles ; les paramètres modificateurs de terrain vis-à-vis de ces missions.

L'implication au cœur du stage doit se fonder sur les diverses compétences à acquérir qui figurent dans le référentiel de compétences.

Le **référent professionnel du site de stage** devra évaluer les capacités, les savoir-être et les acquis corrélés à ces compétences auxquelles chaque futur Conseiller en Économie Sociale Familiale doit se référer et par rapport auxquelles il doit se positionner.

Le stage permet de valider des compétences figurant dans les quatre domaines de compétences.

FICHE 5

L'ISIC (intervention sociale d'intérêt collectif)

Au-delà d'une action collective à visée informative et/ou à visée éducative, il s'agit de comprendre les différents paramètres à mettre en synergie pour amorcer une dynamique sociale de groupe sans oublier les dynamiques personnelles.
On tiendra compte de deux concepts importants : la vie quotidienne sur un territoire et l'intérêt collectif.

Cette définition ouvre un large champ car l'ISIC ne constitue pas une unité, mais recouvre bien une pluralité d'approches.

Parmi les types de projets possibles, voici quelques exemples :
- accompagnement lors de projet d'entraide, de lien social ;
- intervention qui s'inscrit dans une démarche d'innovation institutionnelle ;
- intervention à visée de mobilisation et d'insertion sociale (RSA et l'accompagnement vers une insertion professionnelle) ;
- travail en partenariat dans le cadre de la politique de la ville à visée de cohésion sociale et de médiation de quartier (DSL) ;
- intervention à but préventif.

Les types d'intervention sociale d'intérêt collectif comportent deux points essentiels de repérage :

- l'échelle de l'action à conduire ;
- le lien avec les enjeux globaux d'un territoire (les partenaires, la pluriprofessionnalité et la pluridisciplinarité).

L'expression « intérêt collectif » fait référence aux valeurs de la République : Égalité (accès aux droits), Liberté (expression, autonomie), Fraternité (solidarité, partage).

Comment travailler cette intervention

Pour qu'il s'agisse réellement d'une ISIC, il faut pouvoir repérer :

- toute intervention sociale dans laquelle une information à transmettre à une population donnée peut être une étape dans un processus de dynamique globale ;
- une visée de changement social pour le groupe : le groupe est accompagné au regard des dynamiques personnelles mais aussi sur une dynamique collective, fédératrice... ;
- un mode de participation de la population concernée ;
- une méthodologie d'intervention construite faisant appel, notamment, à l'analyse de la situation initiale correspondant à la mise en lumière d'un diagnostic de territoire, la construction et le déroulement d'un projet collectif, l'évaluation et l'interprétation des résultats de l'intervention ;
- des stratégies de changement impliquant plusieurs acteurs amenés à travailler en partenariat.

Pour valoriser l'ISIC dans sa présentation, il est important de penser que le développement social, par une démarche volontaire fondée sur la mobilisation et la participation de la population, vise à favoriser l'amélioration des conditions de vie d'une collectivité par la réduction des difficultés, des tensions, des violences, la promotion du respect des droits fondamentaux, l'amélioration de la cohésion sociale et l'utilisation maximale des ressources humaines et matérielles disponibles.

Par exemple, les travailleurs sociaux d'une entreprise d'insertion ne limitent pas seulement l'accompagnement social à un suivi individuel des jeunes en situation de chômage, mais vont poursuivre l'intervention jusqu'à la création de nouveaux emplois, notamment dans le champ de l'économie solidaire.

La prise d'initiative seule est insuffisante, les décisions dépendent des volontés politiques impulsées sur les différents territoires. Le réseau partenarial prend ici une dimension très forte.

Donc une ISIC s'inscrit bien sur un territoire englobant les composantes géographique, administrative et politique. Le facteur temps est un élément incontournable. Il peut avoir une influence tant positive que négative sur la mise en œuvre du projet.

On peut suggérer d'approfondir l'analyse à partir du concept de citoyenneté en se posant des questions telles que :

- Comment l'action évoquée a-t-elle contribué à donner un accès au statut de citoyen à des personnes qui en sont exclues ?

FICHE 5

- Comment a-t-elle favorisé leur propre prise de conscience de citoyen ?
- Comment a-t-elle permis de donner sens aux valeurs républicaines ?...

Quelles interactions entre des éléments clés :

- La situation de départ et le diagnostic initial
- L'analyse du territoire d'intervention dans l'ensemble de ses dimensions
- L'identification des besoins
- L'élaboration du diagnostic social, le choix des objectifs
- L'émergence du projet
- L'accompagnement du groupe
- La mobilisation des ressources
- Les phases de l'intervention
- La participation de la population
- Les différents agents du changement
- L'intervention et les compétences acquises
- L'évaluation de l'action et les remédiations possibles
- Le parcours d'acquisition des compétences professionnelles

Le thème central de cette action doit, si possible, rester centré sur les domaines de la vie quotidienne supports de l'Économie Sociale Familiale : cœur de la profession du Conseiller en Économie Sociale Familiale.

FICHE 6

L'ISAP (intervention sociale d'aide à la personne)

Il ne s'agit pas de relater uniquement une situation professionnelle d'aide à une personne ou à une famille, mais bien de travailler le questionnement, l'analyse et le positionnement professionnel adoptés lors de l'intervention sociale.

L'ISAP n'a pas une fin purement technique dans la conduite d'un accompagnement, mais recherche et inscrit, au travers de la méthodologie, d'un mode d'intervention, les différents paramètres à prendre en compte dans une démarche éthique reconnue.

Cela demande une réflexion approfondie sur les actes que l'on pose et la place à donner à la personne aidée. Il s'agit de s'interroger sur le sens de l'intervention, pour mieux appréhender la place d'autrui comme « **sujet autonome** ».

Il est attendu au travers de cet écrit :

- la relation à établir entre les missions institutionnelles et une hiérarchie qui donne le cadre précis de l'intervention. Il s'agit de la légitimité de l'intervention ;
- l'élaboration d'un questionnement (il peut se faire au regard des observations sur la pratique professionnelle des Conseillers en ESF) et l'analyse qui s'y rapporte ;
- l'élaboration d'un diagnostic énoncé en problème central, en problèmes secondaires (qui en découlent), et en problèmes prioritaires qui ne sont pas à confondre avec le problème central ;
- l'analyse de l'intervention et des mesures prises en évaluant les conséquences et les limites de ces mesures dans une prise en compte globale du site qualifiant ;
- la réflexion sur la suite à donner à l'intervention : toute intervention est ancrée dans un « avant » et un « après » le stage.

Comment travailler cette intervention

Il est possible de travailler à partir des pistes suivantes :

- faire apparaître le contexte de l'institution et son environnement social ;
- mettre en lumière la problématique principale liée aux missions de l'institution (ex. : budget, logement, insertion professionnelle…) ;
- présenter la personne accompagnée : établir le recueil des données nécessaires à l'identification rapide des potentialités et des difficultés de la personne ;
- présenter les éléments pertinents pour ce suivi.

Une analyse rigoureuse de la situation conduisant à une évaluation diagnostique initiale est le socle de la démarche d'intervention.

Dans cette partie, il convient de faire preuve d'objectivité pour établir la distinction entre les éléments relevant des *faits* et ceux relevant d'un quelconque *jugement*.

Les objectifs sont les suivants :

- présenter l'analyse de la situation à partir de l'ensemble des données recueillies et recensées ;
- fonder cette analyse sur des savoirs professionnels pertinents ;
- établir un contrat faisant émerger, avec la personne, les priorités qui servent de moteur à l'intervention ;
- formuler des hypothèses de compréhension puis d'intervention et des objectifs communs ;
- faire apparaître la pertinence du projet au regard du contrat, de l'engagement établi entre la personne et le Conseiller en ESF.

Ce qui précède peut donner une impression d'arrêt sur image de la situation

Mettre en place l'analyse de l'intervention qui repose sur une démarche de questionnement, de théorisation et de confrontation avec la réalité.

Il convient :

- de formuler des interrogations pertinentes sur les problèmes sociaux répertoriés ;
- d'appréhender les personnes et les groupes concernés, au travers de leurs besoins, leurs demandes, leurs problèmes posés et leurs potentialités ;
- de confronter ces observations et ces questions à des sources théoriques (l'accès aux droits, l'interculturalité…) ;
- de mettre en commun avec les partenaires concernés toute la réflexion nécessaire.

Le **processus de l'intervention** ne peut se faire qu'au regard des éléments précédents : centrer le travail d'écriture sur les différentes démarches engagées et les techniques utilisées (conduite de l'entretien, visites au domicile, mise en place d'un partenariat…).

On peut aborder l'écriture du rapport de stage plutôt autour d'« AXES » que de façon chronologique.

Exemple : *Axe 1 > l'insertion par le logement*
Axe 2 > la gestion du budget
Axe 3 > les relations parentales…

Cette identification évite de se perdre dans une démarche essentiellement descriptive et de rester centré sur la pratique professionnelle, la **place de chacun** et le regard critique de chaque acte.
Chaque axe peut, bien entendu, se décliner en étapes de travail et approche globale de la personne, en insistant sur le rythme de la personne, en soulignant les limites, les freins…
Il s'agit vraiment de travailler sur l'explicitation de l'acte posé.
Il est important de comprendre le sens de l'action entreprise, c'est le **sens du travail social** et de l'accompagnement.

En tout état de cause, il s'agit de montrer que l'intervention mise en place relève d'un processus méthodologique. L'approche qui en est proposée correspond aux besoins et à la demande de la personne.
Cette intervention a mobilisé les compétences relatives au travail social. La recherche du « faire » et du « comment faire » par la personne est la traduction du mode d'intervention proposé et contractualisé entre la personne et le travailleur social.
Cette partie est la plus conséquente du dossier car elle met en avant toutes les compétences mobilisées et le recul professionnel dans le respect de l'éthique et de la déontologie.

Exemple de plan de la méthodologie de l'intervention

ISAP	ISIC
Contexte de la demande	**Origine du projet**
La légitimité de l'intervention	
Par rapport : – aux missions de l'institution – aux fonctions du Conseiller en ESF – à la demande exprimée/aux besoins repérés – au stagiaire	
Le recueil d'informations	
Situation individuelle	**Situation collective**
L'état civil La situation professionnelle, familiale, sociale Quelle demande explicite, implicite ? La dynamique relationnelle (familiale, sociale) Le vécu de la situation présente Les potentiels en termes de freins, de ressources de la personne Les ressources de l'environnement de la personne : – environnement primaire : famille, amis… – environnement secondaire : structures, associations, social, économique, culturel…	Pour quelle population ? quel public ? quel(s) problème(s) repéré(s)? Quelle demande explicite, implicite ? Quels besoins pressentis ? Qui travaille sur le projet ? Inventaire nécessaire pour identifier le territoire : recueillir des données, des informations objectives pour mieux comprendre le territoire Connaître les ressources du territoire

FICHE 7

L'analyse

Questionnement des éléments recueillis et des éléments manquants

Croisement des éléments d'information concernant la situation

Développement d'hypothèses de compréhension de la situation

Le diagnostic

Quel est le problème dominant, central ?

Quels sont les problèmes qui en découlent ? (secondaires)

Dégager le (ou les) problème(s) prioritaire(s) qui n'est (ne sont) pas à confondre avec le problème central ou dominant

Le diagnostic partagé

Dire si ce diagnostic a pu être partagé avec la (ou les) personne(s). Sinon l'expliquer.

Développement d'hypothèses de solution
La (ou les) décision(s) qui s'ensui(ven)t

L'action ou démarche méthodique

Finalité

But

Objectifs principaux et opérationnels pour l'institution, le professionnel, le stagiaire

Moyens

Déroulement de l'action

L'évaluation

Qui ? Avec qui ? Comment ?...

Reprendre les objectifs de départ pour mesurer le « chemin parcouru » et s'en servir en tant que stagiaire pour étayer son auto-évaluation

FICHE 8

L'appréciation de stage

Ce document mentionne :

- les objectifs généraux que chaque stagiaire doit atteindre lors de sa formation sur site professionnel. Il précise le degré d'atteinte de chacun par le stagiaire ;
- l'appréciation générale de stage. Elle est rédigée par le référent professionnel ;
- la place de ce document dans l'évaluation certificative.

Les objectifs généraux

- Acquérir les méthodologies et les techniques professionnelles.
- Construire une posture professionnelle prenant en compte l'éthique professionnelle.
- Analyser les caractéristiques d'un public et comprendre les problématiques sociales.
- Situer la place et cerner les enjeux de l'institution dans son environnement.

Ils sont un guide précieux dans le parcours de professionnalisation du stagiaire et donnent, de par leur inscription dans le document, la ligne directrice à adopter en termes d'acquisition de compétences et des capacités essentielles à la profession de Conseiller en ESF.

Chacun des quatre objectifs généraux sera décliné en autant d'objectifs individualisés (savoir, savoir-être, savoir-faire) que le stagiaire pourra atteindre lors de son implication dans les activités professionnelles.

Plusieurs stratégies :

- décliner d'emblée chaque objectif général en un ensemble d'objectifs opérationnels pour la totalité de la période de formation sur site ;
- décliner chaque objectif général en un ensemble d'objectifs opérationnels pour chacune des périodes de formation sur site.

Le processus pédagogique de formation, qui consiste à alterner les périodes en centre avec les périodes sur site qualifiant, permet de poser, à chaque alternance, un constat, une analyse et si nécessaire un réajustement sur la progression du stagiaire au regard des exigences fixées en matière d'acquisition des objectifs opérationnels.

Il est suggéré de ne pas figer ces objectifs une bonne fois pour toutes mais au contraire de les faire évoluer au regard du contexte de stage, pour une évaluation de leur degré d'atteinte au plus près de la réalité.

Les objectifs individualisés peuvent par exemple être déclinés au regard :

- des motivations du stagiaire ;
- de son propre projet de formation et du parcours établi ;
- des compétences mentionnées dans le référentiel ;
- des caractéristiques du site de stage ;
- des attitudes professionnelles à travailler ;
- d'une réflexion sur ses propres valeurs…

Les périodes sur site, les situations de terrain et leurs caractéristiques, les pratiques des travailleurs sociaux… sont autant de paramètres sur lesquels on peut s'appuyer pour réajuster si besoin les objectifs individualisés.

Ce qui est fondamental, c'est l'échange avec le référent de stage pour « donner sens » au degré de maîtrise et à la validation des objectifs généraux.

L'appréciation générale

Le référent de stage mentionnera dans l'espace dédié du document (annexe), avec le vocabulaire qu'il choisira, le cheminement parcouru par le stagiaire.

La pluralité, la diversité et le choix judicieux des objectifs individualisés, la richesse de l'ouverture au monde professionnel, la curiosité, mis œuvre par le stagiaire, la qualité des compétences expérimentées... sont autant d'éléments qui servent à construire l'appréciation générale, en référence aux objectifs définis pour le stage.

Place de ce document dans l'évaluation

Ce document est annexé au dossier de pratiques professionnelles. Il est ainsi porté à la connaissance du jury.

Le jury s'appuiera sur l'appréciation du site qualifiant pour finaliser la notation de l'ensemble de cette épreuve.

On repère ainsi l'importance déterminante de ce document, correspondant à la volonté d'accorder une place réelle aux formateurs de terrain, dans une optique de co-construction des parcours de formation.

Cf. document officiel ci-après.

Diplôme d'État de Conseiller en Économie Sociale Familiale

Appréciation de stage

Document à insérer dans le dossier de pratiques professionnelles
et communiqué au jury de l'épreuve DC2 AB avant la soutenance

Nom et prénom du stagiaire :
Nom et adresse du site qualifiant :

Objectifs du stage

Le stage professionnel complète la formation organisée dans l'établissement de formation. Associé en alternance à celle-ci, il favorise la compréhension et l'appropriation du double registre d'intervention : théorie-pratique. Il vise à l'acquisition de méthodologies et de techniques propres au métier de Conseiller en Économie Sociale Familiale, la construction d'une posture professionnelle et de l'éthique qui lui est attachée, la connaissance concrète des publics et des problématiques sociales, ainsi que des organisations, des acteurs, des enjeux partenariaux et des modalités de partenariat.

Objectifs généraux	**Objectifs individualisés du stagiaire**	**Objectifs atteints**	**Objectifs partiellement atteints**	**Objectifs non atteints**
Acquérir les méthodologies et les techniques professionnelles				
Construire une posture professionnelle prenant en compte l'éthique professionnelle				
Analyser les caractéristiques d'un public et comprendre les problématiques sociales				
Situer la place et cerner les enjeux de l'institution dans son environnement				

Appréciation générale :

Nom du référent professionnel :

À.. Le..

Signature   Cachet de l'organisme

Pris connaissance par le stagiaire :

À.. Le..

Signature

La présentation orale du dossier de pratiques professionnelles

La présentation orale a pour objectif de faire une synthèse de l'écrit du dossier de pratiques professionnelles, de prolonger la réflexion sur l'auto-évaluation amorcée dans le rapport de stage, de faire le lien avec la dimension professionnelle attendue, le lien avec les compétences acquises et le choix du métier.
Il va également permettre au jury d'évaluer les aptitudes à l'argumentation, à la communication du stagiaire.

Introduction

On peut proposer une construction qui aborde la déclinaison suivante :
- le (ou les) site(s) de stage ;
- le thème du rapport de stage et de la note d'analyse ;
- la typologie des populations concernées et rencontrées sur le site qualifiant et éventuellement celle spécifique de chaque écrit ;
- l'annonce du plan de la présentation.

Chacun amène l'introduction avec la construction de son choix. Cela peut être :
- le choix du lieu de stage ;
- le contexte de l'institution, de la mise en place des politiques sociales ;
- les motivations personnelles et professionnelles...

D'autres formes sont possibles.

La synthèse de l'écrit

L'organisation des idées exposées dans cette synthèse ne suit pas un ordre chronologique, elle est propre à chaque candidat. Il est important :
- de préciser la démarche méthodologique des projets mis en place ;
- d'argumenter les choix d'intervention puis des actions ISAP/ISIC ;
- de repérer les liens méthodologiques entre les interventions et les compétences attendues dans le DC2AB ;
- de faire le lien avec la pratique professionnelle, le champ de l'ESF, de son sujet avec des aspects juridiques, historiques, économiques, sociaux...

Là aussi, suivant les sujets, plusieurs axes de présentation sont possibles, par exemple :
- présenter la population rencontrée sur le site qualifiant, ses difficultés dans le contexte territorial ;
- développer et argumenter en quoi les constats de terrain peuvent être porteurs d'amélioration grâce à l'ISAP et/ou l'ISIC proposées pour apporter des réponses à la situation du public rencontré (le sens donné au travail social) ;
- mettre en exergue l'analyse faite en termes d'exigences sur les éléments porteurs de changement, d'évolution et ceux qui restent insuffisants en termes de réponses aux problèmes posés (repérage des limites de l'intervention).

Prolongement de la réflexion de l'écrit

Il s'agit de revenir sur l'intérêt du dossier de pratiques professionnelles dans la construction de la pratique professionnelle et son analyse en lien avec le parcours :
- d'analyse et de prise de recul sur sa pratique professionnelle ;

- de capacité à s'auto-évaluer ;
- de mesurer les enjeux professionnels soit la traduction de la légitimité du travail social dans l'accompagnement des publics en situation de fragilité.

Pour cela, il est nécessaire :
- de présenter les conclusions des deux écrits ;
- d'annoncer les perspectives de travail ;
- de montrer en quoi cette prolongation apporte un nouvel éclairage dans le cadre d'une démarche professionnelle ;
- de transférer cette expérience de recherche dans le champ de l'ESF ;
- d'être capable d'identifier les résultats mais aussi les limites des écrits et des interventions.

Conclusion

Elle peut être abordée sous différents angles.

Un questionnement peut s'avérer opportun :
- En quoi l'ISAP et l'ISIC, de par leur lisibilité, leurs exigences méthodologiques, leur complémentarité, ont-elles contribué à l'enrichissement personnel et professionnel ?
- Quels sont les apports au niveau de la pratique professionnelle et de son inscription sur un socle de compétences reconnues par le référentiel ?
- Quelle continuité, quels prolongements donner à ce travail ?
- En quoi l'intervention d'un Conseiller en ESF peut-elle être porteuse de changement pour une réponse pertinente au problème posé ?
- Quelles sont les spécificités des méthodes de travail du Conseiller en ESF ?
- Peut-on inscrire cette spécificité comme une dynamique d'accompagnement des publics en difficulté ?
- Quelles complémentarités avec les autres travailleurs sociaux : travail en équipe, en réseau... ?
- Quels partenariats ?
- …

IV DC 3 : Communication professionnelle

La profession de Conseiller en ESF et la communication professionnelle

La communication est une constante très présente dans l'exercice des activités professionnelles. La profession de Conseiller en ESF nécessite d'acquérir des compétences identifiées et reconnues en matière de communication orale et écrite auprès des différents interlocuteurs. On notera ainsi différents niveaux, formes et enjeux de communication, suivant qu'elle s'adresse ou est utilisée dans l'exercice professionnel du Conseiller en ESF, à destination des populations, des collègues de travail, des supérieurs hiérarchiques, des partenaires ou des décideurs.

Le Conseiller en ESF est un intervenant social spécialisé dans les domaines de la vie quotidienne. Il facilite à travers la communication écrite et/ou orale l'expression des personnes, leur valorisation et favorise la traduction de langages.
À ce sujet, la communication se joue d'une part dans le cadre de son expertise en matière de relation d'aide, d'autre part dans le cadre de son expertise en tant que pédagogue lors de ses activités de conseil, au sens de « délibérer avec » les personnes.
L'écrit a pris une importance croissante dans les pratiques depuis l'arrivée dans le travail social des notions d'évaluation, avec en parallèle une diversification des interlocuteurs (élus, partenaires sociaux, économiques, financiers, politiques...).
La loi n° 2002-2 du 2 janvier 2002 rénovant l'action sociale et médico-sociale a impulsé une modification des pratiques en la matière : généralisation des écrits, vigilance des professionnels au niveau du contenu lié à une posture professionnelle, de secret partagé et de respect de l'usager.
La communication dans les pratiques professionnelles a évolué avec l'arrivée des nouvelles technologies. Le Conseiller en ESF, comme tout salarié, a dû s'adapter et développer des nouvelles compétences liées à leur utilisation : logiciels bureautiques (Word, Excel, Power Point...) ou spécifiques pour le suivi des personnes, tels les fichiers informatisés, mais également au cours d'animations de groupe lors des interventions sociales d'intérêt collectif (Power Point...).

1 L'acquisition des compétences en situation professionnelle

Développer et acquérir les compétences en matière de communication professionnelle au cours de l'année de formation de Conseiller en ESF nécessite de se confronter à des situations professionnelles et de les diversifier de façon réelle sur les terrains professionnels, avec le soutien pédagogique du formateur terrain, référent professionnel.

Le nombre d'heures affectées à ce domaine de formation en centre est de 40 heures. Dans le cadre du BTS en ESF, l'étudiant aura abordé 60 heures de communication écrite et orale et 30 heures de design de communication. Le terrain de stage permet une appropriation forte de ce domaine de compétences.

Il s'agira de s'initier à la communication orale et écrite, sous toutes ses formes, en variant les interlocuteurs aux différents niveaux de l'organisation institutionnelle et partenariale (membres du conseil d'administration, direction, élus, bénévoles, usagers, habitants...).

L'articulation théorie-pratique prend là toute son importance pour l'acquisition d'un savoir en situation professionnelle. Le centre de formation oriente à différents moments de la formation l'acquisition de compétences en matière de communication écrite et orale comme, par exemple, lors de l'élaboration des objectifs de stage à travers la fiche d'appréciation du stage. Au cours de la visite de stage, le formateur de centre inventorie les situations professionnelles rencontrées par l'étudiant.

Afin de favoriser une alternance de forme intégrative, l'étudiant expose, analyse, rédige des notes et/ou rapports à partir de situations concrètes vécues en stage afin de s'initier à la rédaction d'écrits diversifiés et d'expérimenter les différents niveaux de communication tant sur le versant oral que sur le versant écrit.

2 Le référentiel d'activités et de compétences

L'arrêté du 1er septembre 2009 et ses annexes relatives au diplôme d'État de Conseiller en Économie Sociale Familiale répertorient les activités, les compétences, les contenus de formation, ainsi que les modalités d'épreuve à l'examen.

Sur les quatre fonctions définies dans le référentiel d'activités, une est consacrée à la communication professionnelle.

Fonctions	Activités	Tâches
COMMUNICATION PROFESSIONNELLE, ANIMATION ET FORMATION	Conception d'informations à destination des usagers, des partenaires	Caractériser le public ciblé Déterminer et choisir le contenu des messages Élaborer un plan de communication Présenter un projet pour validation si nécessaire Choisir un support de communication Réaliser ce support Organiser une manifestation (atelier, conférence, débat, exposition, démonstration…)
	Communication d'informations	Rédiger des écrits professionnels (rapports d'activités, synthèses, exposés…) Élaborer et présenter oralement cette information
	Promotion des activités de la structure	Présenter son institution, sa place au sein des politiques sociales locales Présenter le rôle professionnel du Conseiller en ESF, les outils qu'il mobilise Maîtriser et/ou développer les outils institutionnels Représenter son institution
	Animation d'équipe[27]	Organiser et coordonner le travail de l'équipe Assurer le suivi des activités de l'équipe Organiser et animer des réunions d'informations, des réflexions Élaborer un programme de formation
	Formation (à destination des populations, des partenaires)	Recenser les besoins Identifier les objectifs pédagogiques Élaborer un contenu, des outils et supports pédagogiques Rechercher des intervenants et des personnes ressources Assurer l'organisation matérielle de la formation Mettre en œuvre, conduire la formation Évaluer et proposer s'il y a lieu des réajustements aux actions
	Transmission des connaissances et des compétences professionnelles	Accueillir des stagiaires, notamment CESF Participer à la formation sur le principe de l'alternance[28], aux jurys d'examen

Elle se décline principalement à travers les activités suivantes :

- conception d'informations à destination des usagers, des partenaires, sous différents supports ;

28. Le niveau de responsabilité est défini selon la délégation de l'employeur.
29. L'alternance constitue l'un des principes fondamentaux de la formation des travailleurs sociaux. C'est un mode d'acquisition de compétences professionnelles et d'éléments de culture professionnelle.
L'étudiant CESF confronte ses représentations du métier à la réalité concrète de celui-ci afin de valider son projet professionnel. Il est fondamental que l'enseignement proposé par les établissements de formation soit complété par un enseignement construit par le terrain de stage en site qualifiant et qu'une mise en synergie puisse optimiser les deux types d'apprentissage.
L'alternance suppose que le lieu de stage soit un lieu qualifiant d'acquisition de compétences relatives au métier de CESF.

- communication d'informations dans le cadre de la rédaction d'écrits professionnels (rapports, synthèse, notes…) ;
- animation d'équipe ;
- formation (à destination des populations, des partenaires).

Cette fonction de communication fait appel à un ensemble de compétences s'exerçant dans le cadre d'une relation professionnelle inscrite dans une démarche éthique et déontologique.

Domaine de compétences	Compétences	Indicateurs de compétences
DC3 Communication professionnelle	C3.1 Élaborer une communication à visée stratégique à destination de différents publics, des professionnels, des partenaires, de son institution	Sélection des contenus (précision, actualisation, exactitude) Choix pertinent du mode de communication et de transmission auprès des interlocuteurs (usagers, habitants, hiérarchie, élus) Élaboration de supports adaptés Utilisation de technologies de l'information adaptée Traitement et gestion de l'information (mise en forme des éléments essentiels, sous forme de synthèse, note de service, courrier, compte rendu, rapport d'activité…)
	C3.2 Transmettre des informations auprès de différents publics, des professionnels et des partenaires, auprès de son institution	Transmission d'informations exactes, actualisées, objectives, dans le respect des règles éthiques professionnelles Transmission des éléments favorisant la prise de décision Qualité de l'expression, dynamisme de la présentation Présentation des éléments de promotion de l'institution et du rôle professionnel du Conseiller en ESF Présentation adaptée aux publics Qualité d'animation de réunion de travail Aptitude à réguler l'activité d'un groupe
	C3.3 Établir une relation professionnelle dans un cadre éthique et déontologique (avec la personne aidée, les collègues, les partenaires, les élus)	Qualité de l'écoute, de la compréhension de la situation Coopération, confrontation avec d'autres professionnels, d'autres institutions Adaptation du message aux objectifs à atteindre, à la diversité des publics (usagers, habitants, hiérarchie, élus…)
	C3.4 Transférer les connaissances professionnelles et les compétences du CESF	Conceptualisation des pratiques professionnelles Auto-évaluation Mise en œuvre effective de la fonction de référent de site qualifiant et/ou de formateur sur site qualifiant Transmission des valeurs, connaissances, méthodes professionnelles et mise en pratique de celles-ci

3 Le référentiel de formation

Les 40 heures affectées à ce domaine de compétences couvrent des formes de communication stratégique liées à l'écrit et à l'oral. Ainsi, le référentiel de formation précise que sont abordés :

- **Les supports de communication** : création, adaptation et utilisation.
- **La communication stratégique** :
  - les écrits professionnels : rapport, lettre, note de synthèse... ;
  - la communication orale : entretien, interventions collectives, communication institutionnelle, animation de réunions.

Les contenus de formation

Pendant l'année de préparation au diplôme d'État, les contenus sont centrés sur l'exercice professionnel futur du Conseiller en ESF en matière d'écrit et d'oral.

La communication écrite

En tant que Conseiller en ESF, il est attendu, au-delà des règles de base de l'orthographe, de la grammaire et syntaxiques, l'utilisation d'un vocabulaire professionnel et technique en lien avec l'exercice dans le travail social, l'Économie Sociale Familiale, et adapté au destinataire.

Deux types d'enseignements seront développés en lien avec :

- les différents types d'écrits et les principes de rédaction de chacun d'eux ;
- la préparation aux épreuves du diplôme.

Les points suivants peuvent être abordés :

- Les écrits professionnels :
  - les écrits quotidiens (lettre, cahier de liaison...) ;
  - les écrits sur les situations (dossier social, rapport social...) ;
  - les écrits d'activités (compte rendu de réunion, d'entretien, rapport d'activité, élaboration de projet, demande de financement, demande d'aides financières, l'étude du territoire ou de milieu...) ;
  - les écrits de réflexion sur la pratique (écrits thématiques et/ou méthodologiques...).
- Les stratégies de communication :
  - le fond et la forme ;
  - l'importance de l'interlocuteur.
- Les principes de l'éthique de communication :
  - la légitimité institutionnelle ;
  - la légitimité professionnelle.
- La place de la personne.
- Le secret professionnel et la discrétion professionnelle.
- La rédaction d'un écrit :
  - la présentation du document ;

  - le contenu ;
  - le vocabulaire ;
  - la structuration.

- L'exploitation des sources d'information :
  - la diversité des documents proposés ou à rechercher et les situations supports ;
  - la méthodologie d'exploitation des données.

- La gestion du temps dans le cadre de l'épreuve, soit quatre heures : l'organisation et la planification du temps.

La communication orale

Sont abordés au cours de la formation :
- l'entretien ;
- les interventions collectives ;
- la communication institutionnelle ;
- l'animation de réunions.

Le Conseiller en ESF peut participer à différents types de réunions, institutionnelles, d'information, de réflexion sur des projets ou thématiques, d'aide à la décision.
Dans le cadre de ces réunions, il peut être amené à transmettre une information, argumenter une situation, exposer une expérience, réfléchir sur ses pratiques.

Cela nécessite de savoir :
- se positionner dans une équipe, au sein d'un partenariat, dans des relations hiérarchiques ;
- s'exprimer clairement ;
- argumenter ses propos ;
- être convaincant (l'étudiant aura présenté une intervention collective d'animation et de formation en BTS en ESF et aura acquis une expérience en animation de groupe).

4 Le référentiel de certification

L'épreuve s'intitule « Élaboration d'une communication professionnelle à l'attention d'un destinataire ciblé » et elle valide le domaine de compétences « Communication professionnelle ».
Elle vérifie la capacité du candidat à communiquer par écrit de manière adaptée à l'attention d'un destinataire ciblé (partenaires, élus, professionnels, bénévoles, habitants...), dans un cadre éthique et déontologique.

Cet écrit est élaboré à partir d'un dossier présentant une situation professionnelle. Le dossier est composé de vingt pages au maximum et peut comporter des textes réglementaires, des articles de presse, des extraits de rapport...

L'écrit pourra prendre la forme d'une note de synthèse ou d'information ou d'aide à la décision ou d'un rapport.
Cette épreuve est évaluée en cours de formation pour les étudiants en formation initiale ou formation continue dans un établissement public ou privé ayant satisfait à l'obligation

de déclaration préalable mentionnée à l'article L.451-1 du Code de l'action sociale et des familles.
Pour les étudiants en formation au CNED, l'épreuve se déroule sous la forme d'une évaluation terminale, sous forme ponctuelle, à l'issue de la formation.
Pour les étudiants issus d'autres formations sociales, il est établi un tableau de dispenses.

Deux formes de l'évaluation coexistent :

- **Une forme ponctuelle**

C'est une preuve écrite, d'une durée de 4 heures.
La commission d'examen est composée d'un professeur formateur et d'un professionnel non impliqués dans la formation du candidat.

- **Une évaluation en cours de formation**

C'est une épreuve écrite, la situation d'évaluation a une durée maximale de 4 heures.
L'évaluation en cours de formation comporte une situation d'évaluation construite par les formateurs et professeurs responsables du DC. Elle est organisée au sein de chaque centre de formation et évaluée par les professeurs responsables des enseignements et d'un professionnel dans la mesure de ses disponibilités.
Dans les établissements sous tutelle, du ministère chargé de l'Enseignement supérieur, le corps d'inspection veille au bon déroulement de l'évaluation en cours de formation.

a. Les modalités de l'épreuve de l'examen

La validation de ce domaine de compétences s'appuie sur une seule épreuve comparativement aux autres professions du social, et exclusivement sur le contenu de formation en lien avec les écrits professionnels. La communication orale est absente de cette validation. Toutefois, une seule note valide ce domaine de compétences.

Le texte réglementaire propose le choix entre quatre types de documents, sans définir les particularités possibles entre note de synthèse, note d'information, note d'aide à la décision, et rapport. Ces documents ont tous la même finalité, celle de transmettre un message à un destinataire à partir d'un dossier constitué d'éléments généraux, tels des lois, des décrets, des arrêtés, ou une situation particulière. Il convient de porter une attention spéciale au destinataire de l'écrit.

La frontière entre ces différents types d'écrits demeure souvent peu lisible.
Une confusion peut être faite au regard de la littérature dans ce domaine, entre la note de synthèse, la note d'information et la note administrative.

À ce sujet, « la note administrative se rapproche formellement de la note de synthèse avec un sujet, une liste de documents et un dossier. Mais elle s'en éloigne dans la mesure où elle correspond à une commande, avec une mise en situation… elle peut déboucher sur un plan d'action et même sur une ou des proposition(s) ». [30]

Ces différentes épreuves sont toutes effectuées à partir d'un ensemble de documents. Une démarche de synthèse est nécessaire pour chacune d'elles également.

---

30. Gévart Pierre, Castex Gérard, *La Note : la note de synthèse, la note administrative, la note avec propositions, catégories A et B*, La Documentation française, 2010.

b. Présentation de quatre types d'écrits

La note de synthèse

Il s'agit pour une note de synthèse de repérer à travers les annexes les éléments pertinents et de les restituer selon une cohérence d'ensemble, une lisibilité pour le lecteur. Une neutralité est à respecter par le rédacteur de la note. En aucune façon, il ne peut apporter des idées extérieures au texte. La note de synthèse s'élabore souvent à partir de textes de lois, de données générales.

Exemple : *Vous êtes Conseiller en ESF dans une structure associative qui a pour mission principale l'accompagnement social lié au logement. Vos missions sont l'accès au logement et le maintien dans le logement des personnes en difficulté. Votre chef de service organise une réunion partenariale et vous demande de rédiger une note de synthèse sur la loi DALO (droit au logement opposable).*

La note d'information

La note d'information relève du même procédé, mais s'appuie davantage sur des situations professionnelles particulières, des situations parfois imprévues. La note d'information sera plus synthétique que la note de synthèse du fait de la sélection plus orientée des informations. Il s'agit de donner des informations suite à une nouveauté, des imprévus.

Exemple 1 : *Vous êtes Conseiller en ESF au sein d'un centre communal d'action sociale. Le maire vous demande de rédiger une note d'information destinée à informer le personnel des nouvelles modalités d'organisation liées à la mise en place du revenu de solidarité active.*

Exemple 2 : *Vous êtes Conseiller en ESF dans une structure d'hébergement pour adolescents. L'enfant Z, âgé de 13 ans et pris en charge par l'aide sociale à l'enfance, n'est pas rentré au centre depuis la veille. Vous devez informer le juge pour enfants de cet état de fait. Votre chef de service vous délègue ce travail puisque vous êtes le référent principal de ce jeune que vous accompagnez depuis 6 mois.*

La note d'aide à la décision

Pour la note d'aide à la décision, le rédacteur procède à une synthèse moins exhaustive que pour la note de synthèse et d'information, en sélectionnant **les informations utiles à la prise de décision**. Le rédacteur s'implique donc dans l'évaluation de la situation et peut être amené à faire des préconisations en l'argumentant. La note d'aide à la décision est corrélée à une situation professionnelle particulière, ou mission particulière, ou orientation d'un service… Il s'agit d'un travail d'expertise fait pour aider à une prise de décision.

Exemple : *Vous êtes Conseiller en ESF dans un centre communal d'action sociale. En vue d'une prise de décision au prochain conseil d'administration sur la création d'une épicerie sociale dans la commune de X, visant à réduire les différentes formes d'exclusion et à offrir aux plus démunis de nouveaux outils d'insertion, votre président vous demande de lui rédiger une note expliquant de manière exhaustive le dispositif et son cadre légal. Dans cette note, vous pointerez les intérêts pour les usagers et les modalités d'organisation qu'il faudra mettre en œuvre pour le CCAS.*

Le rapport

Le rapport est utilisé pour rendre compte (et/ou évaluer) de son activité professionnelle, d'une situation, obtenir un financement.
Plusieurs types de rapports peuvent être demandés au professionnel Conseiller en ESF :

- un rapport de situation concernant M. X, le Conseiller en ESF étant le référent principal ;
- un rapport d'activité sur une année d'exercice professionnel du Conseiller en ESF ;
- un rapport sur une activité donnée, une manifestation ponctuelle ;
- un rapport sur un phénomène social observé sur un quartier ; en raison de son positionnement d'intervenant social, le Conseiller en ESF est considéré comme un observateur privilégié.

Quel que soit le type de rapport, il s'agit de procéder à une synthèse du même ordre que pour la note d'aide à la décision, dans le sens où le rédacteur sélectionne les informations qu'il doit faire ressortir, dans le respect de sa mission ou du mandat qui lui est confié, avec le souci de l'éthique professionnelle. C'est à partir de sa propre évaluation sur une situation professionnelle précise qu'il structurera son rapport. Son expertise en tant qu'évaluateur est sollicitée, d'où un positionnement professionnel plus impliqué.
Dans un rapport, des préconisations peuvent être faites.

Exemple 1 : *Vous êtes Conseiller en ESF dans une association tutélaire ; en perspective d'une commission interpartenariale avec le centre hospitalier spécialisé et le centre départemental d'action sociale, vous devez rédiger, en tant que mandataire judiciaire, référent principal de cette personne, un rapport social sur la situation de Madame Y.*

Exemple 2 : *Vous êtes Conseiller en ESF dans un centre social d'une ville moyenne sur un territoire qui bénéficie d'un contrat urbain de cohésion sociale. Le directeur du centre social anime une rencontre avec les élus, les habitants, les partenaires sur l'évaluation de ce dispositif mis en œuvre depuis quelques années. En tant qu'expert dans les domaines de la vie quotidienne, particulièrement sur le logement et le budget, il vous demande de faire le point sur l'évolution de vos activités dans ces deux domaines et de faire des propositions d'axes d'interventions pour les trois années à venir.*

Les objectifs de ces quatre types d'écrits diffèrent toutefois. Ainsi va correspondre une stratégie spécifique de communication en fonction de la consigne à respecter.
Le Conseiller en ESF regroupera dans une note de synthèse l'ensemble des données pertinentes, au vu de la commande, comprises dans les textes, ou pointera certains éléments essentiels à la prise de décision pour une note d'aide à la décision, voire pourra procéder à des préconisations en fonction de la commande. Le degré d'implication du rédacteur est alors plus ou moins important.

Le tableau ci-après tente de synthétiser les différences entre ces quatre modalités d'épreuve.

DC3	Note de synthèse	Note d'information	Note d'aide à la décision	Rapport
Objectif	Rendre compte de façon objective des idées pertinentes	Transmettre une information concise	Sélectionner l'information essentielle et utile en vue d'une décision	Réaliser une évaluation, à partir d'une situation ou d'une activité professionnelle, pour éclairer une prise de décision
Situation professionnelle à la base de la demande	Champs thématiques généraux (enjeux, limites d'une réglementation…)	Champs thématiques professionnels particuliers, imprévus, un événement. Peut concerner un usager ou une activité professionnelle	Contextualisation/ Situation professionnelle existante ou éventuelle. Peut concerner un usager ou une activité professionnelle	Contextualisation/ Situation professionnelle vécue. Peut concerner un usager ou une activité professionnelle
Principes en jeu	Recomposition sur la forme	Recomposition sur la forme	Recomposition sur le fond et la forme	Recomposition sur la forme et le fond
	Sélection des informations à partir de textes, articles	Sélection ciblée des informations à partir de textes, articles, situations sur un objet restreint	Sélection des informations à partir de textes, articles, connaissances, expériences du Conseiller en ESF, ou faits	Sélection des informations à partir de textes, articles, connaissances, expériences du Conseiller en ESF
	Hiérarchisation des idées	Hiérarchisation des idées	Hiérarchisation des idées	Hiérarchisation des idées
	Neutralité du rédacteur	Neutralité du rédacteur	Mobilisation de l'expertise du Conseiller en ESF/ positionnement	Mobilisation de l'expertise du Conseiller en ESF/ positionnement
			Analyse /diagnostic	Analyse /diagnostic/évaluation
			Argumentation/justification des idées	Argumentation possible
			Dégager des orientations/ enjeux	Dégager des orientations/ enjeux
			Préconisations	Il peut y avoir des préconisations

Quelques conseils méthodologiques pour rédiger une note ou un rapport

L'étude du sujet (30 minutes)

Cette phase est primordiale car elle permet de situer le contexte, le sujet mais, surtout, l'objet de la commande et le type d'écrit demandé. S'agit-il d'une note de synthèse, d'information, d'aide à la décision ou d'un rapport ? Repérer les attendus du jury à travers la commande permet d'éclaircir le positionnement que doit avoir le futur Conseiller en ESF dans l'exercice qui lui est demandé. Doit-il garder une neutralité dans ses propos (note de synthèse et d'information), ou doit-il s'impliquer jusqu'à faire des propositions, des perspectives d'action (note d'aide à la décision ou rapport) ? La relecture du sujet peut également se poursuivre tout au long de l'épreuve de 4 heures afin d'éviter toutes les tentatives de débordement du candidat, tout contresens.

S'arrêter un temps suffisant pour cette étape n'est pas du temps perdu et permet de se poser un certain nombre de questions : qui ? Où ? Quand ? Comment ? Pourquoi ? À qui ? Avec quels effets ?

L'étude du dossier (1 heure 30)

Il s'agira, dans un premier temps, de prendre connaissance de la liste des documents (environ 20 pages), des types d'articles, des auteurs, de la situation dans le temps, puis dans un second temps, de leur contenu.

La consultation de la liste des documents est source d'informations non négligeables. Le candidat devra tenter de décrypter leurs complémentarités, les messages principaux au regard des titres proposés.

Différents types de sources peuvent être proposés : des textes de lois, des décrets, des arrêtés, des extraits de rapport, des diagnostics territoriaux, des articles de presse ou des revues spécialisées… Ces documents peuvent être des écrits entièrement rédigés, des graphiques, ou des tableaux… Il convient de s'entraîner au cours de l'année à une technique de lecture rapide et de prise de notes.

Le candidat évitera de procéder d'emblée à la lecture approfondie des documents. Une lecture en survol dans un premier temps peut permettre de les hiérarchiser les uns par rapport aux autres. En effet, il peut y avoir des textes centraux, souvent appelés « documents pivots », qui reprennent l'ensemble des données essentielles à la rédaction de la note, et des « documents annexes », qui peuvent approfondir certains aspects uniquement. La lecture « en survol » à travers les documents proposés se fonde sur les techniques de lecture rapide, il s'agit de surfer sur les textes, de s'arrêter sur les titres, les sous-titres, les mots clés, pour en décrypter les messages principaux.

La lecture approfondie ne vient qu'en complément de ce premier travail de décodage. Elle favorise la sélection des éléments d'informations essentielles à la rédaction de la note ou du rapport.

Le candidat peut utiliser le « surlignage » de façon rigoureuse et méthodique (couleurs différentes). L'objectif est de distinguer les idées principales des idées secondaires et d'évincer les détails.

L'élaboration d'un plan (30 minutes)

Suite à la lecture et l'exploitation des documents, l'étudiant élabore un plan en fonction de la consigne incluse dans l'énoncé du sujet. Le plan sert à la démonstration, permet de répondre de façon claire et pertinente à l'ensemble du problème posé dans une dynamique et une progression logique. Il peut être de type descriptif, thématique… mais devra comporter une introduction, deux grandes parties (rarement trois), à l'intérieur de chaque partie deux ou trois sous-parties, des transitions et des chapeaux introductifs, éventuellement une conclusion succincte.

La rédaction et la relecture définitive (1 heure 30)

La rédaction de la note ou du rapport se rapproche du principe de la dissertation, en faisant apparaître le plan du développement.
Une introduction posera le contexte, annoncera la problématique et le plan.
Le développement fera apparaître ses spécificités selon le type de commande.
La conclusion courte terminera cet exercice. Le candidat procédera à une lecture de son écrit afin de veiller à l'adéquation entre la commande et l'écrit réalisé et corrigera les éventuelles fautes d'orthographe et de syntaxe.
La rédaction sera soit manuscrite, soit réalisée avec l'outil informatique. Les centres de formation proposeront l'une ou l'autre des possibilités, selon les directives données par le corps d'inspection de l'académie dont ils relèvent, selon leurs propres équipements et les entraînements dont ont bénéficié ou non les futurs candidats.

Sujet de l'épreuve DC3, session 2010

Élaboration d'une communication professionnelle à l'attention d'un destinataire cible

Durée : 4 heures

Matériel autorisé : aucun
La calculatrice est donc interdite

Vous êtes Conseiller en Économie Sociale Familiale, responsable de secteur à la Fédération d'Aide à Domicile en Milieu Rural (ADMR) du département rural de X. L'ADMR dispose d'une vingtaine de Techniciennes de l'Intervention Sociale et Familiale (TISF) intervenant au domicile des familles essentiellement dans le cadre de l'Aide Sociale à l'Enfance (ASE).
Votre travail vous amène également à faire des visites à domicile, afin de réaliser des diagnostics sociaux et une évaluation finale des situations familiales, avec obligation le cas échéant, de faire un signalement.

Vous organisez une réunion pour les TISF du secteur sur le sujet de la réforme de la protection de l'enfance et de sa mise en œuvre sur le terrain. À l'occasion de cette réunion, vous leur distribuerez une note d'information sur ce thème.

Rédigez, à partir des annexes, ce document.

Annexes :

1. *Actualités Sociales Hebdomadaires*
Extraits des numéros 2502 du 06/04/207 et 2505 du 27/04/2007, **Loi réformant la protection de l'enfance** (loi n° 2007-293 du 5 mars 2007, *JO* du 6/03/07).

2. *Actualités Sociales Hebdomadaires*
Extrait du numéro 2506 du 04/05/2007, **Loi relative à la prévention de la délinquance** (loi n° 2007-297 du 5 mars 2007 et décision du Conseil constitutionnel n° 2007-53 du 3 mars 2007, *JO* du 7/03/07).

3. Extrait du Rapport remis à Madame la Ministre déléguée à la famille, à l'enfance et aux personnes handicapées – par Claude ROMEO, Directeur de l'enfance et de la famille de la Seine-Saint-Denis – « **L'évolution des relations parents-enfants-professionnels dans le cadre de la protection de l'enfance** » (octobre 2001).

4. Extrait de « **Maltraitance et bientraitance** », *Nouveau dictionnaire critique d'action sociale*, sous la direction de Barreyre J.-Y. et Bouq**uet B., 2006.**

5. Extrait de « Danger » et « Maltraitances à enfant »
Derville G., Rabin-Costy G, *Maxi fiches-la protection de l'enfance*, 2009.

6. Extrait de « **La Convention internationale des droits de l'enfant** »
Derville G., Rabin-Costy G., *Maxi fiches-la protection de l'enfance*, 2009

Annexe 1 : *Actualités sociales hebdomadaires*

Actualités Sociales Hebdomadaires – Numéro 2502 du 06/04/2007 et 2505 du 27/04/2007.

La loi réformant la Protection de l'enfance (Loi n° 2007-293 du 5 mars 2007, J.O. du 06/03/2007).

« Mettre fin dans notre pays, aux situations encore si nombreuses où tant d'enfants souffrent en secret, en silence pendant des années sans que personne s'en aperçoive et leur vienne en aide. », tel est, selon Philippe Bas, alors ministre délégué à la famille, l'objectif central de la loi réformant la protection de l'enfance du 5 mars 2007 (J.O. n° 16 du 13/02/2007, page 1352). Élaboré à partir de nombreux rapports préparatoires, ce texte a fait l'objet d'une concertation approfondie avec les professionnels du secteur et d'un large consensus et affiche trois grandes ambitions : améliorer la prévention, rationaliser la procédure de signalement et développer les modes de prise en charge des enfants tout en diversifiant les types d'intervention sociale. Cette réforme était jugée nécessaire et urgente, au regard notamment de l'augmentation du nombre de signalements d'enfants en danger. En 2005, selon l'Observatoire national de l'action sociale décentralisée (ODAS), les conseils généraux ont signalé 97 000 enfants en danger – près de 7 mineurs sur 1 000 –, soit une hausse de 2 % par rapport à 2004. L'augmentation atteint 15 % en 5 ans.

1) La clarification des missions des intervenants au service de la prévention

A) La mission de la protection de l'enfance (art. 1 de la loi)

« Aujourd'hui la politique de protection de l'enfance fait intervenir un grand nombre d'acteurs auprès des familles en difficulté, ce qui la rend difficilement lisible tant pour les professionnels chargés de la mettre en œuvre que pour les familles qui en sont bénéficiaires… L'article 1er de la loi a donc pour objet de clarifier les objectifs de la protection de l'enfance pour l'ensemble des acteurs et de donner à ces derniers un cadre d'action commun et cohérent.

*** La notion de protection de l'enfance définie par le législateur**

La notion de protection de l'enfance acquiert un fondement législatif. Le nouvel article L.112-3 du code de l'action sociale et des familles (CASF) l'affirme désormais : la protection de l'enfance a pour but de prévenir les difficultés auxquelles les parents peuvent être confrontés dans l'exercice de leurs responsabilités éducatives, d'accompagner les familles et d'assurer, le cas échéant, selon les modalités adaptées à leurs besoins, une prise en charge partielle ou totale des mineurs. Elle comporte à cet effet, un ensemble d'interventions en faveur de ces derniers et de leurs parents. Cette définition « donne ainsi à la politique de protection de l'enfance une triple dimension de prévention des difficultés familiales, d'accompagnement des familles et de prise en charge des enfants, lorsqu'ils doivent être soustraits à leur milieu familial, à temps complet ou partiel. » (Rap. Sén., n° 393, juin 2006, Lardeux, page 39). Les interventions de la protection de l'enfance peuvent également être destinées à des majeurs de moins de 21 ans connaissant des difficultés susceptibles de compromettre gravement leur équilibre, précise la loi.

*** La définition de l'intérêt de l'enfant**
Autre notion consacrée par la voie législative, celle de l'intérêt de l'enfant. Il est défini comme « la prise en compte de ses besoins fondamentaux, physiques, intellectuels, sociaux et affectifs, ainsi que le respect de ses droits. » L'intérêt de l enfant ainsi défini doit guider toute décision le concernant (CASF, art. L. 112-4 nouveau). L'introduction de ce principe tiré de la Convention internationale des droits de l'enfant du 20 novembre 1989, ratifiée par la France en 1990, a fait l'objet d'un long débat devant l'Assemblée nationale. Fallait-il ou non définir dans la loi les besoins de l'enfant ?
L'harmonisation de la notion d'intérêt de l'enfant est rendue nécessaire par les interprétations différentes qui ont pu être faites de « l'intérêt supérieur de l'enfant », a expliqué la députée (UMP) Henriette Martinez. Il s'agit de la notion introduite à l'article 375-1 du code civil par la loi du 2 janvier 2004 relative à l'accueil et à la protection de l'enfance et selon laquelle toute décision du juge des enfants se prononçant en matière d'assistance éducative doit être prise « en stricte considération de l'intérêt de l'enfant ». Selon la députée, cet intérêt « reste, même s'il est mentionné dans la loi, une notion extrêmement subjective et sujette à interprétation. ». Et d'ajouter : « il ne suffit pas de dire que l'intérêt de l'enfant est supérieur : il faut préciser en quoi il consiste et ce dont un enfant a besoin pour se développer sur le plan physique, affectif, intellectuel et social. Il reviendra ensuite aux travailleurs sociaux et aux juges d'apprécier la situation de l'enfant en fonction de ces 4 notions. » (J.O.A.N. [C.R] n° 1 du 10/01/2007, page 76).

B) Les missions de la PMI (art. 1)

*** L'élargissement des missions de la PMI**

a) Des missions d'accompagnement de la future mère
La PMI est chargée de mettre en œuvre des actions d'accompagnement si celles-ci apparaissent nécessaires lors d'un entretien systématique réalisé au cours du 4e mois de grossesse.

b) Un suivi post-natal à la maternité, à domicile et lors de consultations pour les parents
Les services de la PMI sont également chargés d'assurer des actions Médico-sociales préventives ou de suivi à la demande ou avec l'accord des intéressés et en liaison avec le Médecin traitant ou les services hospitaliers, pour les parents en période post natale, à la maternité, à domicile, notamment dans les jours qui suivent le retour à domicile...

c) Un dépistage des troubles de l'enfant
La loi prévoit que les services de la PMI contribuent également, à l'occasion des consultations et des actions de prévention médico-sociale, aux actions de prévention et de dépistage des troubles d'ordre psychique, psychologique, sensoriel, et de l'apprentissage. Ils orientent l'enfant, le cas échéant, vers les professionnels de santé et les structures spécialisées.

d) Un bilan de santé pour les enfants de 3 à 4 ans
Aux consultations et actions de prévention médico-sociales en faveur des enfants de moins de 6 ans s'ajoute l'obligation pour les services de la PMI de procéder à

l'établissement d'un bilan de santé pour les enfants âgés de 3 à 4 ans, notamment en école maternelle (CSP, art. L. 2112-2, 2e modifié). Ce bilan vise, selon la rapporteure, à « diagnostiquer plus facilement l'ensemble des troubles du développement qui ont des conséquences directes sur les acquisitions scolaires et la socialisation de l'enfant (troubles du langage, de l'audition...)...

C) Le renforcement du rôle de la médecine scolaire (art. 1)

... les parlementaires ont prévu des visites médicales obligatoires supplémentaires à 9, 12 et 15 ans...

« L'objet n'est pas seulement de faire le point sur l'état de santé de l'enfant, mais aussi de dresser un bilan de son développement psychomoteur et de son équilibre psychologique » a expliqué Valérie Pécresse... En outre, le renforcement du suivi sanitaire des enfants permettra « de détecter le plus précocement les souffrances psychiques ou des comportements à risque comme, par exemple, la toxicomanie ou l'anorexie ».

*** L'ajustement de la définition des missions de l'ASE**

Les missions de l'aide sociale à l'enfance énoncées à l'article L. 221-1 du code de l'action sociale et des familles font l'objet d'une redéfinition orientée vers la prévention. La loi prévoit que désormais les services de l'ASE sont chargés d'apporter un soutien matériel, éducatif et psychologique aux mineurs et à leur famille (ou à tout autre détenteur de l'autorité parentale), lorsqu'ils sont confrontés à des difficultés risquant de mettre en danger la santé, la sécurité, la moralité de ces mineurs ou de compromettre gravement leur éducation ou leur développement physique, affectif, intellectuel et social. Les services de l'ASE apporteront par ailleurs leur soutien aux mineurs émancipés et aux majeurs de moins de 21 ans lorsque ceux-ci sont confrontés à des difficultés familiales, sociales et éducatives susceptibles de compromettre gravement leur équilibre.

La loi élargit le champ d'action de l'ASE. Ainsi, les actions de prévention et de protection que l'ASE mène à l'occasion de l'ensemble de ses interventions concernent désormais les situations de danger et non plus seulement les situations de « maltraitance » (voir encadré plus loin).

*** L'établissement d'un rapport annuel sur la situation de l'enfant**

Afin d'améliorer la qualité du suivi des enfants confiés au service de l'aide sociale à l'enfance, la loi prévoit que l'ASE établit annuellement un rapport portant non pas, comme le prévoyait initialement le projet de loi, sur la situation des enfants bénéficiant d'une ou de plusieurs prestations d'aide sociale à l'enfance, mais sur la situation des enfants accueillis (CASF, art. L. 223-5 modifié). Ainsi le service est chargé d'élaborer au moins une fois par an, après une évaluation pluridisciplinaire, un rapport sur la situation de tout enfant accueilli ou faisant l'objet d'une mesure éducative.

[...]

D) Le rôle du président du conseil général (art. 18, 1)

« Confier un rôle de chef de file au département en matière de protection de l'enfance suppose que celui-ci soit en mesure d'avoir une vision globale de la situation des enfants en danger relevant de son ressort territorial. » (Rap. Sén., n° 393, juin 2006,

Lardeux, page 63). À cet effet, la loi attribue au président du conseil général un rôle de coordination visant à améliorer la continuité du suivi des enfants lorsqu'une mesure est prise par l'autorité judiciaire.

II) Le recueil et le traitement des informations préoccupantes

A) Une cellule de recueil et de traitement des informations préoccupantes (art. 12 et 13)

Avec le concours du représentant de l'État et de l'autorité judiciaire, le président du conseil général est chargé du recueil, du traitement et de l'évaluation, à tout moment et quelle qu'en soit l'origine, des informations préoccupantes relatives aux mineurs en danger ou qui risquent de l'être (CASF, art. L. 226-3 modifié). Afin d'assurer l'efficacité opérationnelle de ce dispositif, des protocoles doivent être établis entre le président du conseil général, le représentant de l'État dans le département, les partenaires institutionnels concernés et l'autorité judiciaire en vue de centraliser le recueil des informations préoccupantes au sein d'une cellule de recueil, de traitement et d'évaluation de ces informations.

B) La création d'un observatoire départemental de la protection de l'enfance (art. 16)

La loi crée, dans chaque département, un observatoire départemental de la protection de l'enfant placé sous l'autorité du président du conseil général (CASF, art. L. 226-3-1 nouveau). Selon l'exposé des motifs de la loi « cet observatoire travaille en liaison avec l'Observatoire national de l'enfance en danger » créé par la loi du 2 janvier 2004 et dont une des missions consiste à recueillir, évaluer et diffuser les données chiffrées…

C) L'instauration d'un secret professionnel partagé (art. 15)

En instaurant un partage d'informations entre des personnes qui sont chacune soumises au secret professionnel en vue d'assurer la protection d'un enfant, l'article 15 de la loi donne une base légale « à la notion de "secret partagé" [qui était] en gestation depuis plusieurs années » (Rap. A.N. n° 3256, juillet 2006, page 85). Une mesure à rapprocher du partage d'informations à caractère secret instauré par la loi relative à la prévention de la délinquance du 5 mars 2007 lorsque plusieurs professionnels de l'action sociale interviennent auprès d'une même personne ou d'une même famille.

Par exception à l'article 226-13 du code pénal, qui punit les atteintes au secret professionnel, les personnes soumises au secret professionnel qui mettent en œuvre la politique de protection de l'enfance définie par l'article 1er de la loi, ou qui lui apportent son concours, sont autorisées à partager entre elles des informations à caractère secret afin d'évaluer une situation individuelle, de déterminer ou de mettre en œuvre les actions de protection et d'aide dont les mineurs et leur famille peuvent bénéficier.

Le partage des informations relatives à une situation individuelle est strictement limité à ce qui est nécessaire à l'accomplissement de la mission de protection de l'enfance. Le père, la mère, toute autre personne exerçant l'autorité parentale, le tuteur, l'enfant en fonction de son âge et de sa maturité sont préalablement informés, selon des modalités adaptées, sauf si cette information est contraire à l'intérêt de l'enfant (CASF, art. L. 226-2-2 nouveau).

Au cours des débats parlementaires, les risques potentiels que ce partage d'informations entre des personnes soumises au secret professionnel peut susciter ont été évoqués.

III) Les modalités du signalement

Les modalités du signalement sont réorganisées en vue de donner la primauté à l'intervention sociale sur l'intervention judiciaire. Cette amélioration de la coordination entre les deux volets de la protection de l'enfance passe également par une meilleure transmission des informations, notamment entre le juge et le président du conseil général.

A) Le signalement à la justice

*** Le signalement effectué par le président du conseil général (art. 12, 3° et 14, 2°)**

Les règles de signalement de mineurs à l'autorité judiciaire par le président du conseil général sont modifiées dans l'objectif de réduire les cas de recours à la justice devenus, selon le législateur, trop fréquents et systématiques. Indispensable lorsque la famille s'oppose aux mesures de prise en charge par l'ASE, ils occasionnent cependant des délais de prise en charge rallongés, ce qui nuit à la protection de l'enfant. La subsidiarité de la protection judiciaire par rapport à l'intervention sociale est donc réaffirmée.

L'article L. 226-4 du code de l'action sociale et des familles, dans sa version antérieure à la loi, prévoyait que « lorsqu'un mineur est victime de mauvais traitements ou lorsqu'il est présumé l'être, et qu'il est impossible d'évaluer la situation ou que la famille refuse manifestement d'accepter l'intervention du service d'aide sociale à l'enfance, le président du conseil général avise sans délai l'autorité judiciaire ». Désormais les cas de saisine de la justice par le président du conseil général obéissent à de nouvelles règles qui diffèrent selon que l'enfant est en danger ou présumé être en danger.

*** L'enfant est en situation de danger**

Lorsqu'un mineur est en danger au sens de l'article 375 du code civil (voir encadré plus loin), le président du conseil général doit aviser sans délai le procureur de la République si :

– L'enfant a déjà fait l'objet d'une ou du plusieurs mesures d'aide à domicile, d'accueil de jour ou d'accueil ponctuel qui n'ont pas permis de remédier à la situation.

– L'enfant n'a jamais fait l'objet de l'une de ces mesures mais celles-ci ne peuvent être mises en place en raison du refus de la famille d'accepter l'intervention du service de l'aide sociale à l'enfance ou de l'impossibilité dans laquelle elle se trouve de collaborer avec ce service.

*** L'enfant est présumé être en situation de danger**

Lorsqu'un mineur est présumé être en situation de danger au sens de l'article 375 du code civil, le président du conseil général ne doit aviser, sans délai, le procureur de la République que s'il est impossible d'évaluer cette situation. Il fait connaître au procureur les actions déjà menées, le cas échéant, auprès du mineur et de sa famille. Le procureur informe dans les meilleurs délais le président du conseil général des suites qui ont été données à sa saisine.

Lorsque le ministère public a été saisi par le président du conseil général, la loi lui impose de vérifier que la situation du mineur entre bien dans le champ d'application du nouvel article L. 226-4 du code de l'action sociale et des familles (C. civ., art. 375, al. 1 modifié).

*** L'information du président du conseil général dans les autres cas de signalement (art. 12, 3°)**

Toute personne travaillant au sein des services publics ou des établissements publics et privés susceptibles de connaître des situations de mineurs en danger qui avise directement, du fait de la gravité de la situation, le procureur de la République d'un mineur en danger doit adresser une copie de cette transmission au président du conseil général (CASF, art. L. 226-4, II modifié).

Lorsque le procureur a été avisé par une autre personne, il transmet au président du conseil général les informations qui sont nécessaires à l'accomplissement de sa mission de protection de l'enfance. Il informe la personne qui l'a avisé des suites données au signalement (CASF, art. L. 226-4, II modifié).

Ces mesures permettent de porter à la connaissance du président du conseil général des signalements qui, classés sans suite par le juge, ne lui parvenaient pas systématiquement. Dès lors, le président du conseil général, en possession d'une information exhaustive sur les signalements d'enfant en danger, peut conduire sa politique de protection de l'enfance en disposant de tous les éléments d'appréciation. En effet, « si une intervention n'est pas fondée, cela n'exclut pas qu'une intervention sociale ne soit pas opportune. ».

B) Le signalement des informations préoccupantes au président du conseil général par les professionnels

Sans préjudice des dispositions prévoyant que la justice soit avisée en premier recours (voir ci-dessus), la loi prévoit que les personnes qui mettent en œuvre la politique de protection de l'enfance telle que définie par l'article 1er de la loi, ainsi que celles qui lui apportent leurs concours, doivent transmettre sans délai au président du conseil général, ou au responsable désigné par lui, toute information préoccupante, sur un mineur en danger ou risquant de l'être (CASF, art. L. 226-2-1, nouveau).

Les personnes concernées par cette obligation sont donc non seulement les personnels du service d'aide sociale à l'enfance et de l'autorité judiciaire en tant qu'ils mettent en œuvre la politique de protection de l'enfance, « mais également tous ceux qui concourent d'une manière ou d'une autre à l'éducation et à la surveillance des enfants » (Rap. A.N., n° 3256, juillet 2006, Pécresse, page 75), soit : les autres services du conseil général susceptibles de connaître des situations d'enfants en danger (services sociaux, PME), les administrations de l'État comme l'Éducation nationale ou les services de protection judiciaire de la jeunesse, les communes par le biais des centres communaux d'action sociale ou des crèches, les associations gestionnaires d'établissements ou de services accueillant des enfants ou encore les professionnels de santé, qu'ils soient libéraux ou hospitaliers.

La notion d'enfant en danger (art. 3 et 14)

La loi substitue dans le code de l'action sociale et des familles, la notion d'enfant en danger à celle d'enfant maltraité issue de la loi du 19 juillet 1989 relative à la prévention des mauvais traitements à l'égard des mineurs et à la protection de l'enfance. Elle réalise ainsi la mise en cohérence dans le code de l'action sociale et des familles et dans le code civil de la définition des situations de danger pour un mineur « au profit de la définition figurant dans le code civil qui fait référence à la notion de "mineur en danger", plus large et plus complète que celle de "mineur maltraité" » (Rap. Sén., n° 393, juin 2006, Lardeux, page 43). En outre, la liste des situations pouvant entraîner une mesure d'assistance éducative par le juge est mise en cohérence avec celles des causes susceptibles de déclencher une intervention de l'ASE par l'ajout des situations qui compromettent gravement le développement physique, affectif, intellectuel et social » de l'enfant (C. civ., art 375). Celte unification des définitions vise à améliorer la coordination des interventions des départements et de la justice en matière de protection de l'enfance.
Autre effet de la notion d'« enfant en danger » : l'extension du champ d'action des acteurs de la protection de l'enfance à toutes les situations qui mettent l'enfant en danger ou en risque de danger telles que « la grande précarité économique et sociale lorsqu'elle conduit les parents à ne plus pouvoir faire face à leurs responsabilités, l'instrumentalisation de l'enfant dans le cadre d'une séparation parentale très conflictuelle, la maladie grave d'un parent qui empêche celui-ci d'assurer pleinement ses tâches éducatives ou encore les difficultés importantes de la relation entre parents et enfants quand elles ne peuvent plus être traitées par les seuls moyens classiques d'aide à la parentalité. » (Rap. Sén., n° 393, juin 2006, Lardeux, page 44).

IV) La diversification des modes d'intervention

A) L'accompagnement budgétaire des familles (art. 20 de la loi)

La loi organise un accompagnement budgétaire des familles en deux étapes. La première consiste en un « accompagnement en économie sociale et familiale » dans le cadre de l'aide sociale à l'enfance. La seconde, mise en œuvre uniquement si cet accompagnement s'avère insuffisant, réside dans la mise sous tutelle des prestations familiales lorsque ces dernières ne sont pas employées pour les besoins liés à l'entretien des enfants.

*** Un accompagnement en économie sociale familiale**

La loi instaure une nouvelle forme d'aide à domicile assurée dans le cadre de l'ASE. Ainsi un accompagnement en économie sociale familiale vient s'ajouter à l'action d'un technicien de l'intervention sociale et familiale ou d'une aide-ménagère, l'intervention d'un service d'action éducative et au versement d'aides financières (secours exceptionnels ou allocations mensuelles). « Cette mesure préserve la pleine capacité juridique des parents mais pourra permettre à de nombreuses familles en situation de précarité économique d'éviter par une mauvaise gestion de leur budget d'aggraver leur marginalisation sociale en risquant, par exemple, une expulsion du logement faute de pouvoir en assumer la charge financière. »
(Rap. A.N., n° 3256, juillet 2006, Pécresse, page 98).

Cet accompagnement sera assuré par des professionnels formés à cet effet des conseillères en économie sociale et familiale (CESF) dont c'est le métier, mais aussi des travailleurs sociaux, voire des techniciens de l'intervention sociale et familiale. L'introduction de cette mesure parmi celles susceptibles d'être proposées par l'ASE permettra d'organiser l'intervention des CESF dans les familles au titre de la protection administrative de l'enfance et de limiter le recours, aujourd'hui excessif, au juge en la matière (Rap. Sén., n° 393, juin 2006, Lardeux, page 70) un texte réglementaire devrait définir les modalités pratiques de ces professionnels et préciser quels seront les travailleurs sociaux habilités pour mener cet accompagnement (Rap. A.N., n° 3256, juillet 2006, Pécresse, page 98).

*** Une mesure judiciaire d'aide à la gestion du budget familial**

Le dispositif judiciaire dit de « tutelle aux prestations sociales "enfant" » est rebaptisé « mesure judiciaire d'aide à la gestion du budget familial ». Il est transféré du code de la sécurité sociale (CSS) au nouvel article 375-9-1 du code civil pour, selon l'exposé des motifs de la loi, être mieux identifié comme une mesure d'assistance éducative ordonnée par le juge des enfants.

Lorsque les prestations familiales ne sont pas employées pour les besoins liés au logement, à l'entretien, à la santé et à l'éducation des enfants et que l'accompagnement en économie sociale et familiale (voir ci-dessus) n'apparaît pas suffisant, le juge des enfants peut ordonner qu'elles soient, en tout ou en partie, versées à une personne physique ou morale qualifiée dite « déléguée aux prestations familiales » (nouvelle dénomination de l'ancien « tuteur aux prestations sociales »).

a) De nouvelles garanties pour les familles

Les situations susceptibles de conduire à l'ouverture d'une mesure judiciaire d'aide à la gestion du budget familial sont redéfinies. La référence aux « conditions d'alimentation, de logement et d'hygiène manifestement défectueuses », qui, selon André Lardeux « peuvent malheureusement être totalement indépendantes de la bonne volonté des parents. » (Rap. Sén., n° 393, juin 2006, Lardeux, page 71), est en effet remplacée par la notion d'emploi des prestations familiales pour des besoins autres que ceux liés au logement, à l'entretien, à la santé et à l'éducation des enfants. Autre voie d'amélioration du dispositif : le rôle éducatif confié au délégué aux prestations familiales. Valérie Pécresse a estimé que « cette mesure judiciaire a avant tout une portée pédagogique. » (Rap. A.N., n° 3256, juillet 2006, Pécresse, page 99). La loi prévoit en effet que le délégué exerce auprès de la famille une action éducative visant à rétablir les conditions d'une gestion autonome des prestations.

À cet effet, il prend l'ensemble de ses décisions en s'efforçant, d'une part, de recueillir l'adhésion des bénéficiaires des prestations familiales et, d'autre part, de répondre aux besoins liés à l'entretien, à la santé et à l'éducation des enfants.

Enfin, « la procédure de mise en œuvre de la décision judiciaire est beaucoup plus protectrice des droits des familles », a expliqué le rapporteur (Rap A.N., n° 3256, juillet 2006, Pécresse, page 99). La liste des personnes habilitées à saisir le juge aux fins d'ordonner cette mesure d'aide sera en effet fixée par décret. En outre, la décision du juge doit dorénavant fixer la durée de la mesure, qui ne peut excéder 2 ans sauf renouvellement pris par une décision motivée.

b) Les règles de mise en œuvre de la mesure
Les prestations familiales concernées par la mesure judiciaire d'aide à la gestion du budget familial sont celles listées à l'article L. 511-1 du code de la sécurité sociale. Il s'agit de la prestation d'accueil du jeune enfant, des allocations familiales, du complément familial, de l'allocation de logement, de l'allocation d'éducation de l'enfant handicapé, de l'allocation de soutien familial, de l'allocation de rentrée scolaire, de l'allocation de parent isolé et de l'allocation journalière de présence parentale.

B) La reconnaissance des nouveaux modes d'accueil (art. 22)

a) L'accueil de jour
Tous les départements ont désormais la possibilité de recourir à une forme d'accueil sans hébergement encadrée par la loi qui reconnaît un statut juridique aux centres d'accueil de jour.
Ainsi, sur décision du président du conseil général, le service de l'aide sociale à l'enfance et les services habilités peuvent accueillir tout mineur, pendant tout ou partie de la journée, dans un lieu situé, si possible, à proximité de son domicile. Cet accueil a non seulement pour objet d'apporter un soutien éducatif à l'enfant mais également d'assurer un accompagnement à sa famille dans l'exercice de sa fonction parentale (CASF, art. L. 222-4-2 nouveau). Selon Valérie Pécresse, « ce nouvel outil éducatif' est notamment susceptible d'être actionné pour des adolescents en conflit avec leur famille. » (Rap. A.N., n° 3256, juillet 2006, Pécresse, page 74).

b) L'accueil ponctuel et séquentiel
Le service de l'aide sociale à l'enfance, sur décision du président du conseil général, conserve par ailleurs sa mission de prise en charge des mineurs qui ne peuvent demeurer provisoirement dans leur milieu de vie habituel. La loi prévoit désormais expressément que l'accueil peut être effectué aussi bien à temps complet qu'à temps partiel. Il est en outre modulable en fonction des besoins des enfants, en particulier de leur besoin de stabilité affective (CASF, art. L. 222-5 modifié). L'introduction de cette dernière notion vise à éviter « le plus possible les décisions impliquant des ruptures, facteurs importants de troubles » pour les enfants, a expliqué la député PS Patricia Adam (J.O.A.N. [C.R.] n° 2 du 11/01/2007, page 153).

c) L'accueil spécialisé en cas de difficultés particulières
Une voie d'accueil spécifique est réservée aux mineurs qui rencontrent des difficultés particulières nécessitant un accueil spécialisé, familial ou dans un établissement ou service social ou médico-social à caractère expérimental prévu par le 12° du I de l'article L. 312-1 du code de l'action sociale et des familles (CASF, art. L. 222-5 modifié).

d) L'accueil d'urgence en cas de danger
Aucune décision d'admission au service de l'ASE ne peut être prise sans l'accord écrit des responsables légaux sauf lorsque l'enfant est confié au service par une décision judiciaire ou lorsque les représentants légaux sont dans l'impossibilité de donner cet accord, prévoit le premier alinéa de l'article L. 223-2 du code de l'action sociale et des familles.

La loi aménage ce principe afin de « mieux distinguer les procédures applicables en matière d'accueil d'urgence des mineurs au sein de l'aide sociale à l'enfance, l'ASE, selon que l'enfant est en danger au sein de sa famille ou qu'il se met en danger en fuguant, se retrouvant alors à la rue sans protection familiale » a expliqué André Lardeux (J.O. Sén. [C.R.] n° 62 S. du 22/06/2006, page 5062).

e) L'hébergement exceptionnel ou périodique

Selon l'exposé des motifs de la loi, il s'agit d'un accueil provisoire qui peut être très ponctuel ou se répéter selon une fréquence déterminée. Il vise notamment à éloigner l'enfant pendant une période de crise familiale ou à des moments où il est exposé à des risques, dans des situations ne nécessitant pas pour .autant un accueil durable. Cet accueil doit permettre de maintenir le lien de l'enfant avec les parents et de revenir rapidement chez lui dans un climat apaisé, en toute sécurité.

V) Les rapports des familles avec les services de la protection de l'enfance

En vue de clarifier la place respective de la famille et du professionnel qui intervient auprès d'elle, la loi prévoit l'élaboration d'un document appelé « projet pour l'enfant » dans lequel sont formalisés les objectifs et les modalités d'intervention auprès de la famille. Des aménagements relatifs aux droits des parents sont également prévus.

A) L'évaluation de la situation du mineur et la formalisation d'un « projet pour l'enfant » (art. 19)

Lu loi complète l'article L. 223-1 du code de l'action sociale et des familles afin de mieux définir les droits des familles dans leurs rapports avec l'ASE. Elle prévoit tout d'abord qu'une évaluation de la situation prenant en compte l'état du mineur, la situation de la famille et les aides auxquelles elle peut faire appel dans son environnement doit avoir lieu avant l'attribution d'une ou de plusieurs prestations d'aide sociale à l'enfance (CASF, art. L. 223-1, al. 4 nouveau).

Ensuite, les services départementaux et les titulaires de l'autorité parentale établissent un document intitulé « projet pour l'enfant » qui précise les actions qui seront menées auprès de l'enfant, de ses parents et de son environnement, le rôle des parents, les objectifs visés et les délais de mise en œuvre. « Ce document répond à une demande pressante des familles qui ont fait valoir qu'elles rencontraient des difficultés à entretenir des relations singulières avec les services de l'ASE, l'établissement de placement et éventuellement d'autres intervenants qui accompagnent la famille » a expliqué Valérie Pécresse (Rap. A.N., n° 3256, juillet 2006, Pécresse, page 95). Il désigne l'institution et la personne chargées d'assurer la cohérence et la continuité des interventions. Au sein de l'institution, la personne qui est plus particulièrement chargée de suivre l'enfant fait office de « référent ». André Lardeux a précisé qu'il ne doit pas être compris comme « un référent éducatif » et « ne sera pas nécessairement issu des services de l'ASE. » (Rap. Sén., n° 393; juillet 2006, Lardeux, page 68).

Cosigné par le président du conseil général, les représentants légaux du mineur ainsi que par un responsable de chacun des organismes chargés de mettre en œuvre les interventions, il s'agit d'un document d'engagements réciproques. En effet, « même si ce document ne peut être juridiquement assimilé à un contrat, il a bien pour objectif de permettre d'arrêter un programme d'assistance éducative avec la définition des aides que proposera l'ASE à la famille et à l'enfant » (Rap. A.N. n° 3256, juillet 2006, Pécresse, page 95), André Lardeux a en outre expliqué que ce document « ne doit donc pas être compris comme le fondement d'une possible sanction des parents en cas d'échec de la mesure mais au contraire comme une garantie de la qualité de la prise en charge de leur enfant » (Rap. Sén., n° 393, juin 2006, Lardeux, page 68).

Il est porté à la connaissance du mineur afin, « à défaut de susciter son adhésion, de lui faire au moins comprendre les raisons des mesures qui sont prises pour lui » (Rap. Sén., n° 393, juin 2006, Lardeux, page 68). Il est également transmis au juge pour l'application des dispositions sur les droits de visite et d'hébergement des parents (voir ci-dessous) (CASF, art. L. 223-1, al. 5 nouveau).

B) Des aménagements relatifs aux droits de visite et d'hébergement des parents (art. 22)

S'il a été nécessaire de confier l'enfant à une personne ou un établissement, ses parents conservent un droit de correspondance ainsi qu'un droit de visite et d'hébergement. En outre, le lieu d'accueil de l'enfant doit être recherché dans son intérêt mais aussi afin de faciliter l'exercice du droit de visite et d'hébergement (C. civ., art. 375-7 modifié). À côté de ces principes généraux, la loi prévoit de renforcer l'encadrement de ce droit de visite et d'hébergement des parents lorsque la poursuite de leurs relations avec l'enfant présente des risques pour ce dernier. « À l'inverse, lorsque les relations entre parents et enfants sont pacifiées, le juge pourra être plus souple dans la détermination du droit de visite. » (Rap. A.N., n° 3256, juillet 2006, Pécresse, page 106).

Annexe 2 : Loi relative à la prévention de la délinquance

Actualités Sociales Hebdomadaires, n° 2506, 04/05/2007

Annoncée depuis quatre ans et fortement contestée dans le secteur social et médico-social, la loi du 5 mars 2007 place le maire au cœur de la prévention de la délinquance, notamment en lui donnant accès à des informations jusqu'alors couvertes par le secret professionnel. Par ailleurs, elle modifie une fois encore l'ordonnance de 1945 relative à l'enfance délinquante.

Constitué à l'origine d'une cinquantaine d'articles, le texte s'est considérablement enrichi au fil de la discussion parlementaire avec notamment l'adoption de nouvelles mesures se révélant pour certaines de nature plus répressive que préventive. Il apparaît au final comme un assemblage de dispositions très diverses, traitant de sujets aussi variés que les troubles de voisinage, les violences conjugales, l'occupation illicite de terrains par les gens du voyage, le service civil volontaire, les « écoles de la deuxième chance » ou encore les chiens dangereux.

La loi aura fait couler beaucoup d'encre en modifiant, une nouvelle fois l'ordonnance du 2 février 1945 relative à l'enfance délinquante ou encore en ajoutant expressément aux missions d'action sociale du conseil général la prévention de la délinquance, au risque de brouiller les frontières entre celle-ci et la prévention spécialisée. Mais les dispositions les plus contestées auront été celles visant à ancrer la légitimité du maire dans le domaine de la prévention de la délinquance. Le texte ne se contente pas, à

cet égard, d'instituer symboliquement le maire comme le coordinateur et l'animateur de la politique de prévention de la délinquance sur le territoire de sa commune, rôle que de nombreux édiles exerçaient déjà dans la pratique auparavant. Il lui offre, en plus, de nouveaux outils afin de mettre en œuvre concrètement cette compétence. La loi lui confie ainsi les rênes de structures partenariales : le conseil local de sécurité et de la prévention de la délinquance (qui existait déjà mais dont la création est désormais obligatoire sur certaines communes) mais aussi et surtout le conseil pour les droits et devoirs des familles, nouvelle instance présentée comme un lieu d'échange avec les familles en difficulté.
De nombreux moyens d'informations sont par ailleurs donnés aux maires, l'idée étant qu'ils disposent d'une vue d'ensemble sur les problématiques liées à la prévention de la délinquance et puissent proposer des réponses adaptées en amont. La loi place ainsi l'élu au cœur d'un dispositif de secret professionnel partagé, lui ouvrant l'accès à un certain nombre de données confidentielles sur ses administrés. Le texte étoffe également l'information du maire sur l'absentéisme scolaire ou encore sur les troubles à l'ordre public commis sur le territoire de sa commune.
Enfin, la loi accorde encore aux édiles de nouvelles procédures pour leur permettre d'agir tant contre ceux que le gouvernement appelle les « parents défaillants » que contre les fauteurs de trouble eux-mêmes en cas d'incivilités.

Annexe 3 : Le partage de l'action éducative entre parents et professionnels

Extrait du Rapport remis à Madame la Ministre déléguée à la famille, à l'enfance et aux personnes handicapées. L'évolution de relations parents-enfants-professionnels dans le cadre de la protection de l'enfance (octobre 2001).

L'amélioration des relations parents-enfants-professionnels en amont de la prise en charge physique suppose, en premier lieu, de prendre en considération la question du rôle et de la place des parents dans l'éducation de leurs enfant; notamment à l'école, dès le plus jeune âge de l'enfant ; mais aussi de ne pas inférer que les autres acteurs ne seraient pas comptables en cas de négligence de la part des parents. S'il est important de renvoyer chaque parent à sa responsabilité, il est également important de renvoyer chaque acteur éducatif à la sienne en posant avec force les principes de co-éducation et de co-responsabilité éducative.
Ainsi certains parents, rencontrant des difficultés d'ordre économique, social ou personnel qui affectent la construction de leur fonction parentale, se sentent-ils disqualifiés dans leur rôle et sont en attentes de conseils autant que de légitimité. La fragilisation du cadre familial dans ses compétences éducatives peut alors conduire à des situations de déséquilibre telles qu'un recours à l'autorité judiciaire, souvent préconisé pour des enfants en risque de danger, cependant que des actions préventives, en vue de prévenir les survenues ou la répétition des risques, restent suffisamment investies.

« [...] Sur le modèle nord-américain de prévention des risques, les visites à domicile effectuées, centrées sur une pédagogie de la responsabilité, pour les enfants en bas âge, les programmes de formation parentale qui valorisent les compétences éducatives en matière de soins et de protection, le partenariat entre les parents et l'école, le travail sur la sortie de l'isolement social, l'établissement ou la restauration de liens avec l'environnement des parents... sont autant d'initiative à promouvoir. Plusieurs conditions sont néanmoins nécessaires pour développer une prévention efficace. Celle-ci doit notamment s'inscrire dans une approche environnementale élargie en visant les différents lieux de socialisation de l'enfant (famille) mais aussi école, établissements sportifs et culturels, ou groupe de pairs), mais aussi s'appuyer sur le tissu associatif existant, les formations transversales, les pratiques décloisonnées et les dispositifs articulés[31]. »

Mais la mise en place d'une telle synergie suppose un accompagnement des familles au quotidien, donc des moyens.

Ces actions visent cependant des objectifs différents : prévenir le plus en amont possible, soutenir la famille en difficulté en milieu ouvert, proposer des alternatives à l'accueil permanent hors du domicile familial, préparer le retour en famille en cas de séparation lorsque les évolutions nécessaires seront acquises, étayer le retour une fois celui-ci réalisé... Au-delà, il convient de s'interroger sur les moyens d'articuler les prestations d'aide à domicile aux prestations d'accueil physique de l'enfant.

En particulier, la mise en place d'une mesure d'aide éducative et sociale de soutien à la famille[32] permettrait de s'inscrire dans une logique non plus seulement d'éducation à destination des enfants mais aussi de soutien à destination des parents, de façon à promouvoir une action globale autour de la famille, respectueuse de l'exercice de l'autorité parentale, à travers une approche multidimensionnelle des difficultés rencontrées, en vue d'un partage de l'action éducative entre parents et professionnels.

Dans de nombreuses situations, une intervention précoce auprès de la famille, ayant pour objet de résoudre des « problèmes de vie » (chômage, logement, santé) dans une approche globale permettait, en confortant les parents dans leur rôle et dans leur image, d'éviter des mesures de « placement », prises ultérieurement, lorsque les repères familiaux sont trop lourdement affectés par les difficultés socio-économiques[33].

Annexe 4 : Maltraitance/bientraitance

En partant de la notion d'enfant victime, et selon une définition exhaustive : « est maltraité, tout enfant ou adolescent mineur subissant soit des abus sexuels, soit des violences ou des carences qui peuvent être d'ordre physique, moral, psychologique, affectif, éducatif ou culturel et provoquées, de façon active ou passive, volontairement ou non, consciemment ou non, par ses parents ou des adultes en position de responsabilité à son égard, entraînant des lésions physiques ou des troubles graves, mettant en péril la santé, l'intégrité physique, psychique ou mentale, l'équilibre de la personnalité, ou gênant le développement en bloquant les potentialités » (Chantreau, et al., 1993).

---

31. Extrait de J. Trementin, « La prévention psychosociale précoce une réponse efficace à la violence », *Lien social*, n° 537.
32. Proposition faite par le Carrefour National AEMO.
33. Extrait de la contribution de J.-J. Andrieux.

De la maltraitance à la bientraitance

L'an 2000 aura été marqué dans le champ de la protection de l'enfance en danger, par l'arrivée sur la place publique et professionnelle de deux mots nouveaux : *maltraitance* et *bientraitance*. Ils étaient bien sûr l'un comme l'autre en gestation depuis une ou deux décennies, mais ils sont aujourd'hui bien présents dans le langage et bientôt sans doute dans les mentalités et les pratiques professionnelles. S'ils ont eu cette adhésion massive des professionnels, c'est qu'ils sont porteurs d'un peu d'espoir ! *Maltraitance* – traiter mal – dans son utilisation extensive, et excessive, a appelé progressivement en réaction, un autre concept, *bientraitance* – traiter bien. Car s'est posée, de façon évidente, cette nouvelle question. Et si le système de protection de l'enfance en danger portait en lui, les germes d'une surviolence faite aux enfants, aux parents et aux professionnels ?

La prise de conscience de cette « surviolence indirecte », véritable maltraitance des institutions (ASE ; justice ; école ; hôpital...) pouvant s'exercer sur l'enfant, ses parents et les professionnels eux-mêmes est récente et progressive. En outre, la société actuelle se veut transparente et la protection de l'enfance en danger n'y échappe pas plus que le corps médical ou juridique. La médiatisation attise ce désir de comprendre. Cette situation a obligé à réexaminer les pratiques : évaluations, écrits, parcours, qualité des mesures prises...

Le Grand Robert (1989) ne fait état ni de maltraitance, ni de bientraitance mais renvoie au substantif « traitement », c'est-à-dire une manière de se comporter à l'égard de quelqu'un.
On peut traiter bien ou traiter mal et il est intéressant d'observer l'usage que font les jeunes de ce verbe « il me traite ».

Bien que non encore défini, se développe ainsi en Europe le concept de bientraitance comme l'art et la manière de promouvoir le respect de l'enfant et de son bien-être à travers des actions concrètes.

Bientraiter, c'est sans doute plus facile à dire qu'à faire si ce préalable d'être au clair avec l'enfant qui reste en soi, celui que l'on a été ou encore celui que l'on croit avoir été, n'est pas travaillé. Faute de quoi, un jour ou l'autre, la maltraitance vis-à-vis de l'enfant, des parents ou des collègues peut émerger. C'est dire l'importance des formations initiales et continues, mais surtout du soutien à offrir aux professionnels et aux institutions. Aider à aider ! Avant et autrement qu'en termes de contrôles et de mesures, même s'ils sont parfois nécessaires. Seule cette exigence de formation et de soutien pour rendre apte à entendre respectueusement parents et enfants. Encore faut-il avoir une bonne connaissance théorique des besoins de l'enfant dans son développement ! De ce préalable découle alors une meilleure connaissance et coordination avec les autres institutions, des évaluations continues et à long terme... Bref des pratiques plus bientraitantes et donc plus efficaces.
La bientraitance passe aussi par le regard de la société sur les autres et particulièrement les enfants. Après deux siècles d'État providence, aider à mobiliser et à revaloriser le rôle du citoyen dans son immeuble, son quartier, son bureau. Aider à repérer et à revitaliser le réseau associatif ou informel. Rechercher et s'appuyer sur tous les réseaux familiaux, professionnels et sociaux des familles en difficulté.

Bref, au-delà des concepts, développer des attitudes professionnelles et civiques d'empathie, dc respect, de confiance et donc de bientraitanee. « La confiance, c'est ce qui permet la prise de risques dans les relations humaines. » (Plaidoyer pour les enfants, Bruxelles, Fonds Houtman, 1999).

Extraits de l'article de M. Gabel, *Nouveau dictionnaire critique de l'action sociale*, sous la direction de J.-Y. Barreyre et B. Bouquet, 2006.

Annexe 5 : « Danger » et « Maltraitances à l'enfant »

Au tournant des années 2000, de nombreux professionnels de la protection de l'enfance ont critiqué la coexistence des deux notions de danger (dans le Code civil) et de la maltraitance (dans le CASF), qui pouvait susciter de l'incompréhension et des difficultés d'interprétation. Beaucoup estimaient également que la notion de maltraitance, trop restrictive, risquait de freiner l'intervention de la puissance publique au titre de la protection de l'enfance dans des situations de « risque » (négligences; carences éducatives...).
Conformément à ces attentes, la loi du 2 janvier 2004 a créé un Observatoire national de l'enfance en danger (et non « maltraitée ») et a transformé le SNATEM (Service national d'accueil téléphonique de l'enfance maltraitée) en SNATED (pour l'enfance en danger).

Dans la même ligne, la loi du 5 mars 2007 a harmonisé les notions utilisées par le Code civil et le CASF : désormais, l'un comme l'autre s'appuient sur la notion de danger, celui-ci incluant le risque.

– La définition du danger inscrite à l'article 375 du Code civil a été précisée : des mesures d'assistance éducative peuvent être ordonnées par le juge des enfants « si la santé, la sécurité ou la moralité d'un mineur non émancipé sont en danger ou si les conditions de son éducation ou de son développement physique, affectif; intellectuel et social sont gravement compromis. ». Par rapport à la rédaction antérieure, la loi du 5 mars 2007 a donc introduit la notion de « développement » (qui figure dans plusieurs articles de la Convention internationale sur les droits des enfants), et a précisé les dimensions possibles de ce développement (« physique, affectif, intellectuel et social »).

– Quant au CASF, il a été modifié en référence à l'article 375 du Code civil. L'article L. 221-1 du CASF précise désormais que le service de l'Aide sociale à l'enfance du conseil général a pour mission d'apporter un soutien aux mineurs et aux familles confrontées à « des difficultés risquant de mettre en danger la santé, la sécurité, la moralité de ces mineurs ou de compromettre gravement leur éducation ou leur développement physique, affectif, intellectuel et social ». L'alinéa 50 du même article indique que le conseil général doit mener des actions de prévention des « situations de danger à l'égard des mineurs » et qu'il doit organiser le recueil et la transmission des informations préoccupantes relatives aux mineurs « dont la santé, la sécurité, la moralité sont en danger ou risquent de l'être où dont l'éducation ou le développement sont compromis ou risquent de l'être ».

Cette réécriture du CASF permet au conseil général d'intervenir dans des situations beaucoup plus nombreuses et variées que dans les seuls cas de « maltraitance » comme par exemple le surinvestissement scolaire ou sportif des parents, l'instrumentalisation d'un enfant dans le cadre d'une séparation parentale conflictuelle, la maladie d'un parent rendu incapable d'assumer ses responsabilités éducatives. L'harmonisation entre le Code civil et le CASF, au profit de la notion de danger, permet aussi de développer les interventions préventives au titre de la protection de l'enfant.

Le danger, une notion ouverte

La notion de danger est difficile à cerner, d'autant plus qu'elle est très évolutive : au fil des années, des pratiques éducatives qui étaient socialement considérées comme « normales » ou même souhaitables peuvent progressivement faire l'objet d'une réprobation de plus en plus intense et être vues comme condamnables en tant que source de danger pour l'enfant (c'est le cas par exemple de la « correction paternelle »).
La qualification d'un comportement comme étant source de danger pour un enfant dépend aussi beaucoup de l'image que l'on se fait, dans un contexte socioculturel donné, à une époque et dans un groupe social donnés, de ce qu'est un enfant et du statut social qu'il convient de lui accorder.
Définir le danger de façon précise, en listant de façon exhaustive les situations que la loi qualifie de « dangereuses » pour les enfants, serait prendre le risque que les professionnels soient moins attentifs à des situations nouvelles ou imprévues.

Les différents types de maltraitance

D'une manière très générale, on peut décrire la maltraitance (la violence à enfant) comme un comportement d'un adulte envers un enfant qui entraîne chez ce dernier des troubles ou des séquelles graves sur le plan physique et/ou psychique.
À l'heure actuelle, on constate un consensus large au sein du champ de la protection de l'enfance pour considérer qu'il existe différents types de maltraitances à enfant : les violences physiques sont les plus anciennement prises en compte par les pouvoirs publics (on parlait autrefois d'« enfant martyrs »), mais depuis quelques décennies, la législation et la pratique des professionnelle de la protection de l'enfance envisagent également les violences sexuelles, les violences psychologiques et les négligences lourdes (ou « carences éducatives »).

Les violences physiques, ou mauvais traitements physiques, sont des actes brutaux, le plus souvent intentionnels, et qui perturbent gravement le fonctionnement normal du corps de l'enfant : coups, secousses, empoisonnements, brûlures, étouffements, etc. Les mauvais traitements physiques se traduisent en général par des symptômes objectifs (fractures, ecchymoses, plaies, cicatrices...) qui permettent de poser un diagnostic relativement sûr, en particulier pour les enfants très jeunes. En revanche, les châtiments corporels brutaux subis par les adolescents peuvent être très difficiles à détecter.
Les mauvais traitements physiques entraînent des séquelles sur le plan physique, mais aussi sur le plan psychique (agressivité, agoraphobie...).

Le concept de négligences lourdes renvoie aux situations dans lesquelles un enfant ne reçoit pas ou pas suffisamment ce dont il a besoin pour son bien-être, son

développement, voire sa survie. Les carences peuvent concerner de très nombreux niveaux : l'alimentation, l'hygiène, les soins de santé, les échanges affectifs et cognitifs, la protection, la surveillance dans les lieux publics...
Dans les cas les plus graves (en particulier pour les nourrissons), les négligences lourdes peuvent entraîner la mort par dénutrition ou par défaut de soins. Elles peuvent aussi, de façon plus générale, déboucher sur de graves retards de développement, un nanisme psychosocial, etc.

À partir des années 1980 est apparue dans les pays occidentaux (d'abord en Amérique du Nord puis en Europe) la problématique des **violences sexuelles**. Ce terme est nettement préférable à celui d'« abus sexuel », qui peut laisser entendre qu'un usage sexuel « non abusif » d'un mineur pourrait être tolérable. Les violences sexuelles désignent tous les comportements sexuels imposés à des mineurs. Plus ceux-ci sont jeunes, plus l'auteur détient sur eux une autorité significative (notamment lorsqu'il s'agit d'un parent), et moins ces mineurs sont capables de comprendre la portée des sollicitations d'ordre sexuel et d'y résister. Les violences sexuelles sont donc typiquement une forme de maltraitance dans laquelle un adulte abuse de son autorité au détriment de l'enfant. La liste des comportements qui relèvent des violences sexuelles ne se limite pas au viol proprement dit (avec pénétration ou par « attouchements ») : sont aussi concernés l'attentat à la pudeur, l'utilisation des enfants à des fins pornographiques, l'incitation à la prostitution, etc.

Les violences sexuelles entraînent souvent des conséquences très lourdes et durables sur le plan physique (traumatisme de l'appareil génital, risques de grossesse ou des maladies sexuellement transmissibles), mais aussi sur le plan psychique (accroissement sensible du risque de dépression, de troubles mentaux graves et de suicides).

Dans les années 1990, un nouveau type de maltraitances à l'enfant a fait l'objet de l'attention des politiques publiques et des professionnels de la protection de l'enfance : **les violences psychologiques**.
Ce concept désigne des comportements qui ont pour point commun de terroriser l'enfant, de l'humilier, d'éteindre sa vitalité, de lui donner le sentiment qu'il n'a aucune valeur et qu'il ne mérite ni l'attention, ni le respect de son entourage. Ces comportements peuvent être très variés : humiliations verbales ou non (notamment en public), rejet affectif, marginalisation systématique, cruauté morale, menaces de quitter l'enfant ou la famille, chantage au suicide, exigences excessives au regard de l'âge ou du développement de l'enfant (par exemple au sujet des résultats scolaires ou sportifs), etc. Dans tous les cas, l'enfant est exposé de façon répétée à « des situations dont l'impact émotionnel dépasse ses capacités d'intégration psychologique ».[34]

Parmi ces quatre grands types de violences faites à l'enfant, les violences sexuelles font l'objet de la réprobation sociale la plus unanime, ainsi que de la pénalisation la plus massive et la plus systématique.

Dans les trois autres cas, la difficulté pour qualifier la maltraitance tient au fait qu'il est souvent délicat de situer les frontières entre ce qui relève de la maltraitance et ce qui

34. ODAS, *L'Observatoire de l'enfance en danger : guide méthodologique*, p. 28.

n'en relève pas. Face à une situation similaire, deux professionnels peuvent avoir des réactions très différentes en fonction de leur parcours de vie, de leur sensibilité, de leur formation : là où l'un voit une manifestation caractérisée de « violence » ou de « carences éducatives », l'autre peut voir une pratique éducative légitime et même souhaitable (ou la simple « exagération » d'une pratique éducative légitime). Par exemple, la fessée est encore pratiquée par plus de la moitié des parents français (55 % selon un sondage SOFRES réalisé en 1999), mais elle est dénoncée par les instances internationales et un collectif d'associations qui en réclament l'interdiction et la pénalisation.[35]

C'est la raison pour laquelle la qualification de « violence éducative » ou de « maltraitance » est plus facile à faire admettre si le comportement de l'adulte incriminé est particulièrement grave et surtout si ce comportement peut entraîner des conséquences lourdes et objectivables sur le développement de l'enfant (des traces de coups, des séquelles physiques, motrices ou psychiques).

Des quatre formes de maltraitance évoquées ci-dessus, les violences psychologiques et les négligences lourdes sont souvent difficiles à attester. En effet, les conséquences qu'elles entraînent sur l'enfant ne sont pas forcément repérables de façon évidente. Par exemple, les troubles de la croissance et du développement, les troubles de l'intégration sociale et du comportement, la faiblesse de l'estime de soi, la fréquence des conduites à risque peuvent s'expliquer par d'autres facteurs que par le comportement maltraitant d'un parent. Il est donc particulièrement important d'évaluer avec prudence les mauvais traitements psychologiques et les négligences lourdes, en ne considérant pas seulement l'état de l'enfant, mais aussi sa relation avec les adultes qui sont soupçonnés d'être à l'origine de ses troubles.

Annexe 6 : La Convention internationale des droits de l'enfant

La Convention internationale des droits de l'enfant
Derville G., Rabin-Costy G., *Maxi-fiches-La protection de l'enfance*, 2009.

La CIDE a été adoptée par l'Organisation des Nations Unies le 20 novembre 1989 et a été signée par 191 pays (seuls deux pays, les États-Unis et la Somalie, ne l'ont pas encore fait). La France l'a ratifié le 7 août 1990. Depuis son entrée en vigueur le 2 septembre 1990, de nombreuses lois ont ainsi été promulguées en France pour adapter le droit français à certaines dispositions de la CIDE.

Les grands principes posés par la CIDE
Comportant 54 articles, la CIDE fait souvent l'objet d'une présentation simplifiée, notamment à l'intention des enfants eux-mêmes, en 10 points clés qui concernent autant de droits fondamentaux.

1. droit d'être nourri, soigné et aimé.
2. droit d'être respecté.
3. droit d'avoir un nom et une nationalité.
4. droit d'aller à l'école.

35. *Cf.* L'appel pour l'interdiction des punitions corporelles et pour un soutien aux familles du 21 février 2007.

5. droit de rêver, de rire et de jouer.
6. droit de donner son avis.
7. droit à l'égalité.
8. droit d'être protégé de la violence.
9. protection contre l'exploitation.
10. protection contre la participation aux conflits armés.

Outre l'affirmation de ces droits fondamentaux, la CIDE pose un certain nombre de principes :
– Elle pose le principe de la notion d'intérêt supérieur de l'enfant, qui doit être une considération primordiale dans toutes les décisions le concernant.
– Elle affirme le rôle essentiel des parents dans l'éducation, la sécurité et la protection de l'enfant. Lorsque cet appui fait défaut à l'enfant, les États doivent aider les parents et les personnes qui en ont la charge.
– S'il ne doit pas faire d'ingérence arbitraire dans la vie privée et familiale de l'enfant, l'État doit intervenir en cas de nécessité pour l'enfant, dans certaines situations, comme la négligence ou la maltraitance.
– La CIDE reconnaît également à l'enfant le droit d'exprimer son opinion sur les questions qui le concernent, d'être associé aux décisions qui sont prises pour lui, en fonction bien sûr, de son âge et de sa maturité. Il s'agit de favoriser l'accession progressive de l'enfant à l'autonomie.

V DC 4 : Implication dans les dynamiques partenariales institutionnelles et interinstitutionnelles

La profession de Conseiller en ESF et l'implication dans les dynamiques partenariales institutionnelles ou interinstitutionnelles

Le domaine de compétences « Implication dans les dynamiques partenariales institutionnelles et interinstitutionnelles » répond à une évolution des pratiques professionnelles. Le développement des politiques territoriales et transversales, comme par exemple la politique de la ville et les politiques d'insertion, exigent, des acteurs sociaux, la capacité de concevoir et de développer des stratégies partenariales dans le cadre territorial.
L'analyse des besoins et ressources d'un territoire est nécessaire à tout projet d'intervention. Il s'agit, en particulier, d'identifier les interlocuteurs institutionnels pour mettre en œuvre une dynamique partenariale.

En raison de la complexité des problématiques sociales, une évaluation menée en équipe ou dans un cadre pluri-institutionnel est bien souvent indispensable. La mise en œuvre de projets d'intervention avec les usagers ne trouve son efficacité qu'avec le concours de tous les acteurs concernés. Un professionnel doit savoir identifier les fonctions et missions des différents partenaires pour éviter toute redondance ou conflit de légitimité dans les interventions.

L'intervention sociale d'aide à la personne comme l'intervention sociale d'intérêt collectif ne peuvent aujourd'hui s'envisager que dans un contexte partenarial.
En effet, la pratique partenariale ne doit pas être considérée comme réservée à l'intervention sociale d'intérêt collectif. Dans le domaine de la protection de l'enfance, par exemple, le croisement des regards des professionnels appartenant à plusieurs institutions ou services (ASE, PMI, CMPP, service social ou de santé scolaire, secteur associatif habilité, etc.) est nécessaire pour éviter une interprétation trop subjective des situations. De même, la connaissance approfondie des partenaires permet d'élaborer avec la famille un projet pour l'enfant aussi affiné et judicieux que possible.

L'identification des appartenances institutionnelles des partenaires et les responsabilités qui en découlent s'appuient sur une connaissance des politiques sociales et des acteurs en charge de leur application. Dans un contexte d'intervention, chacun des acteurs a une légitimité dans certains champs, pas dans d'autres.

Exemples : *la mission locale est en charge de l'insertion sociale et professionnelle des jeunes de 16 à 25 ans sur un territoire donné. Un club de prévention peut s'adresser à un public relevant également de la mission locale mais sur la base d'une autre mission plus éducative, destinée à des jeunes marginalisés ou en voie de l'être.*

On perçoit que la compréhension fine de la place de chacun et de ses enjeux conditionne une collaboration sereine et profitable aux usagers et aux professionnels.

Amorcée dans le cadre du BTS en ESF, l'acquisition des compétences du DC4 doit s'affirmer au cours de l'année de formation à la profession de Conseiller en ESF. En effet, elle prend appui sur la connaissance, la compréhension, les interactions, les enjeux des politiques sociales qui sont étudiées et évaluées par une épreuve dans le cadre du BTS en ESF. Les politiques sociales ne sont donc pas détaillées dans cet ouvrage ; elles évoluent très vite et elles font l'objet d'ouvrages de référence actualisés et cités en annexe.

1 L'acquisition des compétences

Les compétences du DC4B (à valider en année de formation au diplôme d'État de Conseiller en ESF) se construisent sur la base des compétences DC4A certifiées par le BTS en ESF et notamment par la connaissance des politiques sociales. Mais elles sollicitent aussi l'acquisition préalable d'autres compétences, notamment en DC1 pour l'analyse des problématiques sociales et de leur contexte, en DC2 pour la pertinence des propositions d'intervention, en DC3 pour le développement de modalités de communication nécessaires aux stratégies partenariales.

Quatre compétences sont répertoriées ci-après pour l'obtention du DC4B.

a. Représenter l'institution

Cette compétence s'appuie sur une connaissance des politiques sociales et des acteurs institutionnels en charge de leur mise en œuvre. Au-delà d'une connaissance théorique, c'est une connaissance « incarnée » qui est nécessaire. La mutualisation des expériences de stage, la connaissance des dispositifs et la richesse des sites qualifiants permettent aux étudiants d'identifier les acteurs principaux, d'analyser leurs dynamiques dans les différents champs d'intervention. Il est possible ainsi d'établir une « cartographie partenariale » par champ.

Pour « représenter l'institution », il est nécessaire de situer cette dernière en tant qu'« organisation » : quels sont ses instances de décision, ses missions, ses sources de financement, sa distribution du « pouvoir », ses enjeux ? Des notions de sociologie des organisations seront utiles mais également des éléments juridiques pour identifier les différents statuts des organisations.

Exemple 1 : *Le centre communal d'action sociale est un établissement public à caractère administratif présidé par le maire.*

Exemple 2 : *L'établissement d'hébergement des personnes âgées dépendantes peut avoir le statut d'entreprise privée, de structure dépendant d'une collectivité territoriale ou associatif...*

« Représenter » signifie qu'un professionnel « incarne » l'institution qui l'emploie aux yeux des partenaires : il faut pour cela être capable de porter les finalités, les enjeux, les valeurs institutionnelles et de les communiquer.

b. Assurer une fonction de médiation – Assurer une fonction de négociation

Ces deux termes doivent évidemment être identifiés clairement non seulement d'un point de vue théorique, mais aussi sur le terrain. Le stage doit être mis à profit pour repérer concrètement ces fonctions dans les pratiques des Conseillers en ESF.

Exemple 1 : *Un Conseiller en ESF employé par le centre communal d'action sociale négocie des moyens auprès de la municipalité et d'autres financeurs pour mettre en place un projet d'épicerie sociale.*

Exemple 2 : *Suite à la demande de l'usager, un Conseiller en ESF employé par le conseil général avec des missions de polyvalence de secteur prend contact avec un bailleur et assure une médiation, d'une part en argumentant en faveur d'un échelonnement de la dette de loyer auprès du bailleur, d'autre part en faisant entendre à l'usager le caractère incontournable du remboursement de la dette.*

Négociation et médiation sont à la base deux méthodes de résolution de conflit. Elles peuvent aussi être utilisées dans les situations où les acteurs, sans être ouvertement en conflit, ont des intérêts, des points de vue divergents.

Exemple : *Négociation de moyens pour un projet d'action sociale ; médiation culturelle dans un centre d'accueil des demandeurs d'asile.*

Alors que la négociation implique le face-à-face de deux acteurs, la médiation introduit un tiers, appelé médiateur.

Négociation et médiation sont parfois des fonctions professionnelles à part entière nécessitant une spécialisation (ex. : diplôme de médiateur familial), mais elles peuvent être pratiquées dans le cadre de situations professionnelles variées et notamment en travail social.

Négociation et médiation sont des processus complexes parce qu'ils mettent en jeu à la fois des éléments rationnels et des éléments psycho-affectifs. Leur conduite nécessite de soutenir des étapes successives.

Négociation

La négociation met en présence des acteurs porteurs de missions et d'intérêts différents. Pour bien négocier, il faut comprendre les enjeux de chacun des protagonistes.
Qui sont-ils ?
Qui représentent-ils ?
Que cherchent-ils ?
Qu'est-ce qui se joue dans le processus de négociation ?

La négociation n'est pas une simple discussion, Elle doit avoir un objectif. Il s'agit de rapprocher les points de vue après une phase d'exploration des divergences. Une négociation comporte toujours la dimension du rapport de force. Les négociations peuvent être à dominante conflictuelle ou coopérative.

Médiation

Le médiateur doit être reconnu par les deux autres parties. Son rôle est d'écouter, de faciliter l'expression des parties et d'analyser la situation. Il est neutre par rapport aux parties, mais suffisamment impliqué dans le processus pour que la situation progresse. Contrairement au conciliateur et à l'arbitre, il ne propose ni n'impose de solution. Ce sont les parties en présence qui doivent faire émerger des perspectives.

> **À noter :** Un travailleur social en situation de médiation n'est jamais en situation de neutralité parfaite en raison de son appartenance institutionnelle et de ses missions, obligatoirement situées dans certaines situations « du côté de l'usager », dans d'autres « du côté de l'institution ».

c. S'inscrire dans un travail d'équipe en interne, pluriprofessionnel et/ou pluri-institutionnel

Si le travail d'équipe s'entend à l'intérieur d'une organisation, le travail en partenariat se situe, lui, entre professionnels appartenant à des organisations différentes.
Dans les deux cas, il est nécessaire d'identifier clairement toutes les caractéristiques institutionnelles et les missions des différents acteurs.

- **Le travail en équipe** s'instaure sur la base d'une connaissance et d'une reconnaissance de la place de chacun dans un service, une institution... En premier lieu, il s'agit de maîtriser sa propre identité professionnelle. Puis, il est nécessaire de s'interroger : quelles professionnalités sont présentes ? Sur quelles missions ? Selon la légitimité des professionnels, quelle est l'attribution des rôles de chacun ? Dans quels cadres législatifs ? Il faut donc savoir communiquer sur son identité professionnelle, mais aussi comprendre celle des autres. Pour aboutir à une prise de décision sur la répartition des rôles, un des critères à privilégier est celui du sens des interventions de chacun en direction de l'usager.
- **Le travail pluriprofessionnel** s'instaure lorsque chaque professionnel reconnaît la place de l'autre, ses spécificités de formation et la complémentarité avec ses compétences propres.
- **Le partenariat** est étudié pour repérer les diverses formes qu'il peut prendre.

Le partenariat se définit comme « une association active de différents intervenants qui, tout en maintenant leur autonomie, acceptent de mettre en commun leurs efforts en vue de réaliser un objectif commun relié à un problème ou à un besoin clairement identifié dans lequel, en vertu de leur mission respective, ils ont un intérêt, une responsabilité, une motivation, voire une obligation »[36].

---

36. Barreyre Jean-Yves (sous la direction de), *Nouveau dictionnaire critique d'action sociale*, Fayard, 2006.

Le partenariat peut être spontané ou imposé par un dispositif légal ou une commande relevant des politiques publiques.
Il peut être formel ou informel. S'il est formel, des chartes définissent les valeurs partagées, des conventions expriment les modalités de collaboration, etc.
Un partenariat peut être financier ou opérationnel. Il peut, par ailleurs, être plus ou moins équilibré selon le « poids » respectif pris par les partenaires.
Le partenariat, en fonction du niveau institutionnel qui l'impulse, peut être « institutionnel » ou « de projet » si ce sont les acteurs de terrain qui le mettent en place.
Ainsi, le partenariat institutionnel est mis en place au niveau des directions des organisations.

Exemple : *Le centre communal d'action sociale établit une convention dans le cadre de « Culture du cœur » avec les musées nationaux pour développer des actions favorisant l'accès à la culture des populations en situation de précarité.*

En revanche, le partenariat de projet correspond à une phase peu institutionnalisée dans laquelle la collaboration se met en place avec une finalité et des objectifs communs, une coordination souple.

Exemple : *Un projet éducatif dans un quartier faisant l'objet d'un contrat urbain de cohésion sociale réunit des acteurs locaux : Éducation nationale, centre social, centre aéré municipal, maison de quartier, club de prévention…*

Le travail en réseau est une modalité particulière du partenariat : il inclut une pluralité d'acteurs autonomes coordonnés qui poursuivent des objectifs communs et sont à même, du fait de leur diversité, d'apporter une réponse complète aux problématiques globales des personnes. Les réseaux sont des dispositifs relativement souples qui se dotent d'outils de communication après avoir défini des modalités d'intervention.
Le travail en réseau est fréquent dans le domaine médico-social. La création de réseaux de santé et médico-sociaux est encouragée par les pouvoirs publics (loi du 4 mars 2002 sur les droits des malades et la qualité du système de santé, loi du 2 janvier 2002 rénovant l'action sociale et médico-sociale).

Exemple : *Réseau pour la prise en charge précoce et globale des femmes enceintes en situation de précarité.*

2 Le référentiel de compétences

Quatre compétences permettent l'obtention du DC4B en diplôme d'État de Conseiller en ESF :

Compétences	Indicateurs de compétences
C4.3 Représenter l'institution	Transmission de l'image, des valeurs, des missions de l'organisation, des institutions et/ou des services
C4.4 Assurer une fonction de médiation	Mise en œuvre des conditions et des techniques de médiation4
C4.5 Assurer une fonction de négociation	Mise en œuvre des conditions et des techniques de négociation
C4.6 S'inscrire dans un travail d'équipe en interne, pluriprofessionnel et/ou pluri- institutionnel	Coopération avec d'autres professionnels et institutions Coproduction de diagnostics, d'analyses partagées, de projets

3 Le référentiel de formation

90 heures sont affectées à ce domaine de compétences en année de préparation au diplôme d'État de Conseiller en ESF et réparties de la manière suivante :

- **Connaissance des politiques sociales et des institutions : 60 heures**
  – **Cadre institutionnel : institutions, missions**
  – **Les politiques sociales publiques** dans leurs dimensions européennes, nationales et territoriales

Exemples :
Les politiques du logement
Les politiques de l'emploi et de l'insertion – l'insertion par l'économie
La politique de la ville : sociologie urbaine et rurale, urbanisme et territorialité
La politique de l'immigration
Les politiques de protection (enfants, personnes âgées, personnes handicapées)
La politique de prévention de la délinquance
La protection sociale

- **Le partenariat, la médiation et la négociation en travail social : 30 heures**
  – **Le partenariat**, le travail en équipe, le travail en réseau
  – **Les concepts de médiation et de négociation** en travail social

37. Processus souvent formel par lequel un tiers tente, à travers l'organisation d'échanges entre les parties, de permettre à celles-ci de confronter leur point de vue et de rechercher une solution. La médiation est une action accomplie par un tiers entre des personnes ou des groupes qui y consentent librement, y participent, et auxquels appartiendra la décision finale. Extrait du *Nouveau dictionnaire critique d'action sociale*, p. 357-358, sous la direction de Brigitte Bouquet et de Jean-Yves Barreyre, Bayard Éditions, 2006.

4 Le référentiel de certification

a. Les modalités de l'épreuve de l'examen

La définition de l'épreuve de certification est la suivante (extrait de l'arrêté du 1er septembre 2009) :

« Cette épreuve a une durée de 4 heures.

Elle valide le domaine de compétences : Implication dans les dynamiques partenariales institutionnelles et interinstitutionnelles.

Elle a pour objectifs de vérifier la capacité du candidat à :

- identifier une problématique sociale contextualisée ;
- repérer les acteurs, leurs missions et les dispositifs d'action sociale pouvant être mobilisés ;
- se positionner et agir en qualité de Conseiller en Économie Sociale Familiale sur un territoire ;
- rédiger de façon claire et rigoureuse.

À partir des connaissances acquises et des documents transmis (10 pages maximum) présentant une politique sociale, le candidat analyse et définit les actions partenariales et territoriales possibles, ainsi que le rôle du Conseiller en ESF dans ce cadre.

Pour cette épreuve, la commission d'examen est composée d'un professionnel Conseiller en ESF et d'un formateur non impliqués dans la formation du candidat. »

Cette épreuve a pour but de certifier les compétences citées plus haut ; le repérage de ces dernières dans les écrits réalisés est l'objectif de la correction par le jury.

Le « réalisme de terrain », la conscience des missions du Conseiller en ESF en rapport avec son appartenance institutionnelle, dans un territoire donné, la capacité de positionnement déontologique et éthique sont des fondements de la compétence DC4 et des qualités nécessaires à la validation de l'épreuve.

Dans cette épreuve, le candidat développe une **stratégie partenariale** et non une intervention sociale :

- Avec qui engager un travail ?
- Pourquoi ?
- Comment s'y prendre pour y arriver ?

Il n'est pas nécessaire de décliner toutes les étapes d'une intervention, ce qui relèverait de l'épreuve DC2. En revanche, des compétences en communication sont mobilisées car il s'agit d'identifier les rôles, places et attentes des interlocuteurs professionnels. Dans le devoir, le candidat justifie la pertinence de ses choix et ne se contente pas d'un « listing d'acteurs ».

Cette épreuve requiert les qualités nécessaires à toute épreuve écrite : esprit de synthèse, qualité rédactionnelle, clarté et structuration du propos mais aussi qualité de présentation et présence d'une introduction et d'une conclusion.

b. La correspondance avec les autres diplômes

- Les titulaires du BTS en ESF, du DUT carrières sociales toutes options et du DUT carrières sociales options AS et ASSC bénéficient du DC4A et doivent passer le DC4B.
- Les titulaires du diplôme d'État d'éducateur spécialisé, du diplôme d'État d'assistant de service social, du diplôme d'État d'éducateur technique spécialisé, du diplôme d'État d'éducateur de jeunes enfants sont dispensés de l'obtention de ce domaine de compétences pour l'obtention du diplôme d'État de Conseiller en Économie Sociale Familiale.

c. La méthodologie pour réussir l'épreuve du DC4

Se préparer pendant l'année :

- Travailler sur les notions de territoire, partenariat, médiation, négociation, coopération en réfléchissant sur les atouts et les limites des méthodes.

Exemple : *Le partenariat mutualise les moyens, évite les redondances, les contradictions dans les actions, mais il peut être source de complexité et d'inertie.*

- Établir une fiche par type de politique sociale résumant ses principes, les textes de loi et identifiant ses acteurs aux niveaux national, régional (si nécessaire), départemental et local[38]. Suivre l'actualité sociale et utiliser ses connaissances acquises lors du BTS en ESF.

- En complément à cette fiche, il est possible d'établir une cartographie des partenaires par terrain d'intervention. La mutualisation des expériences de stage entre étudiants peut être un atout, chacun étant à même de bien connaître les acteurs de son champ d'intervention.

- Consulter les annales des années précédentes (pour l'instant une épreuve), des épreuves des autres formations de niveau 3, réaliser les devoirs correspondants et les exercices de formation proposés par les centres de formation.

d. Face au sujet

Les sujets du DC4B pourraient proposer aux candidats :

- une analyse de situation à partir de données contextualisées, sur un territoire donné ;
- l'identification des politiques sociales et les acteurs concernés ;
- la présentation d'une stratégie partenariale à partir d'un ancrage institutionnel et territorial du Conseiller en ESF (précisé ou non dans le sujet).

Pour réaliser ces différentes étapes la lecture du sujet est un moment essentiel, qu'il ne faut pas écourter, comme évoqué dans le DC3. Il s'agit de repérer dans le sujet tout ce qui est demandé et le cheminement attendu de la pensée.

Exemple : *« Vous citerez et justifierez les acteurs concernés » ne doit pas aboutir à une énumération mais exige de justifier la place de chaque acteur.*

38. Jamot-Robert Christelle, *Politiques sociales*, Vuibert, 2010.

Faire un « brainstorming » des connaissances sur le sujet :
De quelle politique sociale s'agit-il ? Ou desquelles ?
Quels en sont les acteurs aux niveaux national, régional, départemental et local ?

- Exploiter les annexes (10 pages au maximum) qui apportent des éléments essentiels. Repérer les sources et les dates des documents. Repérer les passages qui seront utiles dès la première lecture.
- Porter une attention particulière aux données de terrain, au contexte territorial, car un travailleur social se doit en tout premier lieu de répondre à des besoins de la population. Analyser ces données et en faire un point de départ des propositions d'actions partenariales.
- Dans une épreuve où il s'agit de se projeter en tant que Conseiller en ESF, il convient d'identifier l'ancrage institutionnel du professionnel. Si le sujet n'impose pas d'appartenance institutionnelle, il est possible d'en proposer une si nécessaire, pour développer une stratégie partenariale. Les missions de l'institution employeur et le rôle du Conseiller en ESF pourront ainsi être précisés.

Remarque générale :
La notation est fondée sur l'identification des compétences mentionnées dans le référentiel de compétences. La 1re session ayant eu lieu en septembre 2010, nous avons donc peu de recul sur cette épreuve.

Sujet de l'épreuve DC4, session 2010

Implication dans les dynamiques institutionnelles, partenariales et interinstitutionnelles

Durée: 4 heures

« Constituent un habitat indigne les locaux ou installations utilisés aux fins d'habitation et impropres par nature à cet usage, ainsi que les logements dont l'état, ou celui du bâtiment dans lequel ils sont situés, expose les occupants à des risques manifestes pouvant porter atteinte à leur sécurité physique ou à leur santé. »
Article 84 de la loi de mobilisation pour le logement et la lutte contre les exclusions du 25 mars 2009
« Cette définition de l'habitat indigne fusionne donc les caractéristiques du logement non décent et les caractéristiques du logement impropre par nature à l'habitation ».
Rap A.N. n° 13571 Piron, décembre 2008.
La communauté d'agglomération de S. a décidé de mettre en place un **Programme d'Intérêt Général (PIG) « Lutte contre l'Habitat Indigne »**. Il s'agit d'un dispositif partenarial dont l'objectif est de résoudre des problématiques particulières dans l'habitat existant, de nature sociale ou technique à partir d'actions d'intérêt général.
Le PIG se décline dans des territoires donnés à des échelles plus on moins grandes (agglomération, bassin d'habitat, canton, voire département ou pays...) ne présentant pas nécessairement des dysfonctionnements urbains et sociaux notables, mais justifie un projet d'ensemble des interventions autres que des incitations à la réhabilitation de l'habitat privé par les propriétaires.
Ce PIG a un volet « Insertion par l'Habitat », prévoyant l'accompagnement social des ménages relevant de l'habitat indigne.
Le Pact-Arim du département a été retenu comme opérateur de ce PIG et doit organiser le partenariat nécessaire à la mise en œuvre de ce Programme.
Vous êtes CESF, employé par le Pact-Arim du département en question.
1. Présentez la problématique de l'habitat indigne sur ce territoire en précisant les conséquences de cette situation pour les publics concernés.
2. Identifiez et justifiez les partenaires et les dispositifs à mobiliser pour la lutte contre l'habitat indigne sur ce territoire. Présentez les actions prévues dans le cadre du volet « insertion par l'habitat » qui pourront faire l'objet de « fiches-action » dans la convention qui formalisera ce partenariat.
3. Présentez la démarche d'une de ces actions en justifiant votre positionnement professionnel en tant que CESF.

Annexes :
Annexe 1 : Diagnostic territorial extraits du Programme 2009 d'actions territoriales de la communauté S et ANAH (extraits).
Annexe 2 : Lutter contre l'habitat indigne. Extrait du dossier de la *Gazette Santé Sociale*, n° 30, mai 2007, p28 et 29.
Annexe 3 : Fiche PACT-ARIM de S.
Annexe 4 : L'intervention sociale dans la lutte contre l'habitat indigne. Journée nationale d'échanges relative à l'habitat indigne, avril 2007

Annexe 1 : Diagnostic territorial

Extrait du programme 2009 d'actions territoriales de la Communauté S. et ANAH (extrait)

Le Programme d'Actions Territoriales (PAT) constitue le support opérationnel de la Communauté d'Agglomération du S. en matière de rénovation de l'habitat privé. Il est le « support opérationnel pour l'attribution des aides publiques en faveur de la rénovation de l'habitat privé ». Il définit les moyens et dispositions qui seront mis en œuvre pour répondre aux enjeux et objectifs quantitatifs du territoire. Le PAT définit les priorités dans l'attribution des financements et permet de moduler, sous conditions, les montants définis par l'Agence Nationale de l'Habitat (Anah).
Le présent programme d'actions s'applique sur le territoire de 28 communes de la Communauté d'Agglomération du S. à compter du 1er janvier 2009. Il s'inscrit dans le cadre de la convention de délégation de compétence des aides à la pierre signée le 15 février 2006 avec l'État.
Par cette convention, l'État délègue à la Communauté d'Agglomération du S. le soin d'attribuer en son nom et pour son compte les aides à la pierre en faveur du parc public et du parc privé. La gestion des aides portant sur le parc privé fait l'objet d'une convention spécifique entre la communauté d'Agglomération du S. et l'Anah définissant les modalités d'instruction et de paiement des aides…

Contexte local :
– Une offre locative privée peu développée
Le parc locatif privé demeure un segment étroit du marché du logement du S. avec 16 % des résidences principales. Il se caractérise par sa relative ancienneté et par sa concentration dans la ville-centre qui accueille 70 % des logements locatifs privés.

– Une offre complémentaire au parc locatif public
Le parc locatif privé remplit une fonction complémentaire au parc locatif public et son rôle social est largement affirmé par la proportion de familles monoparentales et de ménages aux revenus modestes accueillis.
Si les parcs locatifs privés et publics ne se confondent pas, leurs différences en terme d'occupation tendent toutefois à s'amoindrir avec l'éloignement de la ville-centre avec, pour points communs, des ménages jeunes et de petites tailles, un poids des familles monoparentales équivalant (15 %) et des occupants aux revenus modestes. Par ailleurs, compte tenu de la faible disponibilité des logements locatifs publics (vacance et rotation limitée) et de la fragilisation des ménages, le parc locatif privé ancien capte des ménages plus modestes.

– Un marché du logement tendu difficilement accessible aux ménages les plus précaires
La croissance du nombre de ménages, et leur difficulté à réaliser un « parcours résidentiel », contribue à bloquer le fonctionnement du marché du logement. Prix élevés des transactions et réduction de la vacance sont les conséquences visibles de cette tension. Elle se traduit également par une croissance des demandes de logement aidé de la part de ménages de plus en plus soumis aux aléas économiques (chômage, faibles ressources...).

Dans le marché locatif privé, les ménages connaissent des difficultés à se loger compte tenu de la rareté de certains produits (maisons individuelles, logements de bon standing) et des niveaux de loyers pratiqués. Les conditions d'accès au parc privé se révèlent plus difficiles en raison du niveau exigé de garantie par les bailleurs. L'activité du Fonds Solidaire Logement (FSL) fait ressortir ces difficultés : la mobilisation des aides par les ménages du parc privé porte quasi exclusivement sur l'accès à un logement.

– Les logements insalubres et indignes

En 2006, une étude réalisée sur le parc privé de la Communauté d'Agglomération de S. a permis de mieux cerner la problématique soulevée par l'habitat indigne.

Il apparaît que la Communauté d'Agglomération est comparativement moins touchée par les situations d'indécence : la part des logements de plus de 15 ans classés en catégorie cadastrale 6 (qualité « ordinaire »), et 8 (médiocre et très médiocre) atteint 31,6 % alors que le taux avoisine 50 % sur d'autres territoires comparables. La part des logements de médiocre qualité demeure de faible ampleur au regard de la situation départementale (classements cadastraux 7 et 8 : 2 % à S., 6 % pour les autres communes de l'Agglomération contre 12 % dans le département).

Les situations d'habitat indigne sont difficilement appréhendables en dehors des signalements directs effectués par les ménages ou les services compétents. La DDASS de l'A. a déclaré insalubre, en 1996, le bâtiment D « les Grands Jardins » à V. Ces logements sont depuis suivis par la commune.

En 2007 et 2008, 5 logements ont fait l'objet d'un signalement pour des problèmes de salubrité : 10 autres adresses ont aussi été signalées à la DDASS pour des problèmes de péril (4), plomb (5) et humidité (5).

Les données disponibles pour 2003 signalent qu'à l'échelle de la communauté d'Agglomération du S. 507 logements privés sont potentiellement indignes, soit 3,6 % de l'ensemble des résidences principales du parc privé. Le PPPI est en recul par rapport en 1997, date à laquelle 573 logements étaient potentiellement indignes.

48 % du parc potentiellement indigne, soit 245 logements, sont focalisés à S. : une légère surreprésentation au regard des 45,9 % du parc privé de l'Agglomération qu'elle concentre. La première couronne serait concernée par l'existence de 155 logements potentiellement indigne (31 % du PPPI) tandis que les autres communes rurales accueilleraient 21 % du PPPI (107 logements).

Le parc locatif privé semble plus touché par ces situations d'habitat indigne : 7,8 % du parc locatif privé est potentiellement concerné contre seulement 2 % des propriétaires occupants. En effet, alors que le parc locatif privé ne pèse plus que pour 24 % du parc privé de l'agglomération de S., il concentre plus de la moitié des PPPI (263 logements). Cette distorsion semble conforter l'existence d'un parc d'accueil pour les ménages à faibles revenus dans l'incapacité de se loger dans le parc locatif public.

Si on constate qu'une majorité de ces logements indignes est occupée par des ménages figés (plus de 60 ans), il apparaît néanmoins que les jeunes /ménages (personne de référence âgée de moins de 25 ans) sont plus fréquemment mal logés (7,7 % du PPPI contre une représentation dans le parc privé total de 1,8 %). Ceci est d'autant plus marqué pour S.

Principaux enjeux :
Une étude spécifique sur le parc locatif privé et l'habitat indigne a été réalisée entre mai 2005 et avril 2006 dans le cadre du PLH 2003/2007. Elle a permis de dresser un diagnostic précis du parc privé, de ses différentes composantes et de son fonctionnement (quantifier, qualifier et localiser les logements vacants, indignes ou insalubres et évacuer les possibilités de changement d'usage de bâtiments abandonnés en logements).
La politique actuelle de la Communauté d'Agglomération du S. reprend les grandes orientations définies dans cette étude :
– Lutter contre les habitats dégradés, indignes ou insalubres.
– Favoriser le développement d'une offre de logements conventionnés sociaux, très sociaux et intermédiaires afin de développer une offre locative privée accessible dans les tissus urbains anciens.
– Sensibiliser les ménages aux économies d'énergies, au recours aux énergies renouvelables et à la lutte contre la précarité énergétique.
– Améliorer les conditions de logement et de confort des ménages, en privilégiant les approches de développement durable.
– Lutter contre la vacance.

Objectifs du territoire :
Conformément au PLU 2008/2013, sont prévues les interventions suivantes en faveur de l'habitat privé ancien :
– Diversifier l'offre de logements pour assurer les parcours résidentiels sur l'ensemble du territoire communautaire, notamment en favorisant le développement des logements locatifs conventionnés dans le parc privé.
– Répondre aux besoins spécifiques, notamment en développant une offre diversifiée de logements adaptés aux besoins des publics en difficulté, en adaptant les logements existants aux besoins des personnes âgées et/ou à mobilité réduite...
– Soutenir l'amélioration de l'habitat des propriétaires modestes.
– Améliorer et valoriser le parc existant en remettant sur le marché des logements vacants et en luttant contre l'habitat indigne : insalubrité, saturnisme.
– Favoriser des approches de qualité environnementale et de performance énergétique dans l'habitat ancien.

Les objectifs fixés à l'échelle départementale sont de conventionner 90 logements sur 3 ans. Les publics visés sont ceux entrant dans le champ du PDALPD, en précarité d'emploi ou en insertion professionnelle, les publics en difficulté due à l'insuffisance de leurs ressources et à leurs conditions d'existence... Il s'agit ainsi, dans le cadre du PLH 2008/2013, de poursuivre la mise en œuvre de ce dispositif et d'évaluer par la suite la pertinence d'une nouvelle adhésion dans l'hypothèse d'une reconduction du dispositif par le Conseil Général de l'A.

Glossaire
ABF : Architecte des Bâtiments de France.
ANAH : Agence Nationale de l'Habitat.
CCH : Code de la Construction et de l'Habitation.
CLAH : Commission Locale d'Amélioration de l'Habitat.

DDASS : Direction Départementale des Affaires Sanitaires et Sociales.
DDE : Direction Départementale de l'Équipement.
DGI : Direction Générale des Impôts.
DPE : Diagnostic de Performance Énergétique.
DRE : Direction Régionale de l'Équipement.
FSL : Fonds Solidarité Logement.
INSEE : Institut National de la Statistique et des Études Économiques.
OPAH : Opération Programmée de l'Habitat.
PAT : Programme d'Actions Territoriales.
PB : Propriétaire Bailleur.
PCS : Plan de Cohésion Sociale.
PDALPD : Plan Départemental d'Aide au Logement des Personnes Défavorisées.
PLH : Programme Local de l'Habitat.
PLS : Prêt Locatif Social.
PO : Propriétaire Occupant.
PPPI : Parc Privé Potentiellement Indigne.
PST : Programme Social Thématique.
PIG : Programme d'Intérêt Général.

Annexe 2 : Lutter contre l'habitat indigne

Des partenariats entre des acteurs pourtant peu habitués à travailler ensemble sont indispensables à la lutte contre l'insalubrité.

Des lambeaux de tapisserie rappellent que la chambre à coucher était autrefois décorée. Aujourd'hui, les murs de la maison sont dénudés et l'endroit est dangereux pour les six enfants de cette famille du Nord-Pas-de-Calais ; ils sont atteints de saturnisme, maladie liée à l'ingestion du plomb, présent dans la peinture.

Dimension triple

400 000 à 600 000 logements constituent un « habitat indigne ». Un peu plus d'un million de personnes y vivent. « Cette population cumule les facteurs d'exclusion : elle accède difficilement à un logement, à un faible revenu et est souvent d'origine immigrée » remarque Cyrille Lewandowsky, chargé de mission à l'Agence Nationale de l'Habitat (Anah). Ce qui fait dire à Xavier Benoist, vice-directeur du Mouvement Pact Arim, que « la lutte contre l'habitat indigne est un concept politique, car vivre dans un logement digne est un des droits sociaux garants de la dignité humain ».
La lutte contre l'habitat indigne recouvre une triple dimension : sanitaire d'abord car les logements anciens, construit avant 1984, contiennent de la peinture au plomb, source de saturnisme. Sociale, ensuite, puisque les habitants sont dans une situation précaire et qu'il convient de les accompagner lors des travaux de réhabilitation. Relevant de la politique de l'habitat, enfin, car elle permet la production de logements à loyer modéré dans le pare immobilier existant et favorise par conséquent la mixité sociale.

Langage commun

Pendant longtemps, la lutte contre l'habitat indigne a sommeillé. La proportion de logements inconfortables (ne disposant pas de salle de bains, de toilettes intérieures et d'un chauffage central) ayant chuté de 90 % à 8 % en soixante ans, les pouvoirs publics pensaient que l'essentiel avait été fait. Pourtant, ce faible taux masquait la persistance d'un phénomène de mal-logement des familles précaires. Les pouvoirs publics se sont donc attaqués une nouvelle fois au problème après avoir inscrit la lutte contre l'habitat indigne dans la loi de lutte contre les exclusions en 1998 et dans celle relative à la solidarité et au renouvellement urbain (SZU) en 2000, ils ont créé en 2002 le Pôle national de lutte contre l'habitat indigne (PNLHI).

Celui-ci a pour mission d'engager une réflexion au niveau national et d'impulser une politique au niveau local. Dès sa création, onze départements pilotes ont été choisis pour expérimenter des méthodes engageant un vaste partenariat afin de détecter et de traiter les cas d'insalubrité. Aujourd'hui des projets sont en cours dans plus de 80 départements. Le plus grand défi reste la construction d'un langage commun entre des acteurs peu habitués à travailler ensemble. Dans le V. – l'un des sites pilotes – la démarche repose sur la complémentarité des approches : « Si c'est le préfet qui pilote notre projet, ce sont les collectivités qui choisissent les outils adaptés à leur territoire, souligne Rémi Sibertin-Blanc, chargé de mission à la direction départementale de l'équipement et membre du PNLHI.

De plus, il est essentiel que chaque opérateur ait une double compétence, technique et sociale, car on ne peut dissocier le traitement du bâti de la recherche d'une solution adaptée à chaque famille ».

L'Anah est le partenaire incontournable de toute opération de réhabilitation. « L'une de nos principales missions est de produire une offre locative à loyer modéré grâce aux aides que nous attribuons aux propriétaires lors des travaux » expose Serge Contat, son directeur général. Ainsi les aides varient de 30 % à 70 % du montant des frais, en échange d'un loyer modéré, ce qui a permis de produire 133 400 logements sociaux. La loi du 13 juillet 2006 portant engagement national pour le logement a renforcé ce dispositif en prévoyant un abattement fiscal de 45 % pour les propriétaires qui acceptent de pratiquer des loyers sociaux (même sans travaux).

Résultats limités

Pourtant, la lutte contre l'habitat indigne rencontre encore des obstacles. « De nombreux propriétaires font leurs travaux sans passer par l'Anah. La réhabilitation est mal faite et le logement se dégrade une nouvelle fois très rapidement » pointe Morgane Pinoteau chargée de projet à l'association des familles victimes de saturnisme. Autre problème : les propriétaires occupants sont les grands oubliés du soutien de l'Anah. En effet, seuls ceux qui ont des ressources très faibles ont droit à des aides qui n'excèdent alors pas 35 % du montant des travaux. Enfin la lourdeur des procédures et l'éclatement des compétences entre collectivités, préfet et administrations déconcentrées font que les résultats restent modestes. Toutefois. Max Garans, responsable du service santé-environnement de la direction départementale des affaires sanitaires et sociales des B., relativise : « Chaque opération a valeur d'exemple. Les propriétaires attendent de moins en moins d'être repérés par les pouvoirs publics pour commencer leurs travaux et le nombre de dossiers reçus par l'Anah, augmente ».

Enquête :
L'Institut de veille sanitaire lance une grande enquête sur le saturnisme, dont les résultats paraîtront en 2009. « La dernière étude, menée en 1996 avait montré que 2 % des enfants âgés de moins de 7 ans présentaient une plombémie supérieure ou égale à 100 microgrammes par litre de sang. On s'attend à une nette diminution, notamment du fait de l'interdiction du plomb dans l'essence », explique Philippe Bretin, chargé du programme de surveillance du saturnisme.

Annexe 3 : Fiche PACT ARIM

PACT ARIM
Bâtisseurs des solidarités pour l'habitat

L'association Loi 1901 PACT Habitat et Développement du département A. intervient dans tout le département. Depuis 1951, au travers de 150 missions différentes, elle agit en faveur de l'amélioration de l'habitat existant, du développement des villes et des territoires ruraux et de l'insertion sociale des ménages les plus modestes.

Nos domaines d'intervention

1) Études Ville
Urbanisme, aménagement, patrimoine, approches sociales et participatives, habitat logement copropriétés, tourisme, enquêtes, environnement formation, assainissement, coopération internationale.

2) Programmes territoriaux
OPAH, PIG, PST, renouvellement urbain, revitalisation rurale, résorption d'habitat insalubre, traitement de copropriétés dégradées, opérations façades, investissement locatif.

3) Missions techniques
Diagnostics techniques, montage d'opérations logements, performance énergétique, états des lieux, prêts à taux zéro, montage d'opération de réhabilitation, conseil technique habitat existant, relevés, développement durable dans l'habitat, conduite de travaux.

4) Assistant à maître d'ouvrage
Assistance administrative, technique, approche environnementale de l'urbanisme, accompagnement des collectivités.

5) Assistance aux propriétaires
Montage de dossiers d'aide à l'amélioration de l'habitat, espacé info énergie, maintien à domicile, adaptation des logements au handicap ou au vieillissement.

6) Insertion par l'habitat
Maîtrise d'œuvre Urbaine et Sociale, baux à réhabilitation, accompagnement social lié au logement, concertation, lutte contre le logement indigne.

7) Gestion locative
SIRES (service immobilier rural et social), location, médiation sociale, agence immobilière sociale.

Le PACT habitat et développement de A. a pour objet :
– La mise en état d'habitabilité, la restauration, la réhabilitation, l'équipement, le développement, la création d'une offre nouvelle de logement, notamment destinée aux familles modestes ou défavorisées par aménagement ou édification, acquisition…
– Diffusion des informations de nature à faciliter l'amélioration de l'habitat défectueux ou insalubre.
– De promouvoir la réhabilitation des immeubles et ensembles d'immeubles constitués principalement de locaux d'habitation en vue d'améliorer les conditions de vie des habitants.
– D'exercer par tous les moyens une action en vue de la restauration et de l'équipement du patrimoine existant ainsi que pour l'accès et le maintien des personnes dans un habitat décent.
– D'assurer par tout moyen, l'accès durable au logement, la médiation liée à l'habitat, l'action socio-éducative en vue de l'insertion par le logement et de la promotion des personnes et des familles.
– De promouvoir toute action tendant à une revitalisation des quartiers existants en milieu rural ou urbain, en général de participer à toute action ayant pour but l'amélioration de l'habitat et du cadre de vie et l'insertion des personnes et des familles par l'habitat.
– De participer aux actions de valorisation des productions agricoles et des ressources locales, de soutien et de développement des exploitations rurales.
– De recevoir mandat de gestion de deniers publics et parapublics.

Annexe 4 : L'intervention sociale dans la lutte contre l'habitat indigne

Pôle national de lutte contre l'habitat indigne
Bordeaux, le 30 novembre 2006
Journée nationale d'échanges relative à l'habitat indigne
Avril 2007

L'intervention sociale dans la lutte contre l'habitat indigne
Pourquoi ?

Le travail social est présent dans de nombreux domaines spécialisés, en complément de l'intervention sociale « généraliste » (autrement dite de polyvalence de secteur).
La lutte contre l'habitat indigne nécessite une analyse multifactorielle et une action croisée des acteurs des champs sanitaires, sociaux et du logement. Elle implique la mise en place d'une organisation partenariale entre les acteurs concernés, dans laquelle l'intervention sociale occupe une place grandissante.
Les travailleurs sociaux sont des acteurs de plus en plus présents et sollicités dans la lutte contre l'habitat indigne. Ils apportent leurs compétences professionnelles dans la réalisation du diagnostic de la situation des personnes, l'évaluation de la problématique du foyer et l'élaboration du projet d'actions à mettre en œuvre. Ils sont appelés à contribuer au repérage des situations à risque en matière d'habitat et à la mise en œuvre de dispositifs d'alerte et d'accompagnement.

Leur expertise est ainsi attendue dans le signalement et le traitement de l'habitat indigne, comme dans l'accompagnement, l'information sur les droits, la protection des personnes ou des familles victimes d'abus et de situations d'indécence. Ils sont partenaires pour les décisions qui seront prises par les autres acteurs spécialisés pour les aspects techniques, administratifs, juridiques, financiers.

L'information des personnes sur leurs droits (et obligations) est un moyen essentiel pour contribuer à l'évolution des représentations et des comportements individuels et collectifs.

À ce titre, l'intervention sociale ne se limite pas, dans sa contribution à la lutte contre l'habitat indigne, à améliorer le dépistage et le signalement des situations ; elle participe à cette mission d'information.

[...]

La principale difficulté pour l'intervention sociale, dans ce cadre de la lutte contre l'habitat indigne, est qu'elle peut être traversée par un dilemme déontologique lié au possible conflit entre le respect des droits individuels des personnes et la contribution à l'éradication des situations d'habitat indigne.

VI Langue vivante étrangère

Dans le cadre des accords de Bologne, les formations aux professions sociales doivent inclure une formation en langue vivante étrangère (LVE).

Le choix de la langue, de son contenu et des modalités pédagogiques est laissé à l'appréciation des centres de formation.

L'enseignement ne fait pas l'objet d'une certification.

20 heures sont consacrées à cet enseignement.

VII Livret de formation et site qualifiant

La réforme du diplôme d'État de Conseiller en Économie Sociale Familiale renforce la place du site qualifiant et du formateur terrain référent professionnel. La pédagogie par alternance s'en voit réaffirmée. Cela implique, tant du côté des centres de formation que du côté des sites qualifiants, une capacité à formaliser le processus de formation dans lequel l'étudiant s'est engagé.

Le livret de formation en sera le support final, à la fois dans l'évaluation des domaines de compétences par le site qualifiant et le centre de formation, le recueil des attestations de stage, dans l'écriture de l'auto-évaluation de l'étudiant.

Bien que les professionnels de terrain Conseillers en ESF aient la conviction que la formation des étudiants passe par ce temps de « transmission » que représente le stage, la réalité professionnelle, dense, complexifie l'accompagnement du stagiaire par le temps à lui consacrer. Cet aspect n'est certes pas nouveau ; le référentiel actuel accentue et valorise leur rôle pédagogique.

Chaque domaine de formation fait l'objet d'une appréciation précise, objective et détaillée s'appuyant sur le référentiel de compétences et sur l'implication du stagiaire.

On voit là toute l'importance et la nécessité, pour les formateurs enseignants, de travailler en étroite collaboration avec les sites qualifiants, à travers par exemple des réunions des référents professionnels, les visites de stage ou toute autre forme pédagogique.

Une auto-évaluation du parcours de formation de l'étudiant est attendue dans le livret de formation. Cela lui permet de mettre en œuvre une capacité réflexive, analytique, et de proposer son propre éclairage sur le cheminement de sa professionnalisation.

Dans l'article 4 de l'arrêté, il est spécifié :

> « La formation pratique, délivrée au sein de sites qualifiants, est l'un des éléments de la qualité du projet pédagogique de l'établissement de formation. Elle participe à l'acquisition des compétences dans chacun des domaines identifiés au sein du référentiel professionnel au même titre que la formation théorique et ne saurait être dissociée de cette dernière.
> Le stage professionnel est d'une durée de 16 semaines. Il doit être effectué auprès d'un Conseiller en Économie Sociale Familiale sur un ou deux sites qualifiants.
> Le stage professionnel complète la formation organisée dans l'établissement de formation. Associé en alternance à celle-ci, il favorise la compréhension et l'appropriation du double registre d'intervention : théorie-pratique. Il vise à l'acquisition de méthodologies et de techniques propres à la profession de Conseiller

en Économie Sociale Familiale, la construction d'une posture professionnelle et de l'éthique qui lui est attachée, la connaissance concrète des publics et des problématiques sociales, ainsi que des organisations, des acteurs, des enjeux partenariaux et des modalités de partenariat.
Le site qualifiant, organisme d'accueil en stage inscrit dans le champ social et médico-social, participe à la construction du socle professionnel que doit acquérir l'étudiant, tant au plan des savoirs que des techniques. Le site qualifiant définit son offre de stage sur la base des domaines de compétences du référentiel professionnel de Conseiller en Économie Sociale Familiale.
Chaque stage est organisé dans le cadre d'une convention de partenariat conclue entre le centre de formation et la personne juridiquement responsable du lieu de stage ; elle formalise les engagements réciproques des signataires et précise notamment l'offre de stage proposée par le site qualifiant en lien avec un ou plusieurs domaines de compétences du référentiel du diplôme pour lesquels il s'engage à contribuer à la formation des étudiants. Un formateur de l'établissement de formation effectue une visite sur le lieu de stage dans le cadre du suivi du stagiaire.
Par ailleurs, chaque stage fait l'objet d'une convention de stage entre l'établissement de formation, le stagiaire et la personne juridiquement responsable du lieu de stage dans laquelle sont précisées les modalités d'accompagnement du stagiaire tant sur le plan organisationnel que sur le plan des apprentissages professionnels (préparation des entretiens avec le référent professionnel et les membres de l'équipe, entretiens, évaluation du stagiaire par le site qualifiant, etc.).
Dans cette convention sont également détaillés les objectifs du stage en lien avec un domaine de compétences du diplôme, sur lesquels l'étudiant devra plus particulièrement axer son travail. Un référent professionnel est obligatoirement identifié pour chacun des stages. Ce référent professionnel assure l'accueil, l'intégration, l'accompagnement, l'encadrement et l'évaluation du stagiaire. Il a un rôle de coordination entre l'établissement ou le service d'accueil, le centre de formation et le stagiaire. »

Par ailleurs, l'article 5 stipule :

« Un livret de formation est établi, pour chaque candidat, par l'établissement de formation. Il atteste du cursus de formation suivi tant en établissement de formation qu'en milieu professionnel.
Il retrace l'ensemble des dispenses d'épreuves de certification dont a bénéficié le candidat et comporte l'ensemble des appréciations portées sur le candidat par les membres de l'équipe pédagogique et les référents professionnels. »

1 La professionnalisation par l'alternance et la place des « sites qualifiants » dans la formation

Le concept de compétence est présent dans les référentiels. Il constitue l'un des principes fondamentaux de la formation des travailleurs sociaux.
Développer des compétences, c'est favoriser l'acquisition de savoirs génériques et transférables, permettant une sélection pertinente et judicieuse des connaissances appropriées à un contexte ou à une situation déterminée.
Le mouvement que provoque l'alternance oblige chacun à se situer, à faire des choix théoriques, méthodologiques et techniques, soit à évaluer ses choix au regard des idées et des pratiques véhiculées dans son environnement, incluant les deux sites formateurs (le centre de formation et le site qualifiant).

Il s'agit d'analyser et de tirer des enseignements de cette confrontation, afin de s'approprier les savoir-faire, savoir-être et les savoirs professionnels permettant d'exercer dans le champ d'intervention de l'ESF.

L'alternance apparaît alors comme une modalité d'apprentissage à privilégier. Elle permet d'éviter deux écueils : l'imitation de la pratique, l'application irréfléchie de la théorie.

L'alternance permet un ancrage dans la réalité professionnelle. Elle développe chez le stagiaire le sens des responsabilités et des prises d'initiative en mesurant ses aptitudes aux exigences professionnelles.
Les apports théoriques de la formation peuvent être réinvestis sur le lieu de stage avec des interrogations et des ajustements permanents face aux réalités et aux besoins professionnels.

Ce principe d'alternance impose un cadre et des dispositions précises.
L'alternance suppose que le lieu de stage soit un site **qualifiant** d'acquisition de compétences relatives à la profession de Conseiller en ESF (*cf.* article 4 cité ci-dessus).

La reconnaissance du terrain professionnel au titre de site qualifiant engage celui-ci à une démarche de qualité dans l'accueil et l'accompagnement du stagiaire.

2 L'engagement du terrain comme « site qualifiant »

Être « site qualifiant » induit une **responsabilité** et une **implication** que l'organisme d'accueil décide de prendre dans la formation du Conseiller en Économie Sociale Familiale.
Il est défini comme une « **organisation apprenante de professionnalisation** », tant de la pratique professionnelle que de l'acquisition de savoirs et de connaissances complémentaires.

Le positionnement de l'organisme d'accueil est déterminant pour créer une véritable dynamique de réflexion mais aussi de coproduction et de co-évaluation du stage professionnel.

Le fait de dénommer le lieu de stage « site qualifiant » affiche une volonté partagée par l'organisme de stage et les centres de formation, un accueil et un projet de stage le plus pertinent possible en s'inscrivant dans le projet professionnel du stagiaire.

Le site qualifiant nomme un référent professionnel titulaire du diplôme de niveau III de Conseiller en Économie Sociale Familiale.
Le site qualifiant mobilise, autour du référent, une équipe pluriprofessionnelle, dans une mise en œuvre du projet d'accueil du stagiaire.

Le choix d'inscrire le stage professionnel dans un cadre élargi a pour objectif l'enrichissement du processus de qualification en passant d'une réalité duelle à une relation avec une équipe pluriprofessionnelle, sous la coordination du référent du site qualifiant.

Conclusion

Réaliser cet ouvrage fut un excellent et enrichissant terrain d'expérimentation pour les membres des différents groupes de travail et de leurs institutions d'appartenance.
Cet exercice a permis à l'ensemble des auteurs de mettre en œuvre les compétences nécessaires à l'exercice de la profession de Conseiller en Économie Sociale Familiale, c'est-à-dire de mettre en place une dynamique de « formation-action ». Belle opportunité que celle de mobiliser les ressources pertinentes de chacun, de les combiner, les assembler, les organiser… pour construire et mettre en œuvre des compétences communes au service de l'ouvrage.

Pour cela le groupe a dû :

- faire des recherches théoriques et les confronter aux enquêtes du terrain, en exploiter les données ;
- se confronter à la méthodologie d'investigation et d'intervention sociale ;
- tenir compte de la place et de la parole de chacun ;
- confronter ses idées, argumenter ses points de vue ;
- faire preuve d'un esprit d'ouverture et proposer une critique constructive ;
- communiquer tant à l'oral qu'à l'écrit en s'interrogeant sur les attentes des publics destinataires ;
- former une équipe en lui donnant cohésion, cohérence, ainsi que dynamisme et envie de dépassement de soi ;
- travailler en partenariat et en réseau entre diverses institutions ;
- situer la mobilisation des acteurs sur le territoire national ;
- donner sens à ce travail.

L'architecture du diplôme est mise en place grâce à la déclinaison précise et explicite de la définition de la profession, des référentiels d'activités, de compétences, de formation et de certification. La formation respecte la cohérence globale attendue, appréciée par les employeurs et en lien avec l'exercice de la profession.

Le Conseiller en ESF, dans l'exercice de sa profession déclinée en de nombreux métiers, utilise l'ensemble des compétences. L'alternance théorie-pratique, tant en centre de formation que sur site qualifiant, participe à la construction de l'identité et de la posture professionnelle.

Même si le référentiel propose les connaissances, les approches disciplinaires et les compétences rattachées à l'un ou l'autre des quatre domaines, la transversalité entre eux est fondamentale. C'est bien la nécessaire articulation de l'ensemble qui donne sens à la formation et à la profession.

Le référentiel permet de réaffirmer la double compétence du Conseiller en ESF, à savoir l'interaction entre l'intervention sociale d'aide à la personne et l'intervention sociale d'intérêt collectif, dans le cadre d'un double registre préventif et curatif.

Les approches scientifique, technique et pratique qualifient l'expertise du Conseiller en Économie Sociale Familiale dans les domaines de la vie quotidienne et de la quotidienneté au service de l'intervention sociale.

Bibliographie

- Aballéa François, Benjamin Isabelle, Ménard François, *Le Métier de Conseiller(ère) en économie sociale et familiale. Professionnalité et enjeux,* Syros, janvier 1999.
- Aballéa François, Benjamin Isabelle, Ménard François, *Le Métier de Conseiller(ère) en économie sociale familiale. Professionnalité et enjeux,* La Découverte, 3e édition, 2006.
- Aballéa François, « Surintendante d'usines ; conseiller du travail et conseiller en économie sociale familiale : deux dynamiques professionnelles divergentes », *Revue française des affaires sociales*, n° 3, juillet-septembre 2004.
- Barreyre Jean-Yves (dir.), *Nouveau dictionnaire critique d'action sociale,* Bayard Éditions, 2006.
- Bellégo Olivier, *Annales corrigées, conseiller socio-éducatif,* Concours interne, La Documentation française, 2010-2011.
- Bellenger Lionel, *La Négociation*, PUF, coll. Que sais-je ?, 2003.
- Bernège Paulette, *De la méthode ménagère*, Dunod, 1934.
- Bouquet Brigitte, *Éthique et travail social,* Dunod, 2005.
- Bouton Michel, Derrien Marie-Laure, Molina Yvette, Mundweiler-Le Naveaux Olivia, Rolland Marie, *DEASS – DC3 Communication professionnelle en travail social,* Vuibert, coll. Itinéraires pro, 2008.
- Bouton Michel, Derrien Marie-Laure *et al.*, *DEASS – DC4*, Vuibert, coll. Itinéraires pro, 2009.
- Cahiers de l'enseignement ménager familial et Cahiers de l'économie sociale familiale de 1946 à 1995, consultés au Conservatoire national des archives et de l'histoire de l'éducation spécialisée (CNAHES) et au Centre d'études, de documentation, d'information et d'action sociales – Musée social (CEDIAS).
- Conseil supérieur du travail social, *Intervention sociale d'intérêt collectif,* La Documentation française, 1988.
- Conseil supérieur du travail social, *L'Intervention sociale d'aide à la personne : rapport du Conseil supérieur du travail social,* Rennes, ENSP, 1998.
- De La Hougue Arnaud, *À propos du surendettement : hommes et argent*, L'Harmattan, 2002, p. 190.
- De Robertis Cristina, Henri Pascal, Lesimple Françoise, *Méthodologie de l'intervention en travail social : l'aide à la personne,* Bayard Éditions, 2007.
- De Robertis Cristina, Orsoni Marcelle, Henri Pascal, Romagnan Micheline, *L'Intervention sociale d'intérêt collectif : de la personne au territoire,* Presses de l'EHESP, 2008.
- Dubasque Didier, Bouquet Brigitte (dir.), *Développer et réussir l'intervention sociale d'intérêt collectif*, Presses de l'EHESP, 2009.

- Dubéchot Patrick, Rolland Marie, *DEES – DC4*, coll. Itinéraires pro, Vuibert, 2008.
- France ESF, *L'ESF dans l'intervention : un atout la quotidienneté*, Actes du colloque des 22 et 23 novembre, 2007, p. 79.
- Gévart Pierre, Castex Gérard, *La Note : la note de synthèse, la note administrative, la note avec propositions*, catégories A et B, La Documentation française, 2010.
- Girard Françoise, « Le système éducatif à Saint-Cyr », *Revue de l'histoire de Versailles et des Yvelines*, n° 74, 1990.
- Gourvil Jean-Marie, Kaiser Michel, *Se former au développement social local*, Dunod, 2008.
- Groche Marcel, Mangeant Dominique, *Préparer les épreuves du BTS ESF et du diplôme d'État de Conseiller en ESF*, ASH Éditions, 2004.
- Jacquard Albert, *Nouvelle petite philosophie*, Stock, 2005.
- Jamot-Robert Christelle, *Politiques sociales*, Vuibert, 2010.
- Jovelin Emmanuel, Bouquet Brigitte, *Histoire des métiers du social en France*, ASH Professionnels, 2005.
- Kevassey Sophie, *Étudiants en service social : le mémoire de recherche*, Dunod, 2000.
- Knibiehler Yvonne, Fouquet Catherine, *L'Histoire de nos mères, du Moyen Âge à nos jours*, Hachette Littératures, coll. Pluriel n° 8388, 1989.
- Laprie Bruno, Minana Brice, *Les Écrits professionnels en pratique ; guide à l'usage des travailleurs sociaux*, ESF Éditeur, 2010.
- Lebarbier-Foisnet Muriel, *Maxi fiches, Action sociale*, Dunod, 2010.
- Le Doare Nelly, *Conseillère en économie sociale familiale : un métier éducatif ? Propositions pour une formation des conseillères à leur mission éducative*, L'Harmattan, 2004.
- Leroy-Beaulieu Paul, *Le Travail des femmes au* XIX*e siècle*, 1873. Consulté sur Internet : http://gallica.bnf.fr
- Lièvre Pascal, *Manuel d'initiation à la recherche en travail social : construire un mémoire professionnel*, Rennes, ENSP, 1998.
- Lochen Valérie, *Comprendre les politiques sociales*, 3e édition, Dunod, 2010.
- Marquart François, *L'Action sociale et l'Économie sociale familiale*, Paris, CNAF, 1974.
- Mathieu Nathalie, *Maîtriser les écrits du social*, guide méthodologique à l'usage des travailleurs sociaux, ASH Éditions, 2007.
- Nogués Henry, Rouzeau Marc, Molina Yvette (dir.), *Le Travail social et ses formations à l'épreuve des territoires*, Presses EHESP, 2011.
- Quivy Raymond et Van Campenhoudt Luc, *Manuel de recherche en sciences sociales*, Dunod, 1995.
- Refalo Patrick, Remondière Rémi, Rouganou Corinne, *Métier : Conseiller en Économie Sociale Familiale : formation, diplôme, carrière*, ASH Étudiant, mai 2005.
- Refalo Patrick, Remondière Rémi, Rouganou Corinne, *Méthodologie en économie sociale et familiale*, ASH Étudiant, 2006.

- Stébé Jean-Marc (dir.), Ben Mrad Fathi, Marchal Hervé, *Penser la médiation, le travail social*, L'Harmattan, 2008.
- Tant Daniel, *La Note administrative : préparation au concours de rédacteur territorial*, catégorie B, Méthodes et concours corrigés, éditions CNFPT, 2003.
- Vachon Jérôme, « 24 h dans la vie... d'une conseillère en économie sociale et familiale », *ASH Magazine*, n° 1, janvier-février 2004.
- Ward John, *Guide de l'épreuve de dossier de pratiques professionnelles du DEASS*, Presses de l'EHESP, 2009.
- Zelizer Viviana, *La Signification sociale de l'argent*, Éditions du Seuil, 2005.

Sitographie

- ADAC : www.adac.asso.fr
- Direction générale de la cohésion sociale : www.solidarite.gouv.fr
- France ESF : www.france-esf.fr
- Ministère de l'Éducation nationale : www.education.gouv.fr
- UNAFORIS : www.unaforis.eu

Glossaire

ADAC	Association accompagner, dynamiser, agir, créer le social autrement
AEB	Accompagnement éducatif budgétaire
AESF	Accompagnement à l'Économie Sociale Familiale
AFORTS	Association française des organismes de formation et de recherche en travail social
ANPESF	Association nationale des professionnels en Économie Sociale Familiale
APA	Allocation personnalisée d'autonomie
ARPESF	Association régionale des professionnels en Économie Sociale Familiale
ARS	Agence régionale de santé
ASE	Aide sociale à l'enfance
ASLL	Accompagnement social lié au logement
AVS	Auxiliaire de vie sociale
BT	Brevet de technicien
BTS	Brevet de technicien supérieur
CADA	Centre d'accueil de demandeurs d'asile
CAF	Caisse d'allocations familiales
CAPEX	Commission de coordination des actions de prévention des expulsions
CCAS	Centre communal d'action sociale
CFPS	Confédération française des professions sociales
CHRS	Centre d'hébergement et de réinsertion sociale
CHSCT	Comité d'hygiène, de sécurité et des conditions de travail
CIF	Congé individuel de formation
CIO	Centre d'information et d'orientation
CLIC	Centre local d'information et de coordination
CMPP	Centre médico-psycho-pédagogique
CMS	Centre médico-social
CNAF	Caisse nationale d'allocations familiales
CNED	Centre national d'enseignement à distance
CODES	Comité départemental d'éducation pour la santé
CSTS	Conseil supérieur du travail social
CVS	Conseil de vie sociale
DC	Domaine de compétence
DE ASS	Diplôme d'État d'assistant de service social

DE CESF	Diplôme d'État de conseiller en Économie Sociale Familiale
DE EJE	Diplôme d'État d'éducateur de jeunes enfants
DE ES	Diplôme d'État d'éducateur spécialisé
DE ETS	Diplôme d'État d'éducateur technique spécialisé
DGAS	Direction générale de l'action sociale
DGCS	Direction générale de la cohésion sociale
DPP	Dossier de pratiques professionnelles
DREES	Direction de la recherche, des études, de l'évaluation et des statistiques
DRJSCS	Direction régionale de la jeunesse, des sports et de la cohésion sociale
DSL	Développement social local
DUT	Diplôme universitaire de technologie
DUT CS	Diplôme universitaire de technologie « carrières sociales »
EHPAD	Établissement d'hébergement pour personnes âgées dépendantes
EMF	Enseignement ménager familial
EMT	Éducation manuelle et technique
ESAT	Établissement et service d'aide par le travail
ESF	Économie sociale familiale
FIEF	Fédération internationale de l'économie familiale
FNAPESF	Fédération nationale des associations de professionnels en Économie Sociale Familiale
France ESF	Association des professionnels en ESF
GEM	Groupe d'entraide mutuelle
GNI	Groupement national des instituts régionaux du travail social
HLM	Habitation à loyer modéré
ICAF	Intervention collective d'animation et de formation
IFCAAD	Institut de formation alsacien au travail éducatif et social
IFORIS	Institut de formation et de recherche en intervention sociale
IGAS	Inspection générale des affaires sociales
IME	Institut médico-éducatif
IMPRO	Institut médico-professionnel
IRTS	Institut régional du travail social
ISAP	Intervention sociale d'aide à la personne
ISIC	Intervention sociale d'intérêt collectif
LVE	Langue vivante étrangère
MAESF	Mesure d'accompagnement en Économie Sociale et Familiale
MAJ	Mesure d'accompagnement judiciaire
MASP	Mesure d'accompagnement social personnalisé
MDPH	Maison départementale des personnes handicapées
MECS	Maison d'enfants à caractère social
MIRE	Mission interministérielle recherche-expérimentation

MJAGBF	Mesure judiciaire d'aide à la gestion du budget familial
MJC	Maison des jeunes et de la culture
MSA	Mutualité sociale agricole
ONISEP	Office national d'information sur les enseignements et les professions
OPCA	Organisme paritaire collecteur agréé
PASS	Permanence d'accès aux soins
PMI	Protection maternelle infantile
PNNS	Programme national nutrition santé
RAM	Relais assistantes maternelles
RMI	Revenu minimum d'insertion
RSA	Revenu de solidarité active
SAVS	Service d'accompagnement à la vie sociale
SIAO	Services intégrés de l'accueil et de l'orientation
TISF	Technicien de l'intervention sociale et familiale
UDAF	Union départementale des affaires sociales
UNAFORIS	Union nationale des associations de formation et de recherche en intervention sociale
UNPESF	Union nationale des professionnelles en Économie Sociale et Familiale
UNPMEMF	Union nationale des professeurs et monitrices d'enseignement ménager familial
VAE	Validation des acquis de l'expérience

Annexes

1 Textes de référence du diplôme d'État de Conseiller en ESF

MINISTÈRE DU TRAVAIL, DES RELATIONS SOCIALES, DE LA FAMILLE, DE LA SOLIDARITÉ ET DE LA VILLE
MINISTÈRE DE LA SANTÉ ET DES SPORTS

SOLIDARITÉS

PROFESSIONS SOCIALES

MINISTÈRE DU TRAVAIL,
DES RELATIONS SOCIALES, DE LA FAMILLE,
DE LA SOLIDARITÉ ET DE LA VILLE

Arrêté du 1er septembre 2009 relatif au diplôme d'Etat de conseiller en économie sociale familiale

NOR : *MTSA0919185A*

Le ministre du travail, des relations sociales, de la famille, de la solidarité et de la ville et la ministre de l'enseignement supérieur et de la recherche,

Vu le code de l'action sociale et des familles, notamment ses articles R. 451-1 à R. 451-4-3 et D. 451-57-1 à D. 451-57-5 ;

Vu le code de l'éducation, notamment ses articles L. 335-5, L. 335-6 et R. 335-5 à R. 335-11 ;

Vu le décret n° 2009-1084 du 1er septembre 2009 relatif au diplôme d'Etat de conseiller en économie sociale familiale et modifiant le code de l'action sociale et des familles (partie réglementaire) ;

Vu l'avis de la commission professionnelle consultative, secteurs sanitaire, social et médico-social, du 9 décembre 2008 ;

Vu l'avis de la commission professionnelle consultative du travail social et de l'intervention sociale du 27 janvier 2009 ;

Vu l'avis du Conseil national de l'enseignement supérieur et de la recherche du 18 mai 2009 ;

Vu l'avis du Conseil supérieur de l'éducation du 14 mai 2009 ;

Vu l'avis de la commission consultative d'évalutation des normes du 30 juillet 2009,

TITRE LIMINAIRE

Article 1er

Le diplôme d'Etat de conseiller en économie sociale familiale atteste des compétences professionnelles pour exercer les fonctions et les activités telles que définies à l'annexe I « Référentiel professionnel » du présent arrêté.

TITRE Ier
ACCÈS À LA FORMATION

Article 2

Pour la rentrée scolaire 2009 peuvent accéder à la formation préparant au diplôme d'Etat de conseiller en économie sociale familiale les candidats possédant le brevet de technicien supérieur « économie sociale familiale », ainsi que les candidats ayant obtenu une validation partielle du diplôme de conseiller en économie sociale familiale par un jury de validation des acquis de l'expérience.

A compter de la rentrée scolaire 2010, peuvent accéder à la formation préparant au diplôme d'Etat de conseiller en économie sociale familiale les candidats possédant l'un des diplômes mentionnés à l'annexe V du présent arrêté, ainsi que les candidats ayant obtenu une validation partielle du diplôme de conseiller en économie sociale familale par un jury de validation des acquis de l'expérience.

Une commission d'admission est instituée dans chaque établissement. Elle est composée du directeur de l'établissement de formation ou de son représentant, du responsable de la formation préparant au diplôme d'Etat de conseiller en économie sociale familiale et d'un professionnel titulaire du diplôme d'Etat de conseiller en économie sociale familiale extérieur à l'établissement de formation. La commission d'admission arrête la liste des candidats admis à suivre la formation. Cette liste est transmise à la direction régionale des affaires sanitaires et sociales. La liste précise, par voie de formation, le nombre des candidats admis et la durée de leur parcours de formation.

TITRE II
CONTENU ET ORGANISATION DE LA FORMATION

Article 3

Pour les titulaires du BTS « économie sociale familiale », la formation, d'une durée d'un an, comporte 540 heures d'enseignement en établissement de formation et un stage professionnel de 560 heures (seize semaines) en site(s) qualifiant(s).

Le directeur de l'établissement de formation établit avec chacun des candidats un programme de formation individualisé au regard des dispenses de certification, mentionnées à l'annexe IV du présent arrêté, dont il bénéficie.

Article 4

La formation pratique, délivrée au sein de sites qualifiants, est l'un des éléments de la qualité du projet pédagogique de l'établissement de formation. Elle participe à l'acquisition des compétences dans chacun des domaines identifiés au sein du référentiel professionnel, au même titre que la formation théorique, et ne saurait être dissociée de cette dernière.

Le stage professionnel est d'une durée de seize semaines. Il doit être effectue auprès d'un conseiller en économie sociale familiale sur un ou deux sites qualifiants.

Le stage professionnel complète la formation organisée dans l'établissement de formation. Associé en alternance à celle-ci, il favorise la compréhension et l'appropriation du double registre d'intervention : théorie-pratique. Il vise à l'acquisition de méthodologies et de techniques propres au métier de conseiller en économie sociale familiale, la construction d'une posture professionnelle et de l'éthique qui lui est attachée, la connaissance concrète des publics et des problématiques sociales, ainsi que des organisations, des acteurs, des enjeux partenariaux et des modalités de partenariat.

Le site qualifiant, organisme d'accueil en stage inscrit dans le champ social et médico-social participe à la construction du socle professionnel que doit acquérir l'étudiant, tant au plan des savoirs que des techniques. Le site qualifiant définit son offre d'accueil en stage sur la base des domaines de compétences du référentiel professionnel de conseiller en économie sociale familiale.

Chaque stage est organisé dans le cadre d'une convention de partenariat conclue entre l'établissement de formation et la personne juridiquement responsable du lieu de stage ; elle formalise les engagements réciproques des signataires et précise notamment l'offre d'accueil proposée par le site qualifiant en lien avec un ou plusieurs domaines de compétence du référentiel du diplôme pour lesquels il s'engage à contribuer à la formation des étudiants. Un formateur de l'établissement de formation effectue une visite sur le lieu de stage dans le cadre du suivi du stagiaire.

Par ailleurs, chaque stage fait l'objet d'une convention de stage entre l'établissement de formation, le stagiaire et la personne juridiquement responsable du lieu de stage dans laquelle sont précisées les modalités d'accompagnement du stagiaire tant sur le plan organisationnel que sur le plan des apprentissages professionnels (préparation des entretiens avec le référent professionnel et les membres de l'équipe, entretiens, évaluation du stagiaire par le site qualifiant, etc.). Dans cette convention sont également détaillés les objectifs du stage en lien avec un domaine de compétences du diplôme, sur lesquels l'étudiant devra plus particulièrement axer son travail. Un référent professionnel est obligatoirement identifié pour chacun des stages. Ce référent professionnel assure l'accompagnement, l'encadrement et l'évaluation du stagiaire. Il a un rôle de coordination entre l'établissement ou le service d'accueil, l'établissement de formation et le stagiaire.

Article 5

Un livret de formation est établi, pour chaque candidat, par l'établissement de formation. Il atteste le cursus de formation suivi tant en établissement de formation qu'en milieu professionnel.

Il retrace l'ensemble des dispenses d'épreuves de certification dont a bénéficié le candidat et comporte l'ensemble des appréciations portées sur le candidat par les membres de l'équipe pédagogique et les référents professionnels.

Article 6

Une instance technique et pédagogique est mise en place par l'établissement de formation. Elle est composée du responsable de la formation, de représentants des secteurs professionnels, des étudiants et de personnalités qualifiées. Elle est consultée sur les orientations du projet pédagogiques et les conditions générales d'organisation de la formation.

Dans les établissements de formation assurant plusieurs formations préparant aux diplômes de travail social, cette instance peut être organisée à partir de celles déjà mises en place.

TITRE III
ORGANISATION DES ÉPREUVES DE CERTIFICATION

Article 7

Le diplôme de conseiller en économie sociale familiale est composé de huit domaines de compétence, conformément à l'annexe I « Référentiel professionnel » du présent arrêté. Chacun des domaines comporte une épreuve organisée conformément à l'annexe III « Règlement d'examen du DECESF ».

Les domaines de compétence
s qui ne font pas l'objet d'une dispense ou d'une validation partielle par la voie de la validation des acquis de l'expérience doivent être validés séparément par l'obtention d'une note égale ou supérieure à 10 sur 20.

Article 8

L'établissement de formation adresse au recteur d'académie, avant la date limite fixée par celui-ci, un dossier comprenant, pour chaque candidat, le livret de formation dûment complété et accompagné des pièces relatives à l'épreuve organisée en cours de formation et des écrits relatifs aux stages, ainsi que le mémoire et le dossier de pratiques professionnelles en deux exemplaires.

Le jury se prononce sur chacun des domaines de certification du diplôme d'Etat de conseiller en économie sociale familiale, à l'exception de ceux qui font l'objet d'une dispense, de ceux qui ont déjà été validés dans le cadre de la validation des acquis de l'expérience ou dans le cadre d'une décision de validation partielle du diplôme telle que prévue à l'alinéa suivant.

Dans les cas où tous les domaines de compétence ne sont pas validés, le jury prend une décision de validation partielle mentionnant les domaines validés. Le candidat conserve le bénéfice des domaines durant une période de cinq ans à compter de la date de notification de la première validation d'un domaine de compétence.

Le jury établit la liste des candidats ayant obtenu le diplôme d'Etat de conseiller en économie sociale familiale.

Article 9

Pour pouvoir obtenir le diplôme par validation des acquis de l'expérience, les candidats doivent justifier des compétences professionnelles acquises dans l'exercice d'une activite salariée, non salariée ou bénévole en rapport direct avec le diplôme. La durée totale d'activité cumulée exigée est de trois ans.

Le recteur d'académie décide de la recevabilité de la demande de validation des acquis de l'expérience.

Article 10

Sur la base du livret de présentation des acquis de l'expérience et d'un entretien avec le candidat, le jury est compétent pour attribuer tout ou partie du diplôme d'Etat de conseiller en économie sociale familiale.

En cas d'attribution partielle, le jury se prononce également sur les connaissances, aptitudes et compétences qui, dans un délai de cinq ans à compter de la date de notification de la décision du jury par le recteur d'académie, doivent faire l'objet de l'évaluation complémentaire nécessaire à l'obtention du diplôme d'Etat. Le candidat peut opter pour un complément d'expérience professionnelle visant une nouvelle demande de validation des acquis de l'expérience ou pour un complément par la voie de la formation préparant au diplôme d'Etat. Dans ce cas, il est dispensé des épreuves du diplôme attachées aux compétences déjà validées et bénéficie des dispenses de formation théorique et pratique correspondantes.

Article 11

Les dispositions du présent arrêté sont applicables pour la rentrée scolaire de 2009, à l'exception des dispositions de son annexe V qui le sont pour la rentrée scolaire de 2010.

Les arrêtés du 9 mai 1973 et du 23 mars 1978 relatifs au diplôme de conseiller en économie familiale et sociale sont abrogés.

Les correspondances entre les épreuves de l'examen, organisées conformément aux dispositions des arrêtés du 9 mai 1973 et du 23 mai 1978 relatifs au diplôme de conseiller en économie familiale et sociale, et les épreuves de l'examen organisées conformément à celles du présent arrêté sont précisées en annexe VI.

Article 12

Le directeur général de l'action sociale, le directeur général pour l'enseignement supérieur et l'insertion professionnelle et les recteurs sont chargés, chacun en ce qui le concerne, de l'exécution du présent arrêté, dont le texte sera publié au *Journal officiel* de la République française.

Fait à Paris, le 1er septembre 2009.

Le ministre du travail, des relations sociales,
de la famille, de la solidarité
et de la ville,
Xavier Darcos

La ministre de l'enseignement supérieur
et de la recherche,
Valérie Pécresse

Nota. - Les annexes du présent arrêté seront publiées en *Bulletin officiel* du ministère de la santé, au *Bulletin officiel* de l'éducation nationale et au *Bulletin officiel* de l'enseignement supérieur et de la recherche.

BO Santé – Protection sociale – Solidarités n° 2009/9 du 15 octobre 2009, Page 166.

ANNEXES DE L'ARRÊTÉ DU 1er SEPTEMBRE 2009

Diplôme d'Etat de conseiller en économie sociale familiale

SOMMAIRE

ANNEXE I

RÉFÉRENTIEL PROFESSIONNEL

Définition de la profession et du contexte d'intervention

Le conseiller en économie sociale familiale (CESF) est un travailleur social qualifié dont le cœur de métier est fondé sur une expertise dans les domaines de la vie quotidienne : consommation, habitat, insertion sociale et professionnelle, alimentation-santé.

Ses compétences scientifiques (1) et techniques spécifiques lui confèrent une légitimité professionnelle pour intervenir dans le cadre de l'écologie (2) de la vie quotidienne (3).

Le CESF intervient auprès des personnes en situation de précarité, ou ayant des difficultés financières, ou connaissant des problèmes d'accès au logement, de surendettement, de chômage. Son action s'inscrit aussi dans les problématiques de vieillissement de la population, de dépendance, du handicap, de protection de l'enfance...

Son intervention privilégie une finalité éducative (4) L'action éducative budgétaire, une des techniques spécifiques aux CESF, est une action établie et poursuivie auprès de familles en difficultés financière, en prenant en compte le fonctionnement du groupe familial, dans le dessein de permettre à celui-ci une meilleure maîtrise des phénomènes de production et de consommation. Extrait de *Nouveau dictionnaire critique d'action sociale* ; page 28-29 ; sous la direction de Jean-Yves Barreyre et Brigitte Bouquet ; Bayard Edition 2006.
et vise la valorisation et/ou l'appropriation de compétences par les personnes, les familles, les groupes. Ces compétences vont permettre aux publics concernés d'accéder à leurs droits, de prévenir et/ou de gérer les difficultés de leur vie quotidienne.

Sa spécificité de travailleur social le conduit à intervenir dans un cadre éthique et dans une dynamique de coconstruction avec les bénéficiaires des projets qui les concernent.

Son intervention privilégie la participation active et permanente des usagers/habitants, l'expression de leurs besoins, l'émergence de leurs potentialités, afin qu'ils puissent progressivement accéder à leur autonomie et à la maîtrise de leur environnement domestique.

Le CESF intervient de façon individuelle ou de façon collective lorsqu'il anime des groupes d'usagers ou quand il collabore avec des équipes pluridisciplinaires et pluriinstitutionnelles.

Dans le cadre d'un double registre d'intervention, préventif et curatif, le CESF assure des actions de conseils, d'informations, d'animation, de formation dans les quatre domaines majeurs qui le concernent, ainsi que des actions d'accompagnement budgétaire.

Son intervention s'inscrit de façon complémentaire et spécifique dans un large réseau de partenaires et dans des dynamiques de développement social local lorsqu'il participe à l'élaboration de diagnostics partagés et de projets sociaux de territoires, à partir du champ qui les concerne.

Il est force de proposition auprès des décideurs et contribue à faire évoluer les offres de services des institutions dans son champ d'intervention.

Il exerce dans différentes structures publiques ou privées, au sein des collectivités territoriales, organismes sociaux, associations, bailleurs sociaux privés ou publics, structures d'hébergement, mutuelles, hôpitaux, services tutélaires...

---

(1) Scientifique : Il s'agit ici des savoirs scientifiques techniques articulés sur des savoir-faire et des savoirs pratiques.

(2) Ecologie : science qui étudie les relations entre les êtres vivants et leur environnement.

(3) Vie quotidienne : la vie quotidienne correspond à tous les actes accomplis de façon régulière et journalière. La quotidienneté donne sens à ces actes en tenant compte du contexte, des normes et des valeurs culturelles d'une société.
Ecologie de la vie quotidienne : il s'agit ici par extrapolation d'améliorer les rapports que les individus entretiennent avec les sphères du corps (santé, alimentation, vieillissement...), de l'espace habité (environnement, cadre de vie, logement, quartier...) et celle des échanges économiques (travail, consommation, activités d'autoproduction...). Extrait de « La conseillère en économie sociale familiale », François Marquart – *Informations sociales* n° 3/75 et « L'action sociale et l'économie sociale familiale » Coll. Etudes CAF Editions CNAF 1974.

(4) Educative : l'action éducative est une action contribuant au développement de la personne, quelque soit son âge et le contexte dans lequel se déroule cette action. Elle fait participer les personnes à la conception et à la mise en œuvre des moyens définis afin qu'elles deviennent acteurs de leur éducation.

Référentiel des activités professionnelles

FONCTIONS	ACTIVITÉS	TÂCHES
EXPERTISE ET CONSEIL SCIENTIFIQUE ET TECHNIQUE	Conseils et/ou actions pour améliorer et gérer les domaines de la vie quotidienne. Repérage, analyse et élaboration de propositions pour la gestion quotidienne de l'environnement : - consommation ; - gestion du budget familial ; - accès et maintien dans le logement ; - aménagement et amélioration de l'habitat ; - organisation de la vie quotidienne ; - alimentation ; - gestion du capital santé ; - préservation des écosystèmes (eau, énergie déchets...) dans le cadre du développement durable (5) ; - insertion, emploi, formation, vie sociale et loisirs, culture...	Informer, conseiller sur différents thèmes : - budget, consommation ; - alimentation (prise en compte des cultures, coutumes, budget, autres contraintes...) ; - hygiène, maintien de la santé, image de soi, environnement (consommation des énergies, de l'eau dans le cadre de la vie quotidienne, gestion des déchets ménagers...) ; - logement et équipement (caractéristiques techniques du logement, utilisation et entretien des nouveaux équipements...). Mettre en œuvre des actions pour et avec les personnes, sur le champ de la gestion quotidienne de l'environnement. Réaliser un diagnostic technique. Mettre à disposition des offres de service. Aider au choix, à la décision. Mettre en œuvre la solution choisie. Assurer le suivi du résultat obtenu/attendu. Proposer une action corrective s'il y a lieu.
ACCOMPAGNEMENT SOCIAL INDIVIDUEL ET/OU COLLECTIF DANS UNE DIMENSION SOCIO-ÉCONOMIQUE ET ÉDUCATIVE DANS LES DOMAINES DE LA VIE QUOTIDIENNE	Accueil des individus et des groupes.	Organiser les conditions matérielles d'accueil. Recevoir la personne ou aller à la rencontre de la personne. Ecouter. Repérer les besoins, attentes, demandes. Informer les personnes. Orienter vers les services compétents.
	Elaboration du diagnostic social.	Analyser les informations recueillies. Analyser la demande exprimée. Formuler un diagnostic. Identifier les ressources et les potentialités de l'usager, du groupe, du territoire.
	Conception et construction du projet individuel et collectif, avec la ou les personne(s).	Identifier et formuler les priorités d'action. Se concerter avec les partenaires. Définir un projet et les moyens associés. Contractualiser un projet (avec la ou les personne[s]).
	Mise en œuvre d'un projet individuel avec la personne ou d'un projet collectif avec le groupe.	Planifier les tâches. Rechercher des moyens. Réaliser les actions définies. Assurer le suivi de(s) l'action(s).
	Evaluation du projet.	Réaliser un bilan des actions avec les personnes accompagnées et les partenaires concernés. Mesurer les écarts entre objectifs attendus et résultats obtenus. Proposer des réajustements. Formuler si nécessaire des objectifs complémentaires.
DÉVELOPPEMENT SOCIAL TERRITORIAL	Participation et/ou réalisation d'étude de besoins au niveau d'un territoire.	Analyser les demandes. Repérer les offres de service existantes. Comparer les demandes par rapport à l'existant. Identifier les ressources du territoire : potentialités et les freins.
	Participation et/ou élaboration de diagnostics partagés d'un territoire.	Recueillir et croiser les données émanant de sources différentes. Repérer les différents partenaires et leurs missions. Analyser et formaliser ces données. Assurer la transmission écrite et /ou orale des analyses et formuler des hypothèses de travail.
	Participation à la conduite de projets sociaux territoriaux.	Mobiliser les habitants et les partenaires. Identifier et évaluer les moyens techniques, humains, financiers. Elaborer conjointement avec les partenaires le projet. Mettre en œuvre et planifier les phases de déroulement du projet. Proposer le montage financier du projet. Evaluer et proposer s'il y a lieu des réajustements aux actions.

FONCTIONS	ACTIVITÉS	TÂCHES
COMMUNICATION PROFESSIONNELLE, ANIMATION ET FORMATION COMMUNICATION PROFESSIONNELLE, ANIMATION ET FORMATION	Conception d'informations à destination des usagers, des partenaires.	Caractériser le public ciblé. Déterminer et choisir le contenu des messages. Elaborer un plan de communication. Présenter un projet pour validation si nécessaire. Choisir un support de communication. Réaliser ce support. Organiser une manifestation (atelier, conférence, débat, exposition, démonstration...).
	Communication d'informations.	Rédiger des écrits professionnels (rapports d'activités, synthèses, exposés...). Elaborer et présenter oralement cette information.
	Promotion des activités de la structure.	Présenter son institution, sa place au sein des politiques sociales locales. Présenter le rôle professionnel du CESF, les outils qu'il mobilise. Maîtriser et/ou développer les outils institutionnels. Représenter son institution.
	Animation d'équipe (6).	Organiser et coordonner le travail de l'équipe. Assurer le suivi des activités de l'équipe. Organiser et animer des réunions d'informations, des réflexions. Elaborer un programme de formation.
	Formation (à destination des populations, des partenaires).	Recenser les besoins. Identifier les objectifs pédagogiques. Elaborer un contenu, des outils et supports pédagogiques. Rechercher des intervenants et des personnes ressources. Assurer l'organisation matérielle de la formation. Mettre en œuvre, conduire la formation. Evaluer et proposer s'il y a lieu des réajustements aux actions.
	Transmission des connaissances et des compétences professionnelles.	Accueillir des stagiaires, notamment CESF. Participer à la formation sur le principe de l'alternance (7), aux jurys d'examen.

(5) Développement durable (soutenable) : c'est un développement qui répond aux besoins du présent sans compromettre la capacité des générations futures de répondre aux leurs. Extrait de « Rapport G.H. Brundtland », 1987, p 51.

(6) Animation d'équipe : en ce qui concerne l'activité d'animation d'équipe, le niveau de responsabilité est défini selon la délégation de l'employeur.

(7) Principe de l'alternance : l'alternance constitue l'un des principes fondamentaux de la formation des travailleurs sociaux. C'est un mode d'acquisition de compétences professionnelles et d'éléments de culture professionnelle.

L'étudiant CESF confronte ses représentations du métier à la réalité concrète de celui-ci afin de valider son projet professionnel. Il est fondamental que l'enseignement proposé par les établissements de formation soit complété par un enseignement construit par le terrain de stage en site qualifiant et qu'une mise en synergie puisse optimiser les deux types d'apprentissage.

L'alternance suppose que le lieu de stage soit un lieu qualifiant d'acquisitions de compétences relatives au métier de CESF.

Référentiel de compétences

DOMAINES DE COMPÉTENCE		COMPÉTENCES	INDICATEURS DE COMPÉTENCES
DC1/CONSEIL ET EXPERTISE À VISÉE SOCIO-ÉDUCATIVE DANS LES DOMAINES DE LA VIE QUOTIDIENNE	DC1A	C1.4. Réaliser une étude technique dans les domaines de la consommation, l'habitat, l'insertion, l'alimentation-santé...	Identification du besoin. Recueil des données des informations. Sélection des informations recueillies. Elaboration et/ou suivi du cahier des charges de l'étude. Organisation des données et des informations. Repérage et identification des dysfonctionnements, transmission aux services compétents.
	DC1A	C1.5. Concevoir, élaborer des projets pour la gestion locale de l'environnement avec les habitants et les institutions.	Analyse complète et pertinente de l'existant. Mise en œuvre de solutions réalistes et adaptées, conformes aux préconisations. Maîtrise et mise en œuvre de la méthodologie de projet.

DOMAINES DE COMPÉTENCE		COMPÉTENCES	INDICATEURS DE COMPÉTENCES
	DC1A	C1.8. Assurer la qualité du service rendu.	Respect des procédures et des protocoles. Détection des anomalies et des dysfonctionnements. Evaluation de la satisfaction des bénéficiaires. Proposition d'actions correctrices.
DC1/CONSEIL ET EXPERTISE À VISÉE SOCIO-ÉDUCATIVE DANS LES DOMAINES DE LA VIE QUOTIDIENNE	DC1A	C1.9. Coordonner une équipe.	Garantie de la cohérence des interventions des différents membres de l'équipe. Prise en compte des compétences. Prise en compte des contraintes. Participation à l'élaboration de plannings fonctionnels. Proposition de méthodes de travail adaptées.
	DC1B	C1.6. Elaborer un budget ; constituer le dossier de financement.	Identification des sources de financement et des charges. Prise en compte des mécanismes budgétaires. Présentation conforme d'un budget prévisionnel.
	DC1B	C1.7. Gérer le budget d'une action individuelle ou collective.	Maîtrise des moyens financiers alloués. Présentation d'un bilan comptable. Respect de l'échéancier défini. Mise en œuvre d'un suivi régulier.
	DC1C	C1.1. Assurer une veille technique, scientifique et juridique pour l'analyse d'un phénomène social lié à la vie quotidienne.	Recensement de sources d'informations variées. Exploitation des informations pertinentes. Mise en forme ou diffusion des informations sélectionnées. Explicitation d'une question sociale. Conduite d'une démarche de recherche.
	DC1C DC1C	C1.2. Adapter sa pratique, son expertise en tenant compte de l'évolution des savoirs, des techniques et de l'expérience. C1.3. Assurer auprès des personnes, des groupes, des institutions, des actions de conseil et/ou d'information pour aider aux prises de décision.	Analyse et prise de recul sur sa pratique, auto-évaluation. Capacité à transférer son expérience. Recherche, collecte et exploitation d'une documentation professionnelle technique dans les domaines de la consommation, l'habitat, l'insertion, l'alimentation-santé... Formalisation et diffusion des informations recueillies. Actualisation des informations. Sélection pertinente des informations ou adaptation du contenu de l'information au public.
DC2/INTERVENTION SOCIALE	L'adoption d'une posture éthique est un indicateur appliqué à l'ensemble des tâches du DC2.		
ISIC : INTERVENTION SOCIALE D'INTÉRÊT COLLECTIF (8) DANS LES DOMAINES DE LA VIE QUOTIDIENNE	Construire des interventions avec les groupes, notamment dans un registre de prévention.		
	DC2AB	C2.A.1. Impulser, participer et/ou concevoir et conduire des actions collectives de conseil, d'information auprès des groupes dans les domaines de leur vie quotidienne.	Mise en œuvre de la méthodologie de projet : - recueil exhaustif des données nécessaires à la compréhension de la situation ; - identification et valorisation des potentialités des personnes ; - identification et mobilisation des partenariats nécessaires ; - production d'un plan d'actions hiérarchisées ; - évaluation des résultats ; - mise en œuvre des actions correctrices.
	DC2AB	C2.A.2. Mettre en place une relation d'aide, un accompagnement au plan collectif. C2.A.3. Élaborer, accompagner et mettre en œuvre un plan d'aide négocié avec le groupe.	Mise en œuvre de la méthodologie d'intervention sociale auprès des groupes : - maîtrise des techniques d'animation de groupe ; - maîtrise des techniques de gestion des conflits ; - compréhension de la notion de dynamique de groupe.

DOMAINES DE COMPÉTENCE		COMPÉTENCES	INDICATEURS DE COMPÉTENCES
	Contribuer à l'émergence de réseaux de proximité (ex. : réseau d'échanges et de savoirs).		
	DC2AB	C2.A.4. Conduire des actions visant à mutualiser les ressources des membres du groupe concernés par des problématiques communes.	Repérage d'une problématique commune à un groupe. Identification et valorisation des potentialités des personnes. Aide à la structuration et à l'autonomisation du groupe.
	Participer au développement des projets sociaux de territoire.		
	DC2AB	C2.A.5. Identifier et analyser les dynamiques territoriales	
	DC2AB	C2.A.6. Inscrire des actions dans les dynamiques territoriales existantes et/ou participer à l'émergence de ces dynamiques.	Production d'une analyse de territoire. Elaboration d'un diagnostic de besoins. Utilisation pertinente de la méthodologie de projet. Identification et mobilisation des ressources de l'environnement. Mobilisation des partenariats nécessaires.
ISAP : INTERVENTION SOCIALE D'AIDE À LA PERSONNE (9) DANS LES DOMAINES DE LA VIE QUOTIDIENNE	Construire avec la personne un projet individualisé dans le cadre d'un double registre (préventif et curatif).		
	DC2AB	C2.B.1. Diagnostiquer une situation.	Recueil, sélection et analyse des données nécessaires à la compréhension de la situation. Identification et valorisation des potentialités des personnes. Analyse d'une situation complexe dans toutes les dimensions.
	DC2AB	C2.B.2. Elaborer, accompagner, mettre en œuvre et évaluer un plan d'aide négocié.	Utilisation des techniques relationnelles adaptées. Mobilisation des ressources et dispositifs locaux. Elaboration des priorités d'action.
	DC2AB	C2.B.3. Evaluer les résultats de l'intervention.	Identification des effets produits et mesure des écarts. Définition et mise en œuvre d'actions correctrices. Partage de l'analyse de la situation avec la personne.
ISAF : INTERVENTION SOCIALE D'ANIMATION ET DE FORMATION DANS LES DOMAINES DE LA VIE QUOTIDIENNE	DC2C	C2.C.1. Concevoir des actions de formation avec des groupes et des personnes dans les domaines de la vie quotidienne.	Identification de la demande de formation à partir de l'analyse des besoins et de l'identification des intérêts de la personne ou du groupe. Elaboration conjointe de la formation avec les participants à partir de leurs savoirs, capacités et des modes de relation aux savoirs. Recherche et/ou élaboration de moyens adaptés au contexte et au public. Construction de séquences de formation (contenu, objectifs, critères d'évaluation).
	DC2C	C2.C.2. Conduire des actions d'animation et de formation.	Maîtrise des techniques d'animation. Mobilisation et valorisation des compétences et des savoirs des personnes.
	DC2C	C2.C.3. Evaluer les actions mises en place.	Conception et mise en œuvre des outils d'évaluation. Réalisation de synthèse et/ou bilan avec les personnes. Analyse des effets attendus et produits.

DOMAINES DE COMPÉTENCE		COMPÉTENCES	INDICATEURS DE COMPÉTENCES
DC3/COMMUNICATION PROFESSIONNELLE	DC3	C3.1. Elaborer une communication à visée stratégique à destination de différents publics, des professionnels, des partenaires, de son institution.	Sélection des contenus (précision, actualisation, exactitude). Choix pertinent du mode de communication et de transmission auprès des interlocuteurs (usagers, habitants, hiérarchie, élus) : – élaboration de supports adaptés ; – utilisation de technologies de l'information adaptée. Traitement et gestion de l'information (mise en forme des éléments essentiels, sous forme de synthèse, note de service, courrier, compte rendu, rapport d'activité...).
	DC3	C3.2.Transmettre des informations auprès de différents publics, des professionnels et des partenaires, auprès de son institution.	Transmission d'informations exactes, actualisées, objectives, dans le respect des règles éthiques professionnelles. Transmission des éléments favorisant la prise de décision. Qualité de l'expression, dynamisme de la présentation. Présentation des éléments de promotion de l'institution et du rôle professionnel du CESF. Présentation adaptée aux publics. Qualité d'animation de réunion de travail et aptitude à réguler l'activité d'un groupe
	DC3	C3.3. Etablir une relation professionnelle dans un cadre éthique et déontologique (avec la personne aidée, les collègues, les partenaires, les élus).	Qualité de l'écoute, de la compréhension de la situation. Coopération, confrontation avec d'autres professionnels, d'autres institutions. Adaptation du message aux objectifs à atteindre, à la diversité des publics (usagers, habitants, hiérarchie, élus...).
	DC3	C3.4. Transférer les connaissances professionnelles et les compétences du CESF.	Conceptualisation des pratiques professionnelles. Autoévaluation. Mise en œuvre effective de la fonction de référent de site qualifiant et/ou de formateur sur site qualifiant. Transmission des valeurs, connaissances, méthodes professionnelles et mise en pratique de celles-ci.
DC4/IMPLICATION DANS LES DYNAMIQUES INSTITUTIONNELLES PARTENARIALES, ET INTERINSTITUTIONNELLES	DC4A	C4.1. Développer des actions en partenariat, en réseau et participer à la dynamique institutionnelle.	Identification des partenaires, de leurs missions, des enjeux partenariaux. Identification de l'évolution des politiques sociales locales, nationales et européennes. Connaissance et mise en œuvre des conditions et des techniques d'animation d'un réseau (de professionnels ou autres).
	DC4A	C4.2. Respecter les logiques institutionnelles et les stratégies organisationnelles.	Prise en compte des obligations et contraintes institutionnelles, humaines, financières...
	DC4A	C4.7. Participer à l'élaboration de documents contractuels avec les partenaires.	Elaboration du contrat. Formalisation écrite. Validation hiérarchique
	DC4B	C4.3. Représenter l'institution.	Transmission de l'image, des valeurs, des missions de l'organisation, des institutions et/ou des services.
	DC4B	C4.4. Assurer une fonction de médiation.	Mise en œuvre des conditions et des techniques de médiation (*0).

DOMAINES DE COMPÉTENCE		COMPÉTENCES	INDICATEURS DE COMPÉTENCES
	DC4B	C4.5. Assurer une fonction de négociation.	Mise en œuvre des conditions et des techniques de négociation.
	DC4B	C4.6. S'inscrire dans un travail d'équipe en interne, pluriprofessionnel et/ou pluriinstitutionnel.	Coopération avec d'autres professionnels et institutions. Coproduction de diagnostics, d'analyses partagées, de projets.

(8) ISIC : l'intervention sociale d'intérêt collectif est un concept et un contenu qui ont été élaborés par le Conseil supérieur en travail social (CSTS) en 1988.

L'intervention sociale d'intérêt collectif envisage les conditions d'existence d'une population sur un territoire déterminé ; elle se donne pour objectif la prise en compte d'intérêts collectifs, entendus comme des facteurs susceptibles de faciliter la communication sociale des divers groupes et par là d'aider à la maîtrise de la vie quotidienne, dans ses différentes dimensions. Extrait *Nouveau Dictionnaire critique d'action sociale*, pages 324-325, sous la direction de Brigitte Bouquet et de Jean-Yves Barreyre, Bayard Edition 2006.

(9) ISAP : l'intervention sociale d'aide à la personne est un concept et un contenu qui ont été élaborés par le Conseil supérieur en tavail social (CSTS) en 1996.

C'est une démarche volontaire et interactive menée par un travailleur social qui met en œuvre des méthodes participatives avec la personne qui demande ou accepte son aide, dans l'objectif d'améliorer sa situation, ses rapports avec l'environnement, voire les transformer. Extrait du *Nouveau Dictionnaire critique d'action sociale*, page 321, sous la direction de Brigitte Bouquet et de Jean-Yves Barreyre, Bayard Edition 2006.

(10) Médiation : processus souvent formel par lequel un tiers tente, à travers l'organisation d'échanges entre les parties, de permettre à celles-ci de confronter leurs points de vue et de rechercher une solution. La médiation est une action accomplie par un tiers entre des personnes ou des groupes qui y consentent librement, y participent, et auxquels appartiendra la décision finale. Extrait du *Nouveau Dictionnaire critique d'action sociale*, pages 357-358, sous la direction de Brigitte Bouquet et de Jean-Yves Barreyre, Bayard Editions 2006.

ANNEXE II

RÉFÉRENTIEL DE FORMATION

DOMAINE de compétence	DOMAINES de formation	COMPÉTENCES à acquérir en BTS ESF	COMPÉTENCES spécifiques à l'anrée de DECESF
DC1/CONSEIL ET EXPERTISE À VISÉE SOCIO-ÉDUCATIVE DANS LES DOMAINES DE LA VIE QUOTIDIENNE	Connaissance des domaines majeurs de l'ESF : développement de l'expertise sous l'angle d'une approche psychosociale et inter culturelle (11) dans les domaines de l'ESF.		x (60 h)
	Alimentation-santé, hygiène : être humain, comportement alimentaire, techniques culinaires approches technique, scientifique, pratique et législative.	x	
	Habitat logement : énergie, matériaux, équipement, entretien, environnement, accessibilité, adaptabilité ; accès et maintien dans les lieux ; approches technique, pratique et législative.	x	
	Sciences physiques appliquées à l'habitat et au logement.	x	
	Economie de marché. Economie sociale et solidaire : histoire, valeurs, place, rôle de l'économie sociale et solidaire. Développement durable.	x	
	Consommation – budget : Rapport à l'argent. Gestion des budgets familiaux : les crédits, la gestion des contrats, l'endettement, les relations avec les banques, le rôle de la justice (huissier...). Droit de la consommation. Budget prévisionnel, bilan, règles de comptabilité privée et publique. Prévention du surendettement.		x 10 h
	Insertion sociale et professionnelle. Insertion, réinsertion, exclusion. Réglementation et dispositifs.		x (20 h)
	La démarche qualité : sensibilisation habilitation, accréditation, certification application et conséquences.	x	
	Sensibilisation aux techniques de gestion de ressources humaines : éléments de sociologie des organisations, droit du travail, techniques d'animation du groupe, gestion de conflits... (voir également en DC2 ISAF et ISIC).	x	

DOMAINE de compétence	DOMAINES de formation	COMPÉTENCES à acquérir en BTS ESF	COMPÉTENCES spécifiques à l'année de DECESF
	Méthodologie d'investigation : étude des éléments de base. Recueil et analyse de l'information. Technique de recherche et de documentation. Outils : - observation ; - entretien ; - questionnaire.	x	
	Méthodologie de recherche : - exploration du champ ; - élaboration de problématiques ; - formulation d'hypothèses ; - construction d'outils d'enquête ; - mise en œuvre et analyse des résultats ; - validation de l'hypothèse ; - évaluation de la démarche, des outils et des résultats.		x (50 h)
	Méthodologie de projet : - diagnostic social ou de territoire ; - définition des objectifs ; - élaboration du plan d'action démarche d'évaluation.	x	
DC2/INTERVENTION SOCIALE	Intervention sur le quotidien et son évolution : Approche conceptuelle (économie du quotidien, modes d'intervention : de l'intervention technique au travail social). Droit des usagers. Notions d'éthique et de déontologie.	x	
	Histoire du travail social, dont histoire de l'ESF. Philosophie de l'action dans le domaine social. Ethique, déontologie, responsabilité, secret professionnel, secret partagé. Les principes de l'intervention sociale : - relation d'aide et de conseil ; - la mission, le mandat. Le droit des usagers de l'action sociale.		x (50 h)
	Technique d'animation et de formation ISAF : les théories de d'apprentissage, les différents courants pédagogiques. Techniques d'animation de groupes.	x	
	Connaissance des publics sous différentes approches : psychologique, sociologique, ethnologique, démographique, économique. L'individu et les différenets étapes de vie. Les notions de handicap, de déficience, d'autonomie, de dépendance. La famille : histoire et évolution. La société : - processus de socialisation, d'intégration ; - rapports sociaux et stratification sociale.	x	
	Sensibilisation aux concepts de psychologie et de psychanalyse. Approfondissement de la connaissance des publics de l'action sociale. Les normes, déviances, conduites addictives. Souffrance psychosociale et pathologies associées (maladies mentales).		x (60 h)

DOMAINE de compétence	DOMAINES de formation	COMPÉTENCES à acquérir en BTS ESF	COMPÉTENCES spécifiques à l'année de DECESF
	ISIC : les concepts et les méthodologies. Travail social avec les groupes. Travail en réseaux. Le développement social local (DSL).		x (70 h)
	ISAP : les concepts et les méthodologies. - Les techniques d'entretien La relation d'aide individualisée. - L'accompagnement social La contractualisation (12).		x (70 h)
	Supports de communication : création, adaptation et utilisation.	x	
DC3/COMMUNICATION PROFESSIONNELLE	Communication stratégique : Les écrits professionnels : rapport, lettre, note de synthèse... La communication orale : entretien, interventions collectives, communication institutionnelle, animation de réunions.		x (40 h)
DC4 /IMPLICATION DANS LES DYNAMIQUES PARTENARIALES, INSTITUTIONNELLES ET INTERINSTITUTIONNELLES	Connaissance des politiques sociales et des institutions. Cadre institutionnel : institutions, missions. Les politiques sociales publiques dans leurs dimensions européennes, nationales et territoriales. Exemples : - les politiques du logement ; - les politiques de l'emploi et de l'insertion ; - l'insertion par l'économie ; - la politique de la ville : sociologie urbaine et rurale, urbanisme et territorialité ; - la politique de l'immigration ; - les politiques de protection (enfants, personnes âgées, personnes handicapées) ; - la politique de prévention de la délinquance ; - la protection sociale.	x	x (60 h)
	Le partenariat, le travail en équipe, le travail en réseau. Les concepts de médiation et de négociation en travail social.		x (30 h)

(11) Approche interculturelle.
C'est une communication à l'autre dans une relation professionnelle.
L'approche interculturelle passe par trois démarches :
– la décentration : prendre distance par rapport à soi-même, en tentant de mieux cerner et de prendre conscience de ses cadres de référence en tant qu'individu porteur d'une culture, de sous-cultures (nationale, ethnique, religieuse, professionnelle...). Par cette réflexion sur soi s'opère un lent cheminement vers la relativisation de ses observations ;
– la découverte du cadre de référence de l'autre : « pénétrer » dans le système de l'autre... C'est une attitude d'ouverture, un effort personnel de curiosité pour découvrir ce qui donne sens et valeur à l'autre ;
– la négociation/médiation : rechercher ensemble par le dialogue et l'échange un minimum d'accords, un compromis où chacun est respecté dans son identité, dans ses principes de base tout en se rapprochant de l'autre.
(Extrait de « L'approche interculturelle, une prévention à l'exclusion ». Margalit Emerique cahiers de l'Actif n° 250/251.

(12) Contractualisation : le contrat en travail social comporte une double facette : éthique et technique.
Sa dimension éthique est donc la signification d'une responsabilité bilatérale et d'une solidarité mutuelle s'exprimant de façon complémentaire.
Le contrat est en même temps un outil d'action sociale, car il nécessite un dialogue, l'élaboration d'un projet. Il est considéré comme un levier qui favorise une dynamique.
Le contrat signifie des engagements réciproques. De ce fait, il institue les contractants comme acteurs, et permet le débat. Extrait du *« Nouveau Dictionnaire critique d'action sociale »*, page 143 ; sous la direction de Jean-Yves Barreyre et de Brigitte Bouquet, Edition Bayard 2006.

Horaires d'enseignement

	Année de DE CESF	
Domaines de compétences	**Total année**	**Horaire hebdomadaire**
DC1 **Connaissance des domaines majeurs de l'ESF**	**60 h**	**3 h** **(3 + 0)**
DC1 **Insertion sociale et professionnelle dont surendettement**	**30 h**	**1,5 H** **(1,5 + 0)**
DC1 **Méthodologie de recherche**	**50 h**	**2,5 h** **(1 + 1,5)**
DC2 **Histoire du travail social** **Philosophie de l'action dans le domaine social** **Ethique, déontologie,** **Les principes de l'intervention sociale** **Le droit des usagers de l'action sociale**	**50 h**	**2,5 h** **(2,5 + 0)**
DC2 **Sensibilisation aux concepts de psychologie et de psychanalyse** **Approfondissement de la connaissance des publics de l'action sociale**	**60 h**	**3 H** **(3 + 0)**
DC2 **ISIC**	**70 h**	**3,5 h** **(1 + 2,5)**
DC2 **ISAP**	**70 h**	**3,5 h** **(1+2,5)**
DC3 **Communication stratégique:** **Les écrits professionnels** **La communication orale**	**40 h**	**2H** **(1+1)**
DC4 **Connaissance des politiques et des institutions**	**60 h**	**3 h** **(3 + 0)**
DC4 **Le partenariat** **Les concepts de médiation et négociation**	**30 h**	**1,5 h** **(1 + 0,5)**
LVE	**20 h**	**1h** **(0+1)**
Total horaire élèves (sur 20 semaines en formation initiale)	**540 h**	**27 h**

La répartition horaire hebdomadaire est donnée ici à titre indicatif.
Les horaires peuvent être aménagés au cours de l'année de formation selon une organisation pédagogique différente.

BO Santé – Protection sociale – Solidarités n° 2009/9 du 15 octobre 2009, Page 178.

ANNEXE III

RÈGLEMENT D'EXAMEN DU DE CESF

	Formation initiale ou formation professionnelle continue dans un établissement public ou privé ayant satisfait à l'obligation de déclaration préalable mentionnée à l'article L451-1 du code de l'action sociale et des familles		**Enseignement à distance dans un établissement public ayant satisfait à l'obligation de déclaration préalable mentionnée à l'article L451-1 du code de l'action sociale et des familles**	
Domaines de compétences*	**Epreuves**		**Epreuves**	
	Forme	**Durée**	**Forme**	**Durée**
DC1A	*Correspond à l'épreuve ponctuelle de **l'unité U2 – « Conseil et expertise technologiques » du brevet de technicien supérieur « économie sociale familiale »***			
DC1B	*Correspond à l'épreuve en CCF de **l'unité U3 – « Mise en œuvre de conseils et expertises technologiques » du brevet de technicien supérieur « économie sociale familiale »***		*Correspond à l'épreuve ponctuelle de **l'unité U3 – « Mise en œuvre de conseils et expertises technologiques» du brevet de technicien supérieur « économie sociale familiale »***	
DC1C Mémoire d'initiation à la recherche dans le champ professionnel	Orale	45 min	Orale	45 min
DC2AB Dossier de pratique professionnelle concernant l'ISIC et l'ISAP	Orale	50/55 min	Orale	50/55 min
DC2C	*Correspond à l'épreuve ponctuelle de **l'unité U4 – « ICAF et méthodologie de projet » du brevet de technicien supérieur « économie sociale familiale »***			
DC3 Elaboration d'une communication professionnelle	Evaluation en cours de formation ** 1 situation d'évaluation		Ecrite	4 h
DC4A	*Correspond à l'épreuve ponctuelle de e **l'unité U5 – «Connaissance des politiques sociales » du brevet de technicien supérieur « économie sociale familiale »***			
DC4B Implication dans les dynamiques institutionnelles, partenariales et inter partenariales	Ecrite	4 h	Ecrite	4 h

* Les domaines de compétences peuvent être obtenus par examen, par dispenses (cf. tableau p. 29) ou par validation des acquis de l'expérience.
** Le mode d'organisation de l'évaluation en cours de formation correspond à ce qui a été indiqué dans la déclaration préalable mentionné à l'article L451-1 du code de l'action sociale et de la famille.

Définition des épreuves ponctuelles et des situations d'évaluation en cours de formation

Toutes les productions écrites seront saisies en police Times New Roman – taille 12, interligne 1,5.

DC1C « Mémoire d'initiation à la recherche dans le champ professionnel du CESF ».

La production écrite sera notée sur 20 et la soutenance orale sera notée sur 40.
La moyenne de ces deux notes doit être au moins égale à 10/20 pour valider cette épreuve.
Il s'agit d'un mémoire d'initiation à la démarche de recherche dans le domaine de compétence « Conseil et expertise à visée socio-éducative dans les domaines de la vie quotidienne ».
Le mémoire professionnel expose l'analyse d'un phénomène social lié à la vie quotidienne, inscrit dans le champ de l'ESF.

Quatre objectifs principaux sont poursuivis dans le cadre de cette épreuve :
- capacité à expliciter une question sociale ;
- capacité à mener une démarche de recherche dans sa phase exploratoire ;
- capacité à engager un travail de distanciation ;
- capacité à argumenter ses choix (thématiques, théoriques, méthodologiques).

L'épreuve s'appuie sur une production écrite et une soutenance orale (15 min maximum de présentation, 30 min entretien).
Ce mémoire de 30 à 35 pages (hors annexes) montre la capacité de l'étudiant à intégrer une démarche de recherche et à mobiliser des connaissances en sciences sociales et humaines, en lien avec son champ professionnel, à opérer des choix théoriques, à mobiliser les moyens d'investigation pertinents (observations, entretiens, analyse d'ouvrages...), à exploiter et analyser les données sélectionnées pour élaborer une problématique de recherche et à se projeter dans la démarche de validation de(s) l'hypothèse(s).
Lors de la soutenance, l'étudiant démontre sa capacité à argumenter son travail, à communiquer, à retirer les enseignements propres à enrichir sa future pratique professionnelle.
Pour cette épreuve, la commission d'examen est composée d'un professeur formateur et d'un professionnel non impliqués dans la formation du candidat.

DC2AB « Dossier de pratiques professionnelles ».

L'épreuve s'appuie sur une production écrite, une soutenance orale et une appréciation de stage.
La production écrite est notée sur 20 et la soutenance orale est notée sur 40.
La moyenne de ces deux notes doit être au moins égale à 10/20 pour valider cette épreuve.
Pour déterminer la notation de l'ensemble du DC2B, le jury s'appuiera sur l'appréciation du site qualifiant relative au stage.
Cette épreuve valide le domaine de compétence « Intervention sociale » dans la double dimension ISIC et ISAP.

L'épreuve vérifie les capacités du candidat à :
- établir une relation professionnelle avec les personnes accompagnées en tenant compte de leurs besoins et de leurs potentialités ;
- construire un projet avec la personne ou le groupe et mettre en place un accompagnement social adapté ;
- travailler en collaboration et en complémentarité avec une équipe pluridisciplinaire, au sein d'un réseau d'acteurs ;
- respecter les règles déontologiques et éthiques, les lois en vigueur ;
- dans le cadre de l'ISIC, à poser un diagnostic, élaborer et conduire des interventions collectives, animer un groupe, identifier les ressources d'un groupe et/ou s'intégrer dans la démarche de développement social local et/ou dans la démarche de formation ;
- dans le cadre de l'ISAP, à poser un diagnostic, élaborer et conduire et évaluer un accompagnement social.

L'épreuve s'appuie sur :
- une production écrite comportant :
  - un rapport de stage avec un double objectif :
    - présenter et analyser une intervention sociale d'intérêt collectif (ISIC) ou une intervention d'aide à la personne (ISAP) contextualisée. Le candidat peut être à l'initiative de l'intervention ou participer à une étape d'une intervention déjà engagée ;
    - intégrer le stage dans un bilan de son parcours d'acquisition de compétences ;

  (Ce rapport comportera 20 pages maximum [hors annexes].)
  - une note d'analyse se rapportant au mode d'intervention (ISIC ou ISAP) non traité dans le rapport de stage et ancrée dans une réalité de terrain ;

  (Cette note comporte un maximum de 4 pages).
- une soutenance orale.

La soutenance orale concernant le dossier de pratiques professionnelles se fait en 2 temps :
  - 10 à 15 minutes de présentation (rapport de stage et note) par le candidat ;

– 40 minutes d'entretien avec le jury sur les 2 travaux du candidat.

– une appréciation de stage.

Une appréciation de stage formulée par le référent ou le formateur sur site qualifiant, en référence aux objectifs définis pour le stage.

Pour cette épreuve la commission d'examen est composée d'un professeur formateur et d'un professionnel non impliqués dans la formation du candidat.

DC3 « Elaboration d'une communication professionnelle à l'attention d'un destinataire ciblé ».

Cette épreuve valide le domaine de compétence « communication professionnelle ».

Elle vérifie la capacité du candidat à communiquer par écrit de manière adaptée à l'attention d'un destinataire ciblé (partenaires, élus, professionnels, bénévoles, habitants...), dans un cadre éthique et déontologique.

Cet écrit est élaboré à partir d'un dossier présentant une situation professionnelle. Le dossier est composé de 20 pages maximum et peut comporter des textes réglementaires, des articles de presse, des extraits de rapports...

L'écrit pourra prendre la forme d'une note de synthèse ou d'information ou d'aide à la décision, ou un rapport.

Cette épreuve est évaluée en cours de formation pour les étudiants en formation initiale ou formation continue dans un établissement public ou privé ayant satisfait à l'obligation de déclaration préalable mentionnée à l'article L. 451-1 du code de l'action sociale et des familles.

Formes de l'évaluation :

Forme ponctuelle :

Epreuve écrite, durée de 4 heures.

La commission d'examen est composée d'un professeur formateur et d'un professionnel non impliqués dans la formation du candidat.

Evaluation en cours de formation :

L'évaluation en cours de formation comporte une situation d'évaluation organisée dans l'établissement de formation par les professeurs responsables des enseignements et d'un professionnel dans la mesure de ses disponibilités.

Dans les établissements sous tutelle du ministère chargé de l'enseignement supérieur, le corps d'inspection veille au bon déroulement de l'évaluation en cours de formation.

La situation d'évaluation a une durée maximale de 4 heures

A l'issue de la situation d'évaluation, dont le degré d'exigence est équivalent à celui requis pour l'épreuve ponctuelle correspondante, l'équipe pédagogique adresse au jury le sujet, le barème de correction et la fiche d'évaluation du travail réalisé par les candidats. Elle propose une note. Le jury pourra demander à avoir communication de tout autre document relatif à l'évaluation (copies...). Ces documents seront tenus à la disposition du jury et de l'autorité rectorale pour la session considérée et cela jusqu'à la session suivante. Après examen attentif des documents fournis, le jury formule toutes remarques et observations qu'il juge utiles et arrête la note.

DC4B « Implication dans les dynamiques partenariales, institutionnelles et interinstitutionnelles ».

Cette épreuve a une durée de 4 heures.

Cette épreuve valide le domaine de compétence « implication dans les dynamiques partenariales institutionnelles et interinstitutionnelles ».

Elle a pour objectifs de vérifier la capacité du candidat à :

– identifier une problématique sociale contextualisée ;

– repérer les acteurs, leurs missions et les dispositifs d'action sociale pouvant être mobilisés ;

– se positionner et agir en qualité de conseiller en économie sociale familiale sur un territoire ;

– rédiger de façon claire et rigoureuse.

A partir des connaissances acquises et des documents transmis (10 pages maximum) présentant une politique sociale, le candidat analyse et définit les actions partenariales et territoriales possibles, ainsi que le rôle du CESF dans ce cadre.

Pour cette épreuve, la commission d'examen est composée d'un professionnel CESF et d'un formateur non impliqués dans la formation du candidat.

ANNEXE IV

CORRESPONDANCE ENTRE COMPÉTENCES ET DOMAINES DE COMPÉTENCES

		COMPETENCES																															
		C1 1	C1 2	C1 3	C1 4	C1 5	C1 6	C1 7	C 1 8	C1 9	C2 A 1	C2 A 2	C2 A 3	C2 A 4	C2 A 5	C2 A 6	C2 B1	C2 B2	C2 B3	C2 C1	C2 C2	C2 C3	C3 1	C3 2	C3 3	C3 4	C4 1	C4 2	C4 3	C4 4	C4 5	C4 6	C4 7
DOMAINES DE COMPETENCE	DC1A				x	x	x	x	x																								
	DC1B				x																												
	DC1C	x	x	x	x						x						x							x	x			x					
	DC2AB										x	x	x	x	x	x	x	x	x					x	x	x							
	DC2C									x										x	x	x	x										x
	DC3																						x	x	x	x							
	DC4A																										x	x					
	DC4B																								x		x	x	x	x	x	x	x

Les cases non grisées correspondent à des compétences pouvant être mobilisées pour l'épreuve.
Les cases grisées correspondent aux compétences évaluées dans l'épreuve correspondante.

ANNEXE

LISTE DES DIPLÔMES OUVRANT DROIT À LA FORMATION POUR LE DECESF

Sans préjudice des dispositions relatives à la validation des acquis de l'expérience, peuvent s'inscrire en formation au diplôme d'Etat de conseiller en économie sociale familiale les détenteurs des diplômes suivants :

- brevet de technicien supérieur « économie sociale familiale » (BTS ESF) ;
- diplôme universitaire de technologie « carrières sociales » (DUT CS) ;
- diplôme d'Etat d'assistant de service social (DE ASS) ;
- diplôme d'Etat d'éducateur spécialisé (DE ES) ;
- diplôme d'Etat d'éducateur technique spécialisé (DE ETS) ;
- diplôme d'Etat d'éducateur jeunes enfants (DE EJE).

Tableau des dispenses relatives aux domaines de compétence constitutifs du DECESF

Les titulaires d'un diplôme ouvrant droit à la formation au diplôme d'Etat de conseiller en économie sociale familiale bénéficient des dispenses de validation des domaines de compétence indiquées par les cases grisées du tableau ci-dessous.

		Diplômes ouvrant droit à dispense						
		BTS ESF	DUT CS toutes options	DUT CS options AS et ASSC	DE ASS	DE ES	DE ETS	DE EJE
Domaines de compétences du DECESF	DC1A							
	DC1B							
	DC1C							
	DC2AB							
	DC2C							
	DC3							
	DC4 A							
	DC4 B							

ANNEXE VI

TABLEAU DE CORRESPONDANCE ENTRE ÉPREUVES

Les candidats ayant obtenu une note égale ou supérieure à 10 à l'une des épreuves au titre du diplôme de conseiller en économie familiale et sociale prévu par l'arrêté du 9 mai 1973 bénéficient, jusqu'à la session 2011, des dispenses d'épreuves suivant le tableau ci-dessous.

DIPLÔME DE CONSEILLER en économie familiale et sociale Arrêté du 9 mai 1973	DIPLÔME D'ÉTAT DE CONSEILLER en économie sociale familiale	
Epreuves	Domaines de compétence	
Présentation et soutenance d'un mémoire sur l'étude d'un problème relatif aux domaines et activités de la vie quotidienne, à l'action sociale, au travail social.	DC1C	Mémoire d'initiation à la recherche dans le champ professionnel.
Présentation et soutenance d'un rapport de stage.	DC2AB	Dossier de pratique professionnelle concernant l'ISIC et l'ISAP.
	DC3	Elaboration d'une communication professionnelle.
Epreuve écrite sur documents relatifs à la vie quotidienne et à ses activités, à l'action sociale et aux institutions.	DC4B	Implication dans les dynamiques institutionnelles, partenariales et interpartenariales.

Décrets, arrêtés, circulaires

TEXTES GÉNÉRAUX

MINISTÈRE DU TRAVAIL, DES RELATIONS SOCIALES, DE LA FAMILLE, DE LA SOLIDARITÉ ET DE LA VILLE

Décret n° 2009-1084 du 1er septembre 2009 relatif au diplôme d'Etat de conseiller en économie sociale familiale et modifiant le code de l'action sociale et des familles (partie réglementaire)

NOR : *MTSA0919076D*

Le Premier ministre,

Sur le rapport du ministre du travail, des relations sociales, de la famille, de la solidarité et de la ville,

Vu le code de l'action sociale et des familles, notamment ses articles L. 451-1, R. 451-1 et R. 451-2 ;

Vu le code de l'éducation, notamment ses articles L. 335-5, L. 335-6 et R. 335.5 à R. 335-11 ;

Vu l'avis de la commission professionnelle consultative sanitaire, sociale et médico-sociale du 9 décembre 2008 ;

Vu l'avis de la commission professionnelle consultative du travail social et de l'intervention sociale du 27 janvier 2009 ;

Vu l'avis du Conseil national de l'enseignement supérieur et de la recherche du 18 mai 2009 ;

Vu l'avis du Conseil supérieur de l'éducation du 14 mai 2009 ;

Vu l'avis de la commission consultative d'évaluation des normes du 30 juillet 2009,

Décrète :

Art. 1er. – Le paragraphe 5 de la sous-section 2 de la section 3 du chapitre unique du titre V du livre IV du code de l'action sociale et des familles est remplacé par les dispositions suivantes :

« *Paragraphe 5*

« *Diplôme d'Etat de conseiller en économie sociale familiale*

« *Art. D. 451-57-1.* – Le diplôme d'Etat de conseiller en économie sociale familiale atteste des compétences nécessaires pour accompagner, dans une démarche éducative et sociale globale, des personnes, des groupes ou des familles dans les domaines de la vie quotidienne.

« Il est structuré en domaines de compétences et peut être obtenu par la voie de l'examen ou par la validation des acquis de l'expérience.

« Il est délivré par le recteur d'académie.

« *Art. D. 451-57-2.* – La formation préparant au diplôme d'Etat de conseiller en économie sociale familiale est une formation alternant enseignement théorique et enseignement pratique, notamment sous forme de stages.

« Cette formation est dispensée par les établissements publics ou privés ayant satisfait à l'obligation de déclaration préalable mentionnée à l'article L. 451-1.

« Sans préjudice des dispositions relatives à la validation des acquis de l'expérience, la durée et le contenu de la formation peuvent varier en fonction des diplômes possédés par les candidats sans excéder un volume horaire global fixé par l'arrêté mentionné à l'article D. 451-57-5.

« La sélection des étudiants est organisée par les établissements de formation selon des modalités figurant dans leur règlement d'admission. Conformément à l'article R. 451-2, ces modalités sont communiquées aux étudiants au moment de l'ouverture des inscriptions.

« *Art. D. 451-57-3.* – L'examen conduisant à la délivrance du diplôme d'Etat de conseiller en économie sociale familiale est organisé par le recteur d'académie. Outre des épreuves organisées sous forme ponctuelle, il comprend, le cas échéant, conformément à l'arrêté mentionné à l'article D. 451-57-5, des évaluations organisées en cours de formation par les établissements. Les modalités d'organisation des évaluations en cours de formation sont détaillées dans le dossier de déclaration préalable mentionné à l'article R. 451-2.

« *Art. D. 451-57-4.* – Le jury du diplôme comprend, outre le recteur d'académie ou son représentant, président, et le directeur régional des affaires sanitaires et sociales ou son représentant, vice-président, les membres suivants nommés par le recteur :

« – des formateurs d'établissements de formation préparant au diplôme d'Etat de conseiller en économie sociale familiale ou à d'autres diplômes d'Etat sociaux, socioculturels ou paramédicaux, des membres de l'enseignement supérieur ou des professeurs du second cycle de l'enseignement secondaire ;

« – des représentants des services de l'Etat concernés, des collectivités territoriales et des personnes qualifiées en matière d'action éducative et sociale ;

« – pour un quart de ses membres au moins, des représentants qualifiés de la profession, pour moitié employeurs et pour moitié salariés.

« Ce jury peut, en tant que de besoin, se subdiviser en groupes d'examinateurs.

« *Art. D. 451-57-5.* – Un arrêté conjoint des ministres chargés des affaires sociales et de l'enseignement supérieur, publié au *Journal officiel* de la République française, précise les compétences professionnelles mentionnées à l'article D. 451-57-1, les modalités d'accès à la formation, le contenu et l'organisation de cette formation ainsi que les modalités de délivrance du diplôme d'Etat de conseiller en économie sociale familiale. »

Art. 2. – Les formations préparant au diplôme d'Etat de conseiller en économie sociale familiale engagées avant le 1er septembre 2009 ainsi que les modalités de délivrance du diplôme font l'objet de mesures transitoires précisées dans l'arrêté mentionné à l'article D. 451-57-5 du code de l'action sociale et des familles.

Art. 3. – Le ministre du travail, des relations sociales, de la famille, de la solidarité et de la ville et la ministre de l'enseignement supérieur et de la recherche sont chargés, chacun en ce qui le concerne, de l'application du présent décret, qui sera publié au *Journal officiel* de la République française.

Fait à Paris, le 1er septembre 2009.

François Fillon

Par le Premier ministre :

Le ministre du travail, des relations sociales, de la famille, de la solidarité et de la ville,
Xavier Darcos

La ministre de l'enseignement supérieur et de la recherche,
Valérie Pécresse

Décrets, arrêtés, circulaires

TEXTES GÉNÉRAUX

MINISTÈRE DES SOLIDARITÉS ET DE LA COHÉSION SOCIALE

Arrêté du 25 août 2011 modifiant l'arrêté du 1er septembre 2009 relatif au diplôme d'Etat de conseiller en économie sociale familiale

NOR : *SCSA1120054A*

La ministre des solidarités et de la cohésion sociale et le ministre de l'enseignement supérieur et de la recherche,

Vu le code de l'action sociale et des familles, notamment les articles R. 451-1 à R. 451-4-3 et D. 451-57-1 à D. 451-57-5 ;

Vu le code de l'éducation, notamment les articles D. 123-12 à D. 123-14 ;

Vu le décret n° 2002-482 du 8 avril 2002 portant application au système français d'enseignement supérieur de la construction de l'Espace européen de l'enseignement supérieur, notamment son article 7 ;

Vu l'arrêté du 10 mars 2005 fixant la composition du dossier de déclaration préalable et de la liste d'enregistrement des établissements de formation mentionnés à l'article L. 451-1 du code de l'action sociale et des familles ;

Vu l'arrêté du 1er septembre 2009 relatif au diplôme d'Etat de conseiller en économie sociale familiale ;

Vu l'avis de la commission professionnelle consultative du travail social et de l'intervention sociale du 20 juin 2011 ;

Vu l'avis de la commission professionnelle consultative « secteurs sanitaire, social et médico-social » du 9 juin 2011 ;

Vu l'avis du Conseil supérieur de l'éducation du 7 juillet 2011 ;

Vu l'avis du Conseil national de l'enseignement supérieur et de la recherche du 12 juillet 2011,

Arrêtent :

Art. 1er. – Après l'article 10 de l'arrêté du 1er septembre 2009 susvisé, il est inséré un titre IV ainsi rédigé :

« *TITRE IV*

« ESPACE EUROPÉEN DE L'ENSEIGNEMENT SUPÉRIEUR

« *Art. 10-1.* – Dans le cadre de l'Espace européen de l'enseignement supérieur, l'obtention du diplôme d'Etat de conseiller en économie sociale familiale donne lieu à l'attribution de 180 crédits européens (ECTS).

« Dans le respect de l'annexe VII "maquette nationale" du présent arrêté, la formation préparant au diplôme d'Etat de conseiller en économie sociale familiale est structurée en modules de formation. Les modules de formation sont valorisés en crédits ECTS. La valeur en crédits de l'ensemble de ces modules correspond à la différence entre le nombre de crédits attaché au diplôme de conseiller en économie sociale familiale et le nombre de crédits dont bénéficient les étudiants à l'entrée en formation, en fonction de leur parcours antérieur, tel que prévu aux annexes V et VII du présent arrêté. Les modules de formation sont répartis sur au moins deux semestres. Le dernier semestre du parcours est valorisé par la réussite aux épreuves de certification et emporte l'acquisition des crédits correspondants.

« L'organisation pédagogique de la formation en semestres, modules et crédits européens correspondants ainsi que les modalités de coopération prévues avec les établissements d'enseignements supérieurs français et étrangers sont détaillées au dossier de déclaration préalable, mentionné à l'article R. 451-2 du code de l'action sociale et des familles, au titre des pièces démontrant la capacité pédagogique de l'établissement de formation à assurer la préparation des candidats à l'obtention du diplôme d'Etat de conseiller en économie sociale familiale conformément aux principes des textes réglementant ce diplôme.

« A la demande de l'étudiant, les établissements de formation peuvent établir, en cours de cursus, une attestation descriptive du parcours suivi mentionnant, à titre indicatif, les crédits correspondants aux modules validés. Cette attestation doit être conforme à l'annexe VIII "attestation descriptive du parcours suivi" du présent arrêté.

« Un supplément au diplôme conforme à l'annexe IX du présent arrêté est délivré par les établissements de formation aux titulaires du diplôme d'Etat de conseiller en économie sociale familiale. »

Art. 2. – Les établissements de formation ayant fait l'objet, avant l'entrée en vigueur du présent arrêté, d'une décision d'enregistrement du représentant de l'Etat pour dispenser la formation préparant au diplôme d'Etat de conseiller en économie sociale familiale doivent se mettre en conformité avec les dispositions du titre IV de l'arrêté du 1er septembre 2009 susvisé et déposer la déclaration rectificative prévue à l'article R. 451-4-1 du code de l'action sociale et des familles au plus tard le 30 avril 2013.

Art. 3. – Le directeur général pour l'enseignement supérieur et l'insertion professionnelle et la directrice générale de la cohésion sociale sont chargés, chacun en ce qui le concerne, de l'exécution du présent arrêté, qui sera publié au *Journal officiel* de la République française.

Fait le 25 août 2011.

La ministre des solidarités
et de la cohésion sociale,
Pour la ministre et par délégation :
La directrice générale
de la cohésion sociale,
S. Fourcade

Le ministre de l'enseignement supérieur
et de la recherche,
Pour le ministre et par délégation :
Le directeur général
pour l'enseignement supérieur
et l'insertion professionnelle,
P. Hetzel

ANNEXES

ANNEXE VII

MAQUETTE NATIONALE MISE EN CREDITS ECTS FORMATION PREPARANT AU DIPLÔME D'ETAT DE CONSEILLER EN ECONOMIE SOCIALE FAMILIALE

Domaines de compétences	Valeur en crédits attachés aux domaines de compétence	
DC1 : conseil et expertise à visée socio éducative dans le domaine de la vie quotidienne	DC1-A	40
	DC1-B	24
	DC1-C	12
DC2 : Intervention sociale	DC2-AB	32
	DC2-C	38
DC3 : communication professionnelle	DC3	7
DC4 Implication dans les dynamiques institutionnelles, partenariales et interinstitutionnelles	DC4-A	18
	DC4-B	9
TOTAL ECTS		180

MAQUETTE NATIONALE MISE EN CREDITS ECTS
FORMATION PREPARANT AU DIPLOME D'ETAT DE CONSEILLER EN ECONOMIE SOCIALE FAMILIALE
(détails)

	Temps de formation théorique	Temps de stage	Temps de travail personnel estimé	Charge de travail totale	Crédits ECTS	Dont crédits ECTS affectés aux épreuves de certification	
DC1-C : Conseil et expertise à visée socio éducative dans le domaine de la vie quotidienne	140 heures	70 heures	132 heures	342 heures	*12*	*8*	– ***ET*** *: mémoire d'initiation à la recherche dans le champ professionnel : 8*
DC2-AB : Intervention sociale	250 heures	350 heures	292 heures	892 heures	*32*	*11*	– ***ET*** *: oral sur dossier de pratique professionnelle : 11*
DC3 : Communication professionnelle	60 heures	70 heures	66 heures	196 heures	*7*	*5*	***EOCF*** *: Elaboration d'une communication professionnelle : 5* –
DC4-B : Implication dans les dynamiques partenariales, institutionnelles et interinstitutionnelles	90 heures	70 heures	90 heures	250 heures	*9*	*6*	– ***ET*** *: écrit politique sociale territoriale et positionnement professionnel : 6*
TOTAL	540 heures	560 heures	580 heures	1600 heures	60		

ET : épreuve terminale - EOCF : épreuve organisée en cours de formation

ANNEXE VIII

ATTESTATION DESCRIPTIVE DU PARCOURS SUIVI

Formation préparatoire au diplôme d'Etat de conseiller en économie sociale familiale

Le directeur, la directrice de l'établissement de formation :

Atteste que

INFORMATIONS SUR L'ETUDIANT	
Nom(s) patronymique :	
Prénom(s) :	
Date de naissance :	
Numéro d'identification de l'étudiant (si disponible)	

A accompli un parcours de formation dont le descriptif figure dans l'annexe jointe

INFORMATIONS GENERALES SUR LA FORMATION	
Autorités responsables de la formation et de la certification	Ministère chargé de l'enseignement supérieur-Ministère chargé des affaires sociales
Conditions d'accès à la formation	BTS ESF, DUT CS, DEASS, DEES, DEETS, DEEJE
Durée du parcours complet (post BTS ESF)	2 semestres
Niveau du diplôme	180 crédits européens
Le diplôme d'Etat atteste de la maîtrise de huit domaines de compétences (DC)	DC1 : Conseil et expertise à visée socio éducative dans les domaines de la vie quotidienne Partie A – Partie B-Partie C DC2 : Intervention sociale Partie AB – Partie C DC3 : Communication professionnelle DC4 : Implication dans les dynamiques institutionnelles partenariales et interinstitutionnelles Partie A – Partie B

Année académique **Fait à** **le**

Attestation délivrée en application des dispositions de l'article 10-1 de l'arrêté du 1er septembre 2009 modifié

DESCRIPTIF DU PARCOURS SUIVI

INFORMATIONS SUR L'ETUDIANT	
Nom(s) patronymique :	
Prénom(s) :	
Date de naissance :	
Numéro d'identification de l'étudiant (si disponible)	
Domaines de compétences validés à l'entrée en formation	DC1A ☐ - DC1B ☐ - DC1C ☐- DC2AB ☐ - DC2C ☐ - DC3 ☐ - DC4A ☐ - DC4B ☐

SEMESTRE 1 2 semestre complémentaire (entourer le choix)[1]

Intitulés des modules de formation	**Domaines de compétences correspondants**	**crédits européens correspondants**

Date **Cachet** **Signature**

[1] Semestre complémentaire en fonction du parcours –Dans le parcours post BTS ESF, le semestre 2 est validé par la réussite aux épreuves de certification

Attestation délivrée en application des dispositions de l'article 10-1 de l'arrêté du 1er septembre 2009 modifié

ANNEXE IX

Liberté • Égalité • Fraternité
RÉPUBLIQUE FRANÇAISE

europass

SUPPLEMENT AU DIPLÔME

Le présent supplément au diplôme (annexe descriptive) suit le modèle élaboré par la Commission européenne, le Conseil de l'Europe et l'UNESCO/CEPES. Le supplément vise à fournir des données indépendantes et suffisantes pour améliorer la "transparence" internationale et la reconnaissance académique et professionnelle équitable des qualifications (diplômes, acquis universitaires, certificats, etc). Il est destiné à décrire la nature, le niveau, le contexte, le contenu et le statut des études accomplies avec succès par la personne désignée par la qualification originale à laquelle ce présent supplément est annexé. Il doit être dépourvu de tout jugement de valeur, déclaration d'équivalence ou suggestion de reconnaissance. Toutes les informations requises par les huit parties doivent être fournies. Lorsqu'une information fait défaut, une explication doit être donnée.

1. INFORMATIONS SUR LE TITULAIRE DU DIPLÔME

1.1	Nom(s) patronymique :	
1.2	Prénom(s) :	
1.3	Date de naissance :	
1.4	Numéro d'identification de l'étudiant (si disponible)	

2. INFORMATIONS SUR LE DIPLÔME

2.1	Intitulé du diplôme :	Diplôme d'État de conseiller en économie sociale familiale
2.2	Principaux domaines d'études couverts par le diplôme	- sciences humaines et sociales, droit, économie - méthodes et techniques professionnelles en travail social - approche pluridisciplinaire des domaines de la vie quotidienne (alimentation, santé, habitat, consommation, budget
2.3	Nom et statut de **l'autorité** ayant délivré le diplôme	Ministère chargé de l'enseignement supérieur
2.4	**Date de délivrance du diplôme/ cachet de l'autorité**	
2.4	Nom et statut de l'établissement dispensant la formation	
2.5	Langue(s) de formation/d'examen	

3. INFORMATIONS SUR LE NIVEAU DU DIPLÔME

3.1	Niveau du diplôme :	180 crédits ECTS
3.2	Durée officielle du programme :	6 semestres (4+2)
3.3	Condition(s) d'accès :	BTS ESF – DUTCS – DEASS – DEES – DEETS - DEEJE

4. INFORMATIONS SUR LE CONTENU ET LES RESULTATS OBTENUS		
4.1	Organisation des études :	(régime de formation de l'étudiant) ☐ initiale ☐ continue
4.2	Exigences du programme :	Le conseiller en économie sociale familiale (CESF) est un travailleur social qualifié dont le cœur de métier est fondé sur une expertise dans les domaines de la vie quotidienne : consommation, habitat, insertion sociale et professionnelle, alimentation- santé. Le CESF intervient auprès des personnes en situation de précarité, ou ayant des difficultés financières, ou connaissant des problèmes d'accès au logement, de surendettement, de chômage. Son action s'inscrit aussi dans les problématiques de vieillissement de la population, de dépendance, du handicap, de protection de l'enfance... Son intervention privilégie une finalité éducative et vise la valorisation et/ou l'appropriation de compétences par les personnes, les familles, les groupes. Ces compétences vont permettre aux publics concernés d'accéder à leurs droits, de prévenir et/ou de gérer les difficultés de leur vie quotidienne. **Le conseiller en économie sociale familiale exerce les fonctions suivantes :** - Il assure une expertise et un conseil scientifique et technique - Il conduit un accompagnement social individuel et/ou collectif dans une dimension socio économique et éducative dans els domaines de la vie quotidienne - Il agit dans le domaine du développement social territorial - Il construit une communication professionnelle et conduit des actions d'animation et de formation.
	Domaine de compétences 1 – Conseil et expertise à visée socio éducative dans les domaines de la vie quotidienne	**Pour exercer ces fonctions, les compétences visées sont :** -Réaliser une étude technique dans les domaines de la consommation, l'habitat, l'insertion, l'alimentation –santé... -Concevoir, élaborer des projets pour la gestion locale de l'environnement avec les habitants et les institutions - Assurer la qualité du service rendu - Coordonner une équipe -Élaborer un budget ; constituer le dossier de financement -Gérer le budget d'une action individuelle ou collective -Assurer une veille technique, scientifique et juridique pour l'analyse d'un phénomène social lié à la vie quotidienne -Adapter sa pratique, son expertise en tenant compte de l'évolution des savoirs, des techniques et de l'expérience -Assurer auprès des personnes, des groupes, des institutions, des actions de conseil et/ou d'information pour aider aux prises de décision
	Domaine de compétences 2 – Intervention sociale	-Impulser, participer et/ou concevoir et conduire des actions collectives de conseil, d'information auprès des groupes dans les domaines de leur vie quotidienne - Mettre en place une relation d'aide, un accompagnement au plan collectif - Élaborer, accompagner et mettre en œuvre un plan d'aide négocié avec le groupe -Conduire des actions visant à mutualiser les ressources des membres du groupe concernés par des problématiques communes -Identifier et analyser les dynamiques territoriales - Inscrire des actions dans les dynamiques territoriales existantes et/ou participer à l'émergence de ces dynamiques -Diagnostiquer une situation -Élaborer, accompagner, mettre en œuvre et évaluer un plan d'aide négocié -Évaluer les résultats de l'intervention -Concevoir des actions de formation avec des groupes et des personnes dans les domaines de la vie quotidienne -Conduire des actions d'animation et de formation -Évaluer les actions mises en place
	Domaine de compétences 3 - Communication professionnelle	-Élaborer une communication à visée stratégique à destination de différents publics, des professionnels, des partenaires, de son institution -Transmettre des informations auprès de différents publics, des professionnels et des partenaires, auprès de son institution -Établir une relation professionnelle dans un cadre éthique et déontologique (avec la personne aidée, les collègues, les partenaires, les élus) -Transférer les connaissances professionnelles et les compétences du CESF

	Domaine de compétences 4 - Implication dans les dynamiques partenariales, institutionnelles et interinstitutionnelles	- Développer des actions en partenariat, en réseau et participer à la dynamique institutionnelle - Respecter les logiques institutionnelles et les stratégies organisationnelles - Participer à l'élaboration de documents contractuels avec les partenaires - Représenter l'institution - Assurer une fonction de médiation - Assurer une fonction de négociation - S'inscrire dans un travail d'équipe en interne, pluri professionnel et/ou pluri institutionnel

4.3 Précisions sur le programme :		
Diplôme possédé à l'entrée en formation : BTS ESF ☐- DUT CS ☐- DEASS ☐ - DEES☐- DEETS ☐ - DEEJE ☐		
Enseignements/modules de formation de la formation complémentaire	Domaine de compétences	**Crédits ECTS**
SEMESTRE 1 – 30 ECTS		
...		
...		
...		
...		
...		
....		
SEMESTRE 2 – 30 ECTS – dans le parcours post BTS ESF, ce semestre est validé par la réussite aux épreuves de certification (voir ci-dessous)		
...		-
...		-
...		-
...		-
...		-
...		-
SEMESTRE complémentaire (éventuellement)		
...		
...		
...		
...		
...		
...		
Épreuves de certification :		
- Épreuve mémoire d'initiation à la recherche dans le champ professionnel	DC1-C	*8*
- Épreuve orale sur dossier de pratique professionnelle	DC2-AB	*11*
- Épreuve écrite d'élaboration d'une communication professionnelle	DC3	*5*
- Épreuve écrite	DC4-B	*6*
TOTAL	Parcours initial + semestres DECESF	180

4.3.1	Enseignements complémentaires (éventuellement)	

4.4 Système de notation et, si possible informations concernant la répartition des notes NON APPLICABLE

4.5 CLASSIFICATION GENERALE DU DIPLOME : Non applicable (mentions...)

5. INFORMATIONS SUR LA FONCTION DU DIPLÔME		
5.1	Accès à un niveau d'études supérieur :	Admission sur dossier : CAFERUIS –DEMF – Master1 Admission sur épreuves : CAFDES Admission sur dossier et entretien : DEIS
5.2	Statut professionnel (si applicable) :	RNCP : niveau 3 (nomenclature 1969)

6. INFORMATIONS COMPLEMENTAIRES		
6.1	Informations complémentaires sur le parcours de l'étudiant :	Lieux de stage Séjours à l'étranger Régime des études
6.2	Autres sources d'information :	Site de l'établissement : Site du ministère :

7. CERTIFICATION DU SUPPLEMENT		
7.1	Date :	
7.2	Signature :	
7.3	Qualité du signataire :	
7.4	Tampon ou cachet officiel :	

8. INFORMATION SUR LE SYSTÈME NATIONAL D'ENSEIGNEMENT SUPERIEUR

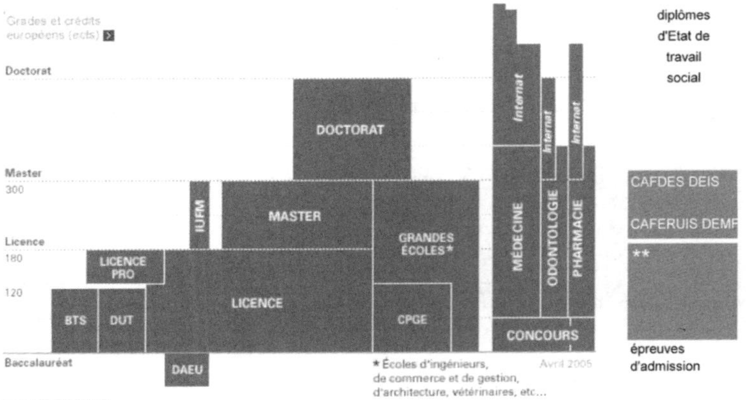

** Diplôme d'Etat d'assistant de service social DEASS
Diplôme d'Etat d'éducateur spécialisé DEES
Diplôme d'Etat d'éducateur de jeunes enfants DEEJE
Diplôme d'Etat d'éducateur technique spécialisé DEETS
Diplôme d'Etat de conseiller en économie sociale familiale DECESF

CAFERUIS : Certificat d'aptitude aux fonctions d'encadrement et de responsable d'unité d'intervention sociale
DEMF : Diplôme d'Etat de médiateur familial
DEIS : Diplôme d'Etat d'ingénierie sociale
CAFDES : Certificat d'aptitude aux fonctions de directeur d'établissement ou de service d'intervention sociale

❷ Enquête France ESF

5, rue Las Cases
75007 PARIS
06.31.38.34.58
www.france-esf.fr

Le 10 mai 2011

Chèr(e)s collègues,

France ESF vous sollicite en qualité d'experts du terrain.
En effet, notre association devrait contribuer avec le GNI AFORTS à l'élaboration d'un ouvrage pédagogique à destination des étudiants, des professionnels, des formateurs en centres de formation préparant au diplôme d'État de Conseiller en ESF.
Cet auxiliaire d'apprentissage présente l'ensemble des domaines de compétences du diplôme d'État de Conseiller en ESF en proposant des références théoriques par domaine de formation. (Travail de réflexion de la commission Conseiller en ESF GNI AFORTS.)
• DC 1 – Conseil et expertise à visée socio-éducative dans les domaines de la vie quotidienne.
• DC 2 – Intervention sociale.
• DC 3 – Communication professionnelle.
• DC 4 – Implication dans les dynamiques partenariales institutionnelles et interinstitutionnelles.
Cependant France ESF se propose de donner un éclairage du terrain. L'objectif de notre démarche est de recueillir des illustrations des différents secteurs d'activités afin de mettre en exergue les spécificités de l'ESF.
Cet ouvrage doit, nous semble-t-il, être au plus près des réalités de terrain. Ce dernier doit être exploitable par les trois protagonistes phares de la formation :
1. les formateurs pédagogiques en centre de formation ;
2. les formateurs pédagogiques sur site qualifiant ;
3. les étudiants.
Le but est que chacun identifie clairement quelles sont les exigences des différents secteurs d'activités d'un Conseiller en ESF.
Ainsi, nous vous proposons de compléter cet outil d'investigation afin que France ESF soit votre porte-parole. Pour faciliter votre réflexion, nous vous proposons de vous positionner en qualité de référents de stage. « Que transmettez-vous, qu'utilisez-vous au quotidien dans votre pratique ? », mais aussi en qualité de professionnels.
Les délais impartis étant courts, nous vous invitons à saisir vos données avant le 1er juin 2011 par voie postale ou par mail.
France ESF vous remercie pour votre mobilisation, qui nous est indispensable pour faire émerger notre spécificité.
Nous restons à votre disposition pour tous renseignements complémentaires (anne-claire.dubouis@wanadoo.fr / agnes.fostel@wanadoo.fr).

France ESF : réseau d'associations régionales des professionnels en ESF reconnu par les pouvoirs publics et employeurs.

1. En 10 lignes, témoignez de votre profil de poste en valorisant les compétences mobilisées.

Voici quelques indicateurs vous permettant d'orienter votre réflexion :
- Structure
- Dispositifs
- Actions mises en œuvre en ISAP et/ou ISIC
- Public
- Partenariat/réseau

....

....

....

....

....

....

....

....

....

....

....

....

2. En qualité de Conseiller en ESF, quelles définitions donnez-vous de l'ISAP et plus particulièrement de l'AEB et l'ISIC à partir de vos expériences de terrain, l'objectif étant de proposer une orientation des pratiques d'aujourd'hui, représentant certaines spécificités de l'ESF (cœur de métier) ?

- Intervention sociale d'aide à la personne (ISAP – accompagnement individuel) et accompagnement éducatif budgétaire

....

....

....

....

....

....

....

....

• Intervention sociale d'intérêt collectif (ISIC), action collective, travail en réseau, développement social local :

....

....

....

....

....

....

....

....

Bien cordialement

Éliane Marroc, présidente de France ESF

IMPRIM'VERT

Certifié PEFC
Ce produit est issu de forêt gérées durablement et de sources contrôlées
www.pefc-france.org
PEFC
PEFC/10-31-2007
BV/CdC/1702681

Achevé d'imprimer en octobre 2011 par EMD S.A.S. (France) - N° éditeur : 2011/812 - Dépôt légal : octobre 2011 - N° d'imprimeur : 25646